불안의 시대,
그래도 비장의 무기는 희망이다

평범한 사람들의 불황 생존법

불안의 시대,
그래도 비장의 무기는 희망이다

강목어 지음

벼랑 끝에 서 봐야 삶의 새 길을 열게 된다.

1

수많은 사람들이 아우성이다. 사는 게 힘들어 죽겠어! 라고. 잘 살아도 시원찮을 판에 힘들어 죽겠다고 난리다.

그렇다. 말 그대로 세상살이가 점점 각박해졌다. 인심은 냉정하고 경쟁은 치열하니 살아가는 일이 힘들고 막막할 수밖에 없다. 너무도 힘든 삶에 이젠 도저히 더 이상은 못 버티겠다며 절망한다. 말 그대로 벼랑 끝에 선 기분이다. 학생은 학생대로 힘들고 직장인은 직장인대로, 매출이 부진한 자영업자들과 취업을 못한 젊은이는 또 그들대로 현실이 답답하고 어렵다. 도대체 어디로 가야 할지 갈 길을 모른다.

그럼 어디로 가야 할까? 과연 길은 있는 것일까? 벼랑 끝에 선 것 같은 이런 상황에서 살아갈 방법은 무엇일까? 종교에서 그 답을 찾아야 할까? 그러나 종교는 마음의 평온은 주어도 현실의 문제까지 완전히 해결해주지는 않는다.

무언가 좀 더 현실성 있고 구체적인 답변이 필요하다. 그에 대해 필자는 벼랑 끝 같은 상황에서 살아남은 평범한 사람들의 경험담에서 그 답을 찾는다.

누구나 겪는 일상적인 사회생활에서 실패와 좌절과 절망을 겪으면서도 끝내 살아남거나 결국에는 성공한 우리 주변 사람들의 이야기들은 길을 묻는 사람들에게 충분히 공감할 답변이 될 것이다.

필자는 이 책에서 '벼랑 끝에도 길은 있다' 라는 사실과 그 이유를 말한다. 더불어 그 길을 찾아 묵묵히 걸어 간 사람들의 사연과 인생의 진정한 성공과 행복이 무엇이며 왜 그런 것인가에 대해서도 함께 적었다.

부디 이 책을 통해 독자들도 벼랑 끝 같은 인생살이를 무사히 헤쳐가 행복이라는 목적지에 잘 도착하길 바란다. 그리고 당신이 걸어가고 헤쳐 간 경험을 통해 또 누군가에게 '그래도 길은 있다' 라고 말할 수 있기를 기대한다.

2

대부분의 사람들이 한평생 순탄하고 편안하게 살길 원한다. 그러나 세상사는 한 인생이 늘 순탄하고 편하기는 어렵다. 인류 역사이래 아무리 태평성대라도 변란은 있었다. 전쟁이 없으면 하다못해 극심한 가뭄이나 홍수 등의 자연재해라도 있었다. 그때마다 그 당사자들은 벼랑 끝 상황으로 내몰렸고 변란이 클수록 더 많은 사람들이 어려움을 겪었고 계층이 낮을수록 더 큰 고통을 맞이해야 했다.

지금도 그런 상황이다.

경제 불황은 많은 사람들을 벼랑 끝으로 내몰았다. 취직이 안 되고, 직장을 잃고, 장사가 안 되고, 소득이 줄고, 자산이 폭락하고, 물가가 올라, 지출은 늘어 모두 저마다의 이유로 한계 상황에 이르렀다.

이런 고통은 당연히 서민들에게 더 크게 다가온다. 이럴 때면 '열심히 해보자', '희망을 갖자', '잘 될 거다' 라는 말이 공허한 메아리처럼 들린다. 이런 뜬구름 잡는 이야기보다는 무엇을 어떻게 하라고 정확히 꼭 집어 말해주길 원한다.

주가 변화를 알려 주던가 환율 변화를 말해주어 미리 주식을 사든, 부동산을 사든 해서 쉽게 '대박'을 내주는 그런 조언을 듣고 싶다. 그도 아니면 조상님이 꿈에라도 나타나 복권 당첨 번호라도 알려주길 원한다. 그러나 안타깝게도 그런 족집게 예언을 해줄 사람은 어디에도 없다. 설령 있다고 해도 그런 전문가는 자신에게 아주 큰 보수를 줄 사람에게만 그런 정보를 줄 뿐이다.

그래서 아무리 여기저기를 기웃거려도 거기가 거기인 뻔한 정보를 주워듣게 되거나 이미 껍데기만 남은 '헛정보'인 경우가 대부분이다. 혹은 운 좋게 쓸만한 정보를 알았어도 그 정보를 신뢰해야 할지 고민하는 사이에 기회는 사라진다.

결국 그 어디에도 '구원은 없다'는 절망감에 빠진다. 벼랑 끝에 홀로 선 것 같은 상황을 맞이하게 된 것이다.

이제 선택은 둘 중 하나다.

벼랑 끝에서 저 아래로 내려가든 아니면 그대로 주저앉아 다가오는 이리떼들에게 자신의 운명을 맡기든 해야 한다. 살아남으려면 벼랑을 타고 내려가든지 달려오는 이리떼를 넘어서든지 해야 하는 것이다.

그냥 그대로 주저앉아 있다가 억지로 떠밀려 벼랑 끝에서 떨어지게 되면 그것으로 끝이다.

그래서 당연히 절벽에 뿌리박은 나뭇가지라도 붙잡고 기어서라도 벼랑을 타야겠지만 의외로 많은 사람들이 주저한다. 대충 바위 뒤에 숨어 있다가 이리떼가 물러가길 기다리는 것이다.

벼랑 끝으로 내려가는 새로운 시도가 다가오는 이리떼보다 더 무섭기 때문이다.

그러나 분명히 알아야 한다.

이 기회에 절벽 아래로 내려가야 한다. 당장의 위기만 넘기려 바위틈에서 몸을 사리고 있으면, 이리떼로부터 목숨을 지킬 수는 있어도 끝내 그 자리를 벗어나지 못한다. 이번에는 이리떼지만 다음에는 더 무서운 불곰이 다가오기 때문이다.

두렵더라도 과감하게 도전해야 한다. 설령 기어 내려가다가 발을 헛디디더라도 절벽을 타야 한다. 찾으면 분명 잡목이 있고 튀어나온 돌 뿌리도 있어 잡고 헤쳐갈 수 있는 의외의 방법들이 있다.

또한 절벽 아래에는 새로운 대지가 분명히 있다. 새로운 대지를 만나려면 위험을 무릅쓰고 벼랑 끝을 내려가는 도전이 필요하다.

어차피 이 혹독한 현실을 피할 수도 없다. 이대로 주저앉아 있던지, 새 길을 찾아 가던지 방법이 그것뿐이라면, 그냥 앉아서 쓰러질 바에는 할 수 있을 때까지 해보는 거다. 갈 때까지 가보는 거다. 이대로 포기할 수는 없지 않은가?

지금 자신이 벼랑 끝에 섰다면 과감하게 도전하라. 막상 두렵더라도 부딪혀보면 또 할 수 있는 것이 세상살이다. 그 길을 무사히 내려가면 거기에 푸른 초원이 펼쳐져 있다.

믿어라.

분명 벼랑 끝에도 길은 있다.

| 차 례 |

PART 1

벼랑 끝에도 길은 있다

평범한 그들의 벼랑 끝 성공기

바람들에도 길은 있다

평범한 그들의 비범한 상상기

이백만 원으로 창업한 성공-실패-성공의 반전 드라마

 지방의 작은 도시에 살던 25살의 그가 제일 처음 시작한 사업은 당구장이었다.

1990년대 초, 평소 친분이 있는 형님이 운영하는 당구장을 가끔 들렀는데 장사가 무척 안됐다. 월세 내기도 힘들던 당구장 주인은 결국 아주 싼 가격에 가게를 내놓았다.

마침 대학을 다니며 아르바이트 자리를 구하던 A는 보증금 이백만 원, 시설 권리금 삼백만 원이라는 아주 싼 가격에 인수하라는 제의에 귀가 솔깃했다. 당구장을 들릴 때마다 목이나 시설이 나쁘지는 않은데 워낙 관리가 안 돼 장사가 안 되는 거란 생각을 했다. 당구장 주인이 장사보다는 포커 도박에 빠져있어 손님들 서비스를 소홀히 하고 시설 관리도 안 하기에 손님들이 없다는 것이 자연스럽게 느껴졌다.

열심히 운영만 하면 지금보다는 장사가 더 잘될 것 같았다. 그래서 아르바이트를 하느니 차라리 가게를 인수하기로 마음먹었다. 하지만 문제는 자본금이었다. 그동안 아르바이트 해서 모은 이백만 원이 있었지만 나머지 삼백만 원을 구할 방법이 막연했다. 부모님께 사정을 해서 일백만 원을 구했다. 나머지 이백만 원이 문제였다.

당구장 주인을 만나 사정을 했다. 이백만 원을 매달 삼십오만 원씩 6개월에 나누어 갚겠다고 매달렸다. 어차피 당구장에 별 애착이 없고 빨리 손 털고 나가기를 바라던 터라 새로운 임자를 기다리기 답답한 마음에 그렇게 하자며 가게를 넘겼다.

가게를 얻고 다시 당구 재료 상회와 도배사를 찾았다. 이번에 새롭게 당구장을 인수해서 당구 기구를 바꾸고 싶은데, 돈이 없다고 외상으로 물건을 달라고 매달렸다. 그 사장들은 처음 보는 젊은이에게 외상을 줄수 없다며 당연히 거절했다. 그는 자신의 신원을 자세히 밝히며 당구장 계약서를 담보로 맡기겠다고 했다. 젊은 친구가 너무 간절히 매달리다 보니 속는 셈 치고 물건을 외상으로 줬다. 그렇게 당구장은 깨끗하게 리모델링됐다.

이제 대학교 선후배들을 모으고 고교 동창들을 불렀다. 요즘은 흔하지만 그 당시에는 거의 드물었던 다양한 음료수를 무한 리필해주고 라면을 무료로 제공했다. 게다가 보온 밥통에 밥을 가득 채워 넣고 김치도 넉넉히 준비해 배고픈 학생들은 라면에 밥을 말아 먹으라고 권했다. 그 당시로서는 매우 파격적인 서비스가 계속적으로 이어지자 주머니가 부실한 젊은이들에게 차츰 입 소문을 타며 고정 손님들이 늘었다.

한 번 온 손님이 새로운 손님을 데리고 오는 것이 반복되면서 어느덧 당구대는 늘 만원이고 손님들은 기다리는 상황이었다. 당구장이면서

휴게소고 친구들 연락처 겸 아지트화 된 것이다. 그렇게 1년이 넘자 빌린 돈을 모두 갚은 것은 물론이거니와 장사 수익금도 천만 원 정도 쌓였다.

장사가 수월하게 잘될수록 고민이 한 가지 생겼다. 당구장의 크기가 너무 작아 손님들을 기다리게 한다는 것이었다. 그렇게 장사가 무척 잘되자 주위 사람들이 자기에게 가게를 팔라고 사정을 했다. 권리금을 처음보다 몇 배나 더 받고 당구장을 넘겼다.

학교도 졸업했고 자영업이 수입이 좋다는 것을 경험한 터라 취직도 포기하고 본격적으로 개인사업에 뛰어들었다. 당구장을 판 돈으로 번화가에 더 큰 평수의 가게를 얻었다. 막상 가게는 얻었지만 크기도 크고 도심 한복판이라 초기 투자비만 오천만 원이 필요했다. 당연히 삼천만 원이 부족했다.

첫 창업 때 무사히 잘 갚은 탓에 이번에는 부모님이 순순히 이천만 원을 빌려 주셨다. 나머지 부족한 시설비는 지난번과 똑같이 외상으로 해결하고 개업을 했다.

이번에도 역시나 손님들이 몰렸다. 지난 가게에서 쌓은 친절 서비스와 단골 관리 노하우가 이곳에서도 통한 것이다. 게다가 좋은 목과 깨끗한 시설이 더해져 금세 주위에서 손님이 가장 몰리는 당구장이 되었다. 기대 이상으로 장사가 잘되자 이번에는 새롭게 포켓볼 테이블을 설치했다. 서울에서 한창 유행하는 것이었지만 이 도시에선 최초였다.

그런데 이것이 또 대성공이었다. 막 유행을 타기 시작한 터라 엄청나게 손님들이 몰렸다. 일반 당구대보다 사용료를 두 배로 받아도 예약을 해야만 사용할 수 있을 정도였다. 한 대에 이백만 원에 설치한 포켓볼 테이블에서 하루 이십만 원의 수익이 나왔다. 엄청난 고수익이었다. 돈이 저절로 들어오는 듯했다.

이제 그 도시에서 가장 손님이 많은 당구장이 되었다. 그렇게 1년이 지나고 2년이 더 지났다. 매출은 여전했고 투자비는 이미 오래 전에 회수가 끝났다. 거기에 더해 큰 목돈도 모았다. 그가 최신 시설과 친절한 서비스로 대성공을 거두자 인근에 그의 매장을 흉내 낸 당구장들이 생겨나기 시작했다. 시설은 더 화려했고 규모도 더 컸다.

그에 반해 그의 당구장은 시설물이 점점 노후화되는 상황이라 단골손님들로 유지는 하고 있었지만 차츰 매출이 조금씩은 줄어들었다. 무언가 변화를 주어야 할 때라는 판단이 직감적으로 들었다. 어차피 주위에 당구장이 너무 많이 생겨 과다 경쟁이 된 상황이기에 더 이상 주저할 수가 없었다. 남들이 아직 시작하지 않은 전혀 새로운 업종으로 다시 변신하기로 했다.

서울을 찾아 번화가를 누비며 지금 유행은 하고 있지만 지방에는 없는 업종을 찾았다. 그리고 이거다 싶게 선택한 업종이 바로 비디오방이었다. 곧바로 당구장을 접고 대대적인 공사 끝에 비디오방으로 변신했다. 역시 그의 판단은 틀리지 않았다. 금세 젊은이들이 몰렸다.

이렇게 시작하는 창업마다 대성공을 거두자 점차 자신감이 생긴 그는 사업을 확장하기로 했다. 처음 창업했을 때도 작은 자본과 일부 외상으로 시작해 투자비를 회수하고 순익을 남겼기에 똑같은 방법을 쓰기로 했다.

목 좋은 곳에 장사가 안 되어 싸게 나온 레스토랑을 인수하기로 했다. 비디오방에서 번 돈으로 가게 보증금을 해결하고 그동안 계속 함께 했던 인테리어 업자를 통해 외상으로 시설을 꾸몄다. 새로 시작한 외식업종이라 나름대로 각오를 하고 덤볐는데 의외로 장사는 순조로웠다. 완전 생소한 분야였지만 그에게는 이미 수년간 다져진 친절 서비스와 고객 관리 노하우가 있었다. 각종 쿠폰 제공 및 경품 추천, 이벤트 등으로 고객을 사로잡았다. 역시 고객들의 마음은 모두 똑같았다. 더 저렴하고 친절하게 잘해주면 사람들이 몰리는 것은 당연했다.

　그의 창업이 연이어 성공하자 가까운 친척들이 동업을 하자고 제의했다. 자본을 투자하겠으니 운영은 전적으로 알아서 하고 수익만 약속된 비율로 나누자는 것이었다. 그렇게 해서 다시 고민 끝에 물색한 것이 젊은이들을 상대로 한 중저가 소주방이었다. 비록 업종은 달라도 기본은 비슷했다. 그동안 성공 경험으로 늘 해온 것처럼 밀어붙였다. 아주 큰 성공은 아니라도 수입은 괜찮았다.

　이제 장사가 너무 쉬워 보였다. 그동안 번 돈을 모아 소주방을 하나 더 차렸다. 이렇게 가게를 계속 늘리자 소주방 옆의 커피숍 주인이 자기 가게를 인수해달라고 부탁했다. 장사가 안 되어 넘기려는 눈치였기에 시세보다 싸게 인수했다.

　어느덧 그가 운영하는 매장은 5개로 늘었다. 주위 사람들은 그를 대단한 수완가라고 하고 장사를 위해 태어난 타고난 장사꾼이라 했다. 큰 돈 없이 시작해 수억 대 부자가 된 젊은 사업가를 부러워할 수밖에 없었다. 동창들은 고작 월급 일~이백만 원을 받아 간신히 소형차를 마련했을 때, 그는 이미 최고급 대형 승용차를 탔다. 친구들 중에 가장 빨리 앞서 가는 것이었다.

그는 이제 조금만 더 벌면 평생 돈 걱정 없이 살 것 같았다. 부모님께 큰돈 물려받지 않고 스스로 벌었다는 자부심도 컸다. 40세까지 삼십억을 벌겠다는 목표를 세웠다. 그리고 중년 이후는 멋지고 편하게 살기로 마음먹었다. 그러기 위해서는 지금 벌이로는 다소 부족했다.

친한 선배가 주위의 더 큰 도시로 가서 크게 성공했다는 소문이 들렸다. 자신도 그동안의 경험을 갖고 인구가 많은 대도시로 나가 더 크게 벌어야 한다는 생각이 들었다. 마침 인근 도시 재개발 지역에 대형 건물이 신축된다는 소식이 들렸다. 늘 남들보다 빨리 한발 앞서 갔기에 이번에도 앞서 가려고 과감히 덤볐다.

신도시의 중심상권이었다. 최고 목 좋은 자리를 보증금 삼억 오천만 원을 주고 얻었다. 골조만 된 상태로 아직 공사가 한창 진행 중이었지만 선금 일억 오천만 원을 들여 미리 호프집 인테리어를 시작했다. 건물이 완공되면 곧바로 영업을 하기 위해서였다. 그런데 갑자기 공사가 멈추고 차일피일 미뤄지기 시작했다. 잠시 공정상의 문제려니 했는데 그게 아니었다. 결국은 건축주가 돈을 갖고 잠적하고 공사는 완전히 중단된 것이다.

그 당시 언론에서도 한참 유명했던 부동산 사기였다. 보증금에 시설비를 들였지만 그 어디에도 하소연할 곳이 없었다. 건축주가 땅 주인을 찾아가 무상으로 건물을 지어준다고 하면서 건물 완공 후 5년만 사용하고 넘겨준다고 하니 별 의심 없이 건축을 허락한 것이었다. 그렇게 땅 주인을 설득해 건축을 시작하고는 입주자들을 끌어 모았다. 대형 건물인지라 입주자들에게 보증금을 모두 받은 후 공사를 중단한 채 잠적해도 충분히 한몫 챙길 수 있는 거였다.

땅 주인에게 호소해봐야 땅 주인은 자기는 아무 상관없고 자신도 피해자라 주장했다. 모든 것을 허공에 고스란히 날리고 물러날 수밖에 없는 상황이었다. 하늘이 무너지는 것 같았다. 사업을 시작한 후 첫 실패였다. 부인에게도 말할 수 없는 처지였다. 답답해 미칠 것만 같았다. 그런 그를 보며 가까운 후배가 술 한 잔을 산다고 했다. 이런저런 이야기 끝에 주식으로 큰돈을 벌었다며 자랑을 했다. 그의 이야기를 들으며 바로 이거다 싶었다.

처음부터 큰돈을 투자하기 어려워 후배의 조언을 받아 일천만 원만 넣어봤다. 그런데 너무도 놀랍게도 며칠 만에 일백오십만 원의 공돈이 생겼다. 의외로 돈이 너무 쉽게 벌린 것이다. 그동안 가게 하면서 나름대로 장사가 잘되어 쉽게 벌었다고 했는데 그것에 비하면 이건 땅 짚고 헤엄치기였다. 완전히 금광을 발견한 기분이었다. 부동산 사기를 당하고 계속 우울했는데 모처럼 기분이 좋아졌다. 주식으로 번 돈으로 오랜만에 가족들과 외식도 했고 아내에게 옷도 한 벌 사주었다.

투자 규모를 조금 더 늘렸다. 비록 주가가 떨어지는 날도 있었지만 오르는 날이 더 많았다. 하루에도 일백만 원씩 오르는 모습을 보며 다시 자신감이 생겼다. 그까짓 부동산 사기당한 것은 주식으로 복구하면 된다는 생각이 들었다. 때마침 친구가 자기 선배가 벤처 회사에 다니는데 얼마 후 신제품 발표가 있으니 미리 그 회사 주식을 살 수 있으면 사라고 했다. 며칠을 지켜보니 실제로 조금씩 오르는 모습이 보였다. 신제품 발표 정보가 진짜인 것 같았다. 이번에야말로 부동산 사기로 날린 돈을 한방에 복구할 때다 싶어 급매로 가게 하나를 정리해 그 주식에 올라탔다. 일주일을 계속해서 주가가 올랐다. 대성공이었다. 이제 팔기만 하면 그동안 손해를 모두 복구하는 것이다.

그런데 이게 웬일인가! 주식 장이 시작되는 9시부터 하한가 폭락으로 장이 출발했다. 재빨리 팔아야 했다. 그런데 도대체 팔 기회를 주지 않았다. 삼만 오천 원 하던 주식은 오천 원이 되어서야 하락을 멈추었다. 흔히 말하는 작전 주였다.

엎친 데 덮친 격이었다. 부동산 사기에 주식 폭락이라니. 갑자기 오기가 생겼다. 작전 주에만 안 뛰어들고 분명 실력으로만 하면 돈을 벌 수 있었을 것 같았다. 돈을 땄던 그때처럼 실력을 믿고 재도전하기로 했다. 어차피 아내도 법적 문제로 일시적으로 공사가 미뤄졌다고 알지, 아직 부동산 사기를 당한 것을 모르기에 어떤 식으로든 복구를 해야 했다. 신규로 오픈 하는 곳에 투자비가 너무 드니 기존 가게를 정리해야 한다며 매장 하나를 또 정리했다.

그리고 보다 신중하게 주식 투자에 임했다. 이제는 가게보다 주식이 더 신경 쓰였다. 몇 달이 지나도 주가는 오르지 않고 내리기만 했다. 이래서는 안 되었다. 당장 건물 얻느라고 낸 대출금 이자도 갚아야 했다. 빨리 갚아야 한다는 마음에 할 수 없이 무리해서 투자금을 늘리기로 했다. 아내 몰래 가게 하나를 또 넘겼다. 그러나 이번에도 마찬가지였다. 3개월이 지나도 손실만 늘어났다. 무슨 메뚜기도 아니고 이 종목을 잡으면 이 종목만 떨어지고 저 종목을 잡으면 저 종목만 떨어졌다. 덤빌 때마다 손실이 났다. 다른 종목으로 갈아타면 그때 뒤늦게야 올랐다.

자꾸만 숨이 탁탁 막혔다. 늘 신경이 날카로웠다. 이런 그를 보며 친구가 바람이나 쏘이고 오자고 했다. 동해 바다를 다녀오는 길에 카지노에 들렀다. 도대체 이건 또 무슨 조화인지, 생애 첫 게임에서 일백만 원을 땄다. 또 정말 모처럼 기분이 좋아졌다. 친구와 거나하게 술을 마셨다.

주가가 떨어지자 카지노가 생각났다. 친구와 함께 몇 시간 차를 달려 카지노로 향했다. 그런데 이번에는 달랐다. 가져간 돈을 몽땅 잃었다. 본전 생각에 카드기로 현금 인출을 받았다. 그것이 시작이었다. 열 번을 가면 절반은 땄지만 분명 그 돈은 복구가 되지 않고 줄어들기만 했다. 하루에 삼백 만원을 벌 때도 있었지만 그 돈은 통장으로 입금되는 것이 아니라 좋다고 기분 내며 유흥비로 날아가고 과소비로 날아간 것이다. 이때까지는 단지 여기서 기분이나 풀고 손실금이나 일부 복구하고 그만둘 거라 믿었다.

그러나 그것이 아니었다. 도박 중독에서 스스로 벗어난 사람이 드물다 했던가. 바로 그가 그 짝이었다. 이제 도저히 통제가 안 되는 지경이었다. 아내에게는 타 도시로 일 보러 간다고 하고 매일 카지노로 향했다. 돈을 따면 기분 좋아서 쓰고, 잃으면 괴로워서 썼다. 이러니 돈이 모일 턱이 없었다. 그런 시간이 1년 가까이 되자 급기야 모든 가게를 처분했다. 아내에게는 관리 편의를 위한 임대나 동업이라고 속였다. 아내가 알기 전에 가게를 되찾으려고 무리했고, 대출금을 갚기 위해 무리했고,

빚을 빚으로 메우려 하다 보니 또 어쩔 수가 없었다.

이제 도저히 헤어나올 수 없는 늪에 빠진 것이다. 중독이란 이래서 무서운 것이었다. 모든 가게와 저금을 날려도 그 중독 증세는 끝나지 않았다. 마지막으로 자동차를 잡히고 그 돈마저 날려 친인척, 선후배들에게 돈도 빌릴 만큼 빌려서 더 이상 도저히 그 무엇도 날릴 것이 없는 상태가 되고서야 모든 것이 끝났다.

결국 모든 재산을 처분했음에도 삼억이란 빚이 남겨졌다. 십억이 넘는 돈을 날려버린 것이다. 허망했다. 단칸방의 월세 집으로 이사를 했다.

그 무엇보다 아내에게 죄스러웠다. 항상 생글거렸던 아내는 말을 잃고 늘 무표정한 사람이 되었다. 차라리 화를 내면 덜 미안할 텐데 무표정하니 더 미안했다. 몇 번을 죽고 싶었지만 차마 그렇게 모질지는 못했다.

아이 유치원 보육비 칠만 원을 주지 못해 몇 번이나 독촉 전화를 받고서야 그 돈을 갚고는 아주 펑펑 울었다. 삼십 억 재산을 모으겠다는 자신이, 친구들 중에 가장 성공했었다는 자신이, 칠만 원이 없어 그렇게 비참해지는 현실에 와락 눈물이 났다. 실컷 울고 나니 오히려 오기가 생겼다. 다시 태어나기로 했다. 이 정도 고통쯤은 다시 헤쳐나가기로 했다. 이십 대 때의 그 자세로 돌아가 정열을 다 바쳐 부딪히기로 했다.

직장 생활을 할 수도 없었고 창업을 할 여유도 없었기에 건강식품 영업사원으로 다시 도전했다. 최고급 대형차를 몰던 자존심은 바닥에 팽개치고 건강식품을 가방에 넣고 다니며 친구, 선후배들에게 권했다.

처음에는 부끄럽고 쑥스러웠지만 막상 해보니 할만 했다. 그 예전 자영하던 시절의 서비스 자세와 고객 관리 방법을 적극적으로 활용했다. 역시 그는 타고난 장사꾼이었다. 영업 실적은 날로 늘었다. 이제 사람들은 다시 그에게서 젊은 나이에 대형차를 모는 허세부리는 사람이 아닌 진실하고 성실한 영업 사원을 보았다.

건강 식품 영업에 점차 실적이 오를 때쯤 회사에서 판매 대리점을 추가한다는 소식이 들렸다. 그동안 직접 영업을 했으므로 성공한다는 확신이 있었다. 여기저기서 돈을 끌어 모아 대리점을 개설했다. 그의 사업 수완을 믿는 사람들이 그의 변한 모습을 보고 다시 한 번 기회를 준 것이다. 물론 아내가 몰래 모아둔 적금도 한몫했다.

충분한 영업 경험을 확보한 상태에서 매장을 오픈했기에 장사는 크게 어렵지 않았다. 매장 운영은 그가 가장 자신 있어 하는 것이었기에 빠르게 정착해 나갈 수 있었다.

가게가 안정화되자 보험영업으로 투잡을 시작했다. 어차피 같은 영업이기 때문에 별 다른 어려움은 없었다. 이렇게 만나는 사람에게는 이 상품을 권하고, 저렇게 만난 사람에게는 저 상품을 권했다.

그리고 3년이 지나고 5년이 되었다. 이제 빚은 모두 갚았다. 그리고 돈도 제법 모였다. 여기서 조금 더 모으면 내년쯤에 가게를 더 큰 곳으로 이전할 예정이다. 이미 인수할 곳까지 물색해 놓았다.

어느덧 사십 대 중년이 된 그는 오늘도 수많은 모임을 찾아다니며 정신없이 바쁘다. 25살부터 자영업을 시작해 근 17년간 천당과 지옥을 모두 경험한 그는 과거 자신이 계획했던 40세까지 삼십억을 모으지는 못했다.

하지만 삼십억 이상의 경험과 노하우는 쌓았다고 생각한다. 그리고 언젠가 그 목표를 현실화시킬 거라 믿는다. 그런데 사실 그의 삼십억 목표보다 더 멋지고 대단한 것은 그의 자신감이고 실패에서도 재기한 용기와 노력이다.

그래서 그는 분명 멋진 사람이고 성공한 사람이다. 또한 앞으로는 절대 한눈팔지 않고 오직 노력으로만 더더욱 열심히 살아갈 사람이다.

■■■ 재벌이나 중소기업같이 큰 사업을 하는 사람들에게는 코딱지만 한 사업으로 보일지도 모르겠지만 대한민국의 소상공인들(자영업자들)이 대부분 이런 규모와 형태로 사업을 한다. 하지만 단지 그 규모가 크고 작을 뿐 대부분 성공과 실패의 원리는 비슷하다.

위기가 오고, 기회가 오고, 직원들과의 관계, 고객과의 관계를 어찌하고 어떻게 노력하느냐에 달렸다. 그래서 위의 경험담을 자신과는 상관없는 남의 이야기라고 생각해서는 안 된다.

세상이 흐린 날과 맑은 날이 반복되듯이 인생사도 마찬가지고 사업도 마찬가지다. 잘 될 때도 있고 안 될 때도 있다. 누구나 성공할 수도 있고 실패할 수도 있다. 그래서 그 성공에 취해서 자만해서도 안 되고 실패했다고 좌절할 필요도 없다. 세상은 끊임없이 변하고 그로 말미암아 위기와 기회가 반복되기 때문이다.

성공하지 못하는 이유는 실수를 반복하기 때문이다. 예를 들면, 도박으로 돈을 잃어도 계속 도박을 하고, 음주로 실수를 해도 계속 음주를 한다. 그래서 실수를 반복하지 않듯이 실패한 방법을 반복해 쓰지 않으면 성공할 수 있다.

성공했을 때는 어려울 때를 대비하고 실패했을 때는 언젠가 또다시 성공의 기회가 온다고 믿고 꾸준히 준비하고 노력하라. 그러면 언젠가 반드시 성공할 수 있다.

이건 이미 수많은 불행했던 사람들과 실패했던 사람들이 결국엔 역전 성공으로 확실히 증명해낸 사실이다.

지리산에 10년간 돌탑 쌓던 수행자, 속세에 성공을 쌓다

군대 생활을 하던 어느 날 뜻밖의 편지 한 통을 받았다. 지리산 청학동에서 보내온 편지였다. 발신인은 고등학교 때 처음 만난 동창생 친구였다.

학창시절 내내 말없이 미소만 짓고 있어 같은 반에 그런 친구가 있는지조차도 모를 정도로 조용한 아이였다. 그런데 느닷없이 청학동에서 보내진 편지도 뜻밖이었지만 그 내용은 더욱더 의외였다.

홍콩 영화의 주인공도 아닌 그가 초야에 묻혀 사는 사부를 찾아 전국을 헤매다 지리산에서 한 스승을 만나 열심히 정진하고 있다는 것이었다. 우선 청학동에서 수련을 한다는 사실만으로도 무척 뜻밖이었지만 편지에 적어놓은 그의 수행 이야기는 당황스러울 정도였다. 현실 세계와는 전혀 동떨어진 허무맹랑한 이야기나 옛날 옛적 호랑이 담배 피우던 시절에나 어울릴만한 이야기들을 그는 너무도 진지하게 편지에 적어놓았다.

새벽 4시에 일어나 태양이 떠오를 때까지 참선을 하며 우주의 기를 마신 후, 스승님의 아침밥을 지어 드리고 오전 내내 자신들의 먹을거리 농사를 짓는다는 친구.

오후엔 무술 연마와 체력 훈련을 하고 밤이 되면 고서들을 공부하다 잠자리에 든다는 그의 소식을 들으며 홍콩 무협 영화를 떠올리지 않을 수가 없었다. 이해하기 어려운 생소한 단어를 섞어 '우주의 기와 혼연일체 되는 자아의 발견을 통한 태극의 괘와 음양의 조화'라는 식의 난해한 이야기를 읽으며 한편으로는 걱정이 되었다.

워낙 순진했던 친구라 혹시 간혹 길거리에서 마주치는 '도를 아십니까?' 같은 부류의 사람들이나 사이비 종교 단체 같은 곳에 빠진 것은 아닐까 하는 생각도 들었다. 아무런 의심 없이 보이는 그대로, 듣는 그대로를 믿는 친구라 나쁜 사람들에게 이용당하기 딱 좋은 사람이라 걱정이 안 될 수 없었다. 평범한 사람의 입장에서 보면 그의 이야기들은 너무도 공허하고 비현실적이기에 그런 걱정을 하는 것도 무리는 아니었다. 게다가 예전의 순박하고 수줍어하던 그와는 분명 다르게 너무도 확신에 찬 듯 말하는 그의 편지를 대하니 더더욱 의심이 커질 수밖에 없었다.

그는 남들이 충분히 황당해할 법한 이야기들을 너무도 진지하면서도 확신에 찬 듯한 어투로 적어 놓았다. 또한 비록 편지지만 그가 그토록 많은 말을 했던 것은 지금껏 처음이었다. 설령 자신의 머릿속에 어떤 생각이 있다고 해도 쉽게 밖으로 드러내지는 않던 그였었지만 더 이상 예전의 수줍음 많은 시골 출신의 순박한 친구가 아니었다.

그런 변화를 보며 그 황당한 수련 생활이 궁금하기도 했지만 갇혀 있는 군 생활 때문에 당장 그 실체를 확인할 방법은 없었다. 그 이후로도 계속 편지는 이어졌고 그 친구는 변함없이 '도(道)'에 대한 이야기를 전했다. 전역을 하고 고향에 돌아왔지만 그는 여전히 산속에서 나오질 않고 있었다.

어느덧 시간이 흘러 우리는 인생을 책임져야 하는 어른으로 변해 있었고, 현실 속에 사는 나는 현실과 전혀 동떨어진 그 친구에게 자연스럽게 무관심해질 수밖에 없었다. 차츰 편지조차도 끊어졌다. 어느새 다른 동창들은 직장에서건 개인 사업에서건 자기 자리를 잡고 더 잘 먹고, 더 잘 살기 위해 몰두하고 있었다. 하지만 그는 여전히 다른 동창들의 평범한 삶과는 전혀 다른 수행자의 삶을 살고 있었다.

가끔 동창들과 모임을 하면 산속에서 수행 생활을 하는 그 친구의 이야기가 '기인열전'처럼 화제에 오르내리곤 했다. 그렇지만 단지 그뿐이었다. 그 누구도 그가 왜 그런 삶을 사는지, 무엇 때문에 그리 사는지는 말하지 않고 술자리의 흥밋거리로만 떠들어 댔다. 몇몇 친구들은 그 친구를 걱정이라도 하는 듯 현실을 모르는 한심한 녀석이라고 말하기도 했다. 그리고 점차 나이가 들어 세상살이에 대한 인생의 짐이 더더욱 무거워질수록 그에 대한 이야기는 술자리 화제에서조차 사라졌다. 그렇게 그 친구가 영영 잊히는 듯했다.

그런데 어느 밤, TV 채널을 돌리다 한국의 전통 무예를 소개하는 프로그램을 보게 되었다. 거기서 머리를 길게 기르고 전통 복장으로 무예 시범을 보이는 한 사내가 클로즈업되었다. 그가 누군지는 한눈에도 알아볼 수 있었다. 바로 그 친구였다.

수소문 끝에 그 친구가 하산해서 바로 옆 도시에 살고 있다는 사실을 알아냈다. 평생 산속에 있을 것 같았는데 의외로 자신과 아무런 관계도 없는 도시에 살고 있는 것이었다.

한달음에 그를 찾아갔다. 그는 이제 수행자가 아니라 스승으로 변해 어린 학생들에게 전통 무예를 가르치고 있었다. 그런데 역시나 그는 평범한 무예관장이 아니었다. 학생들은 관장님이라는 호칭보다 스승님이라는 호칭을 주로 썼고 그 친구보다 훨씬 나이가 많은 학부형들도 그를 사부님이라 호칭하며 존경을 표했다. 학생이든 학부형이든 가리지 않고 항상 아랫배에 두 손을 모으고 공손히 그에게 머리를 숙이는 모습은 흔히 보는 사교육 원장님과 학부형의 관계 정도는 비교도 안 되는 깍듯한 태도였다. 게다가 제자들이나 그 학부형들뿐만 아니라 그와 관계된 사람들은 한결같이 극진한 예의를 갖추며 존중하는 모습을 보였다. 이건 자식을 가르치는 선생에 대한 형식적인 태도가 아니라 진정한 존경심의 표현이었다. 전혀 낯선 도시에서 그런 존경을 받는 것이 참으로 대단해 보였다.

얼마 지나지 않아 왜 그가 학생들은 물론이거니와 그보다 훨씬 나이가 많은 학부형들에게까지도 극진한 예우와 존경을 받는지 자연스레 알게 되는 일이 생겼다.

그 친구에게서 '스승의 날'을 앞두고 전화가 왔다. 지리산 청학동에 자신이 공부하던 곳으로 스승님께 인사를 드리러 가는데 시간되면 같이 가자는 것이었다. 친구가 공부했다는 곳이 궁금했던 터라 선뜻 함께 가

자고 약속을 했다. 꽤 오랜 시간을 달려 청학동에 늦은 밤 도착했다. 그리고 다음 날 그의 스승을 찾아갔다.

얼마쯤 산을 올라 그가 공부했던 곳에 도착한 순간 눈 앞에 펼쳐진 광경에 그만 입이 딱 벌어지고 놀라지 않을 수 없었다. 작은 움막집이나 초가집에서 농사나 지으며 '산 공부'를 했을 거라 생각했었는데 그건 너무도 짧은 생각이었다. 산등성이 한 곳을 가득 매운 수백 무더기의 엄청난 크기의 돌탑들과 대규모의 조경들……. 보는 사람을 압도하는 놀라운 풍경이었다. 산속에 어떻게 저렇게 엄청난 규모의 돌탑 무더기들을 꾸며 놓았을까 싶을 정도의 대단한 모습이 대형 축구장 크기로 펼쳐져 있었다.

그는 자신의 스승님에게 인사를 드린 후 이곳저곳 안내하며 구경을 시켜주었다. 그보다 먼저 수백 무더기의 엄청난 돌탑들의 정체가 궁금했다.

"저 돌 탑은 누가 쌓은 거지?"

"우리가."

"도대체 왜? 무슨 의미로 쌓은 거야?"

"자기 수양이었어. 일종의 수련이야."

"무슨 수련?"

"그냥 수련. 고행이라고 해야 할까."

"정말 저 많은 것을 사람의 힘으로 손으로만 쌓은 거야?"

"어. 한 10년 동안 쌓았어. 처음에는 세 명이 시작했지만 중간 중간에 사람이 늘어나기도 하고 바뀌기도 했지."

이제야 알 것 같았다.

그에게서 느껴지는 부드러우면서도 강건한 듯한 기운이 도대체 어디서 배어 나왔는지를. 묵묵히 돌들을 쌓아 올린 10년이란 세월이 그에게 자연스럽게 우러나오는 온유한 강건함을 주었을 것이다. 남들은 그런 그를 비현실적이라거나 허송세월을 했다고 말할지도 모른다. 실속 없이 우매하다고 말할지도 모른다. 하지만 그런 말을 하는 사람들도 그 돌탑을 직접 보게 되면 그런 생각이 바뀔 것이다. 설령 그 돌탑들이 무가치할지라도 10년 동안 변함없이 수백 무더기의 엄청난 돌탑을 쌓아 올릴 수 있는 사람이라면 그 인내심과 우직함만은 대단하다고 인정해줄 수밖에 없을 것이다. 그러나 이 돌탑에 대한 이야기조차도 나머지 뒷이야기를 이해하기 위한 중간 단계에 불과했다.

그 친구가 아닌 그와 함께 한 또 다른 사람을 통해 듣게 된 지난 시절 이야기는 그 친구의 10년이 왜 대단한 것인가와 10년의 고행이 어떤 의미를 갖고 있는지를 다시 한 번 느끼게 해주었다.

그가 입산했을 당시 청학동은 세상에 거의 알려지지 않았었다. 지금은 유명 관광지가 되어 땅값이 오를 만큼 올라 있을 정도로 세상의 손을 많이 탔지만 그때는 말 그대로 감자, 옥수수 농사를 지으며 간신히 끼니나 해결할 때였다고 한다. 화전민이 대부분인 그곳에서 땅을 팔고 읍내로 나가고 싶어도 평당 백 원도 안 되는 그 땅조차도 사주는 사람이 없었기에 떠나고 싶어도 떠날 수가 없었다고 한다. 어쨌건 그의 스승과 제자 몇 명은 그곳에 움막을 짓고 수련을 했다. 수련을 위해 땅이 필요하게 되었고 산 한 봉우리 정도를 일천만 원이 안 되는 싼 값에 샀다.

그들은 그곳에 돌탑을 쌓기 시작했다. 그것이 수련이라고 생각했다. 정말 말 그대로 무지막지하고 황당하기까지 한 수련이었다. 간혹 수련을 위해 그곳을 찾는 사람들이 같이 끼워 주길 청했다. 조건 없이 받아 주었다. 하지만 워낙 고된 생활이라 대부분의 수련자들은 한 달 이상을 견디지 못했다. 심지어는 3일을 못 견디고 하산하는 경우도 숱하게 많았다. 길어야 2, 3년을 견딜 뿐 끝내 그곳을 버틴 사람은 그 친구뿐이었다. 하긴 그도 그럴 것이 하루 세 끼 먹는 것조차도 해결되지 않는 상태에서 그렇게 무지막지한 노동을 견딜 수 있는 사람이 어디 있겠는가?

그런데 청학동이 TV에 소개되고 사람들 입에 오르내리며 문제가 생겼다.

일천만 원이 안 되는 돈으로 샀던 그곳이 돌탑과 조경으로 인해 사람들이 자주 찾는 관광지 비슷하게 되어 버렸다. 같이 산 공부를 했던 사람들은 수련의 본래 취지에 맞게 이제는 일반 사람들에게 그곳을 개방하지 말자고 했다. 하지만 어느새 수십억의 가치를 지닌 그곳을 수행자들만의 공간으로 두기에는 아깝다는 생각을 하는 사람이 생겼다. 결국 이런저런 잡음과 갈등 끝에 그곳은 관광지로 개발되고 치열한 산 공부를 원했던 수행자들은 그곳을 떠났다.

이제 그곳은 과거에는 수행자들의 고행 장소였지만 이제는 관광객들이 들끓는 관광 명소가 되었다.

그 친구가 주위 사람들에게 존경받는 이유는 바로 그 때문이다. 자신의 젊음을 바쳐 숱한 고통 속에 쌓아 올린 돌탑이 돈벌이에 이용되는 것이 억울할 법도 한데 도대체 그런 기색이 없다.

과연 그는 고작 그런 돈벌이를 위해 숱한 날들을, 젊음을 다 바쳤을까? 쌀이 없어 밥조차 굶고 감자 몇 알로 배고픔을 견디며 10년이나 돌탑을 쌓았을까? 게다가 10년이나 고통 속에 쌓은 돌탑들이 큰돈은 되었지만 아무런 대가도 받지 않고 미련 없이 떠날 수 있었을까?

억울하지 않느냐는 질문에 그의 대답은 너무도 담담하다.

"어차피 내가 공부하려고 쌓았던 것뿐이야. 나는 탑을 쌓으며 내 수련을 했으니 내 몫은 얻은 거지. 그 나머지야 다른 사람들이 알아서 깨우쳐야 할 몫이고."

수행을 위해 했던 것이고 그것으로 만족하니 그것이 누구 것이건 얼마건 간에 더는 필요 없단다.

사실 그가 청학동 수련장에 대해 일정 부분의 권리를 충분히 주장할수도 있었다. 하지만 그는 그러지 않았다. 그것이 수행자의 올바른 모습이라 해도 그렇게 마음을 비우는 것이 쉽지는 않았을 것이다. 그런데 더더욱 놀라운 것은 그가 매년 그 청학동의 한 사람을 찾아 스승님의 예우를 갖추며 인사를 드린다는 것이다.

다시 물었다.

"그동안 그 사람에게 배운 거야?"

"아니."

"그럼, 왜 스승님으로 모셔?"

"그냥 공부는 나 혼자 했는데. 좀 더 엄격하게 공부하려고 같이 공부하던 수행자를 그냥 스승으로 모시기로 한 것이지. 그렇게 스승으로 모시면 그 사람이 스승 역할을 하기 위해 나를 더 엄하게 다루었고 그 덕분에 나는 더 절제되고 철저한 수행 생활을 하게 된 거지."

"그런 관계인데 하산을 한 지금에도 굳이 인사를 와야 해?"

"그것 또한 나의 수행이야. 인사를 드리는 그 대상이 누구이냐가 중요한 것이 아니라 변치 않고 꾸준히 인사를 드린다는 그런 마음 자체가 더 중요한 것이지. 수행은 어떤 상대방과의 문제가 아니라 단지 나 자신만의 문제이기 때문이야. 즉, 내 자신을 극복하는 과정이 모두 다 수행인 것이야."

그의 대답을 듣고 더는 할 말이 없었다. 그의 수행이 어떤 의미이고 그가 왜 이곳을 찾았는지를 분명히 알게 되었기 때문이었다.

그럼 도대체 그는 왜 하산했을까?

청학동 돌탑 수행지를 떠난 그는 근처 화전민이 버리고 간 다 쓰러져 가는 움막 같은 곳에 거주하며 수행을 계속했다. 수행도 수행이지만 끼니는 해결해야 했기에 돌밭을 일구어 감자 농사를 지어 연명했다. 하지만 도저히 배고픔을 견딜 수는 없었다. 가끔 관광객들이 남기거나 버린 음식을 먹기도 했지만 그것은 임시방편밖에는 되지 못했다.

일주일에 절반은 감자를 먹고 나머지 절반은 칡을 캐먹거나 산열매로 주린 배를 채우고 겨우 하루, 이틀을 밥을 지어 먹는 생활을 견디고 견뎠지만 그 기간이 너무 길어지다 보니 결국은 한계에 이르렀다.

결국 어느 관광객이 준 사탕 반 봉지로 일주일을 견디다가 더는 그런 혹독한 수행을 견디지 못하고 갈등 끝에 하산했다는 것이었다. 그렇게 더 이상 참지 못하고 하산한 자신이 부끄럽지만 그래도 할 수 있을 때까지 최선을 다해 수행을 했기에 후회는 없다는 것이다.

하산 후 할 수 있는 일은 그동안 수련하며 닦은 전통 무술을 학생들에게 가르치는 것뿐이었다. 수련장을 구해야 하지만 돈이 없다 보니 장소 구하기가 마땅치 않았다. 결국 작은 소도시를 찾았다. 그리고 외곽 한 귀퉁이에 아주 싼 어느 허름한 건물 2층을 임대했다. 물론 빚을 얻었다.

아는 사람 하나 없다 보니 수련생 구하기가 쉽지는 않았다. 하지만 점차 그 누가 봐도 산에서 금방 수행을 마치고 내려온 순수하고 맑은 도인 같은 그를 본 학부형들은 그에게 호감을 느끼고 자녀들을 맡겼다. 그의 얼굴과 목소리에서 느껴지는 맑은 기운은 단순한 호기심을 넘어 깊은 산의 정기처럼 사람을 겸손하게 만들고 마음이 열리게 하는 그런 힘이 있었다.

그에게 수련한 학생들은 짧은 기간에도 너무도 예의 바른 학생이 되고 부모에게 효도하는 마음을 갖거나 성격이 차분해졌다. 그가 운동보다 우선 인간에 대한 예의와 마음 공부를 더 중요시하며 가르친 탓이었다. 이런 것들은 그동안 그 지역에서 학생들에게 가르친 적이 없는 사교육이었다.

학부모들은 아이가 성격이 바뀌어 무언가에 몰입하며 예의 바른 학생이 되자 무척 만족하며 주변의 다른 학부모들에게도 자랑을 했다. 그 덕분에 수련장에는 더 많은 학생들이 몰려들어 전통 무예를 배웠다. 그리고 급기야 저녁 시간에는 학부모님들까지 기(氣)수련을 하기 시작했다.

이 모든 것은 진정한 사부가 드문 시대에 그에게서 진정한 스승의 모습을 보았기 때문일 것이다. 그는 여전히 제자들에게 결코 화내지도 혼내지도 않는 스승, 그냥 빙그레 미소만 짓고 있는 스승이었다. 하지만 그 부드러운 미소 속에는 마치 그가 쌓은 몇 백 개의 돌탑처럼 결코 흔들리지 않는 엄청난 강함이 느껴지는 스승으로 제자들을 가르친다.

그의 제자들은 전통무술 겨루기 대회를 나가 경기력은 더 뛰어나지만 계속 상대방 선수들을 차마 공격하지 못하고 상대방 얼굴 앞에서 주먹이 멈춰 서서 경기 내용은 앞서도 결국 경기 결과로는 패배를 했다.

그가 제자들에게 매서운 공격이나 필살기를 가르치기보다는 자기 수양을 우선 한 덕분에 그의 제자들은 상대방을 때리지 못하기 때문이었다. 그래서 공격의 순간에는 항상 멈칫하는 제자들을 위해 할 수 없이 상대의 공격을 역으로 받아치기만 하며 상대를 제압하는 방법을 가르쳤다.

그 후로 그의 제자들은 더는 패배하지 않고 승승장구하며 전국대회를 몇 번이나 제패했다.

이런 그를 어찌 하산했다고 속세에 때를 묻히고 변했다고 말할 수 있으며 어찌 단순한 한 선생으로만 볼 수 있을 것인가! 이기기만을 가르치기보다는 정의와 약자에 대한 배려를 먼저 가르치고 인간에 대한 예의와 마음 수련을 우선하는 그의 가르침이 대단한 것임은 분명하다. 학부형들도 그런 그의 성품과 교육 방식을 익히 아는지라 자연스레 존경심이 생겨날 수밖에 없었고 그런 탓에 그는 어느새 그 지역에서 가장 많은 제자를 수련시키는 존경받는 스승이 되었다.

이제 그는 단지 학생들과 학부형들만을 가르치는 것을 넘어 1시간 떨어진 대도시 대학에서도 강의를 하고 기타 다양한 곳에서 초청을 받아 각계각층의 사람들에게 가르침을 준다. 그리고 또 전국 각지에서 그를 찾아와 배움을 구하거나 도움을 청하는 사람들에게 예의 부드러운 미소로 답하며 함께 해준다. 그의 수행은 배움이 아닌 가르침으로 여전히 계속된 것이다. 그는 단지 무예나 기공을 가르친 것이 아니라 마음과 사람과 삶을 닦아가는 법을 가르쳤다. 이런 그가 '선생'이나 '관장'이 아닌 '사부'나 '스승'으로 존중하는 것은 너무도 당연하다. 그래서 그는 이미 도인이 된 것인지도 모르겠다.

비록 벼랑 끝 같은 상황에서 하산했지만 바로 그런 그의 순수함에 반해 수많은 사람이 몰렸다. 사람들은 그가 10년 동안 묵묵히 돌탑들을 쌓아 올린 자기 수련의 세월을 헛된 시간을 보냈다고 비웃을 수도 있다. 하지만 그의 그런 순수한 고행이 뒤늦게 그 친구에게 성공으로 돌아왔다고 생각한다.

물론 그 친구가 성공을 위해서 돌탑을 쌓은 것은 아니지만 그가 묵묵히 자신을 갈고 닦았던 시간들이 성공으로 자연스레 이어진 것은 사실이다. 결국 그의 노력은 남들이 비웃던 그런 한심한 시간 낭비의 무식한 돌탑이 아니라 성공의 돌탑이었던 것이다. 이래서 헛공부는 없고 헛된 노력은 없다.

▨ 그 친구를 보며 '인생의 성공은 이런 것이다'라는 생각을 한다. 사람에 따라 성공의 가치나 기준은 다르겠지만 그는 현실적으로도 인간적으로도 분명 성공했다.

남들은 사회적으로 더 편하고 더 그럴듯한 명함을 가진 사람을 성공했다고 생각할 수 있을 것이다. 하지만 더 편하고 더 그럴듯한 명함을 갖고 있다고 해서 그 일이 보람되고 사람들 모두에게 존경받을 수 있는 것은 아니다. 그런 의미에서 그는 충분히 남들보다 가치 있게 성공한 사람이라 믿는다.

만약 그 친구가 돌탑을 쌓았던 10년의 세월을 묵묵히 견디지 못했다면 훌륭한 스승이 아닌 단순한 기술 전수자로 아이들을 가르치고 있었을 것이다. 또한 매년 변함없이 '청학동' 사업가를 찾아 그래도 스승님이라며 깍듯이 예우를 갖추는 자기 수련이 없었다면, 그는 주위 사람들로부터 존경받지 못했을 것이다. 대부분의 사람들은 성공을 꿈꾼다. 하지만 성공한 후의 화려한 결과에 대한 기대만 클 뿐 그 과정의 희생이나 고생에 대해서는 깊이 생각해보지 않는다.

자신 있게 말한다.

준비되지 않은 우연한 행운에 의한 성공은 결코 오랜 성공으로 유지되지 않는다. '세상은 정직하다' 라는 말의 의미는 바로 그런 것이다. 자신이 뿌린 만큼 거둔다는 것이다. 현실적인 성공이든 인간적인 성공이든 간에 이렇듯 인고의 과정 없는 성공이란 결코 있을 수 없다. 우리가 끝내 포기하지 않고 열심히 삶을 살아야 할 이유도 바로 거기에 있다.

영업맨 '어벙이'는 오늘도 달려간다

 그 친구의 별명은 '어벙이'다.

한 번이라도 그를 본 사람이라면 그가 왜 '어벙이'로 불리는지 금방 알게 된다.

대충 이런 식이다.

그가 운전하는 차 옆자리에 타고 외곽도로를 달린 적이 있다. 나에게는 낯선 도로였던 것에 비해 그 도로를 잘 아는 듯 도로 상황에 대해 계속 떠들어 댔다. 별 대단한 지식도 아니지만 얼마 더 가면 신호등이 있고 얼마 더 가면 교차로가 있다고, 괜히 신나서 미리 설명을 했다. 쉬지 않고 설명을 해대던 그가 갑자기 잔뜩 목소리를 깔고 말했다.

"이제 저 고갯길을 넘으면 과속 단속 카메라가 나와."

아주 대단한 비밀을 알고 있다는 듯한 우쭐한 표정이다. 그 모습에 피식 하며 웃음이 나오지만 무안할까 봐 차마 소리를 내어 웃지는 않는다.

고갯길을 넘어 가자 저기 앞에 단속 카메라가 있다.

"맞지. 저기 앞에 단속 카메라가 있지?"

"응, 맞네."

별 대단할 것도 없는지라 간단히 '맞다' 대답한다. 이런 뻔한 질문과 답변이 지겨워진 터라 머릿속으로 딴생각이 떠오르던 참이다. 그때였다. 갑자기 순간적으로 무엇인가가 번쩍했다. 카메라에 찍힌 것이다. 깜짝 놀라 물었다.

"속도 안 줄였어?"

"거봐. 내 말 맞지? 진짜로 카메라에 찍힌다니까. 여기 것은 가짜 카메라가 아니라 진짜 카메라야. 너도 앞으로 조심해."

이건 또 무슨 엉뚱한 말인가? 그는 찍힌 것이 당연하다는 듯 무척 덤덤히 대답한다. 어쩜 그렇게 천연덕스러울 수 있는지 신기할 정도다. 이건 아차 해서 깜빡 잊고 속도를 줄이지 않은 실수가 아닌 것 같다. 그가 정말 어벙이 같은 짓을 한 것이다. 좀 전에 피식하고 참았던 웃음이 결국 큰소리로 터져 나온다.

"하하, 그래. 네 말이 맞아. 거기에 진짜 카메라가 있군."

도저히 그 말밖에 할 말이 없다. 원래 학창시절부터 '어벙이'라 불린지라 그의 엉뚱함은 이미 알고 있었지만, 나이를 먹고도 변함없는 그의 모습을 보니 더더욱 웃음이 날 수밖에 없었다.

어느 날에는 근교 유원지 근처로 함께 점심을 먹으러 가게 되었다. 식당을 가는 길에 그는 그 유원지에 대해서 이미 알만한 사람은 다 아는 내용이지만 입에 침을 튀겨가며 설명했다. 이어서 그 유원지 근처의 식당들에 대해서 아는 척을 하기 시작했다. 어느 집이 가장 맛있고 어느 집이 가장 맛이 없다는 내용부터 시작해서 어느 집의 무슨 메뉴가 맛이 어떻다는 내용까지 시시콜콜하게 말했다. 도대체 언제 그 식당들을 모두 다니며 맛을 보았는지 모르겠지만 신나게 소개를 하는 그의 말을 들어주지 않을 수 없었다.

이윽고 그는 유원지 근처에 있는 몇 곳의 식당 중 한군데로 들어가 차를 세웠다. 식당에 들어가 주문을 했다. 그는 나에게 비빔냉면을 시키라고 하면서 자신은 물냉면을 시켰다. 그가 잘 아는 집인가 보다 하고 그의 말을 따랐다.

주문한 음식이 나오자 그는 자신의 물냉면 대접을 들이대며 한 젓가락 맛을 보라고 했다. 한 젓가락을 떠서 맛을 보았다. 입에 넣고 먹는 것을 확인한 후 곧바로 물었다.

"진짜 맛없지? 이 집이 아까 내가 오면서 말한 가장 맛없는 집이야."

"뭐?"

"진짜 맛없다는 거 보여주려고. 그중에서도 이 물냉면이 제일 맛없어."

정말 어이가 없었다. 맛있는 집 놔두고 맛없는 것 확인시켜 주려고 일부러 맛없는 집으로 와 제일 맛없는 메뉴를 시키다니 기가 막힐 뿐이었다. 어쩌면 그렇게 일부러 멍한 짓을 잘 하는지 그저 신기한 노릇이었다.

또 한 번은 친구들 친목 모임의 회장을 뽑는 날이었다. 서로가 서로를 추천했다. 몇 명이 회장 후보가 되었다. 그러나 끝까지 그의 이름은 추천되지 않았다. 결국 그가 손을 들어 말했다.

"나를 추천한다."

친구들은 웃음을 터트렸다. 그는 그렇게 친목 회장 후보가 되었고 거창한 정견 발표까지 했다. 하지만 투표 결과는 예상대로였다.

그는 회장이 되지 못했다. 그런데 특이한 것은 그가 한 표도 받지 못한 것이다.

"야, 네가 추천했으면 너는 네 이름을 썼어야지."

"응, 내가 가만히 생각해보니 내가 생각해도 난 아닌 것 같아서."

그렇다. 그는 자기가 자기를 추천하고도 자기에게 투표하지 않은 것이다. 그렇게 그는 '어벙이'와 더불어 '영(0)표'라는 별명까지 갖게 되었다. 신기한 것은, 매번 사람들에게 그런 엉뚱한 짓 때문에 무안을 당하면 기가 죽어 조용히 있을 법도 한데 절대 그렇지 않고 항상 자신 있어 했다. 그거야말로 그의 멍한 짓보다도 훨씬 더 신기한 일이었다. 하지만 그것조차도 비교되지 않는 더더욱 신기한 일이 있다. 그건 바로 그렇게 멍한 그가 영업사원이라는 것이다. 너무도 뜻밖이었다.

영업사원이라면 고객에게 정확한 언변과 세련된 매너로 신뢰감을 줘야 하는 것이 상식이다. 늘 실수투성이고 엉뚱하기 짝이 없는 그가 영업을 한다는 것이 도저히 어울리지 않았지만, 그는 틀림없는 영업사원이다. 그가 학교를 졸업하고 처음부터 영업을 했던 것은 아니었다.

첫 번째로 그가 몸담았던 회사는 작은 중소기업의 공장이었다. 몇 번이나 입사 시험에 떨어진 끝에 간신히 작은 회사에 입사를 했다. 입사를 하자마자 그는 특유의 엉뚱함 때문에 곧바로 유명해졌다.

입사한 지 얼마 되지 않았을 때의 점심시간이었다.

점심을 먹고 나오던 그는 갑자기 앞에 천천히 가고 있는 자전거를 쫓아가 붙잡아 세우고 바퀴를 발로 걷어차며 앞으로 가지 못하게 했다. 자전거를 타고 가던 사람이 놀라 자전거를 세우고 뒤를 돌아봤다. 도대체 누가 이런 짓을 하는가 하고……. 그런데 둘이 눈이 마주치자 자전거를 잡은 그 친구가 더 놀라 버렸다. 회사의 부장님이었다.

"뭐야. 왜 그래?"

"아! 아닙니다."

그가 기어들어가는 목소리로 머리를 긁적이며 대답을 했다.

"왜 그러냐고?"

"저기……. 제 동료로 잘못 알고 장난하려다가 실수했습니다. 정말 죄송합니다."

부장은 웃음을 터트렸다. 지나가다 보고 있던 다른 동료들도 덩달아 함께 웃을 수밖에 없었다. 그 일을 계기로 그는 사내에서 최초로 부장을 폭행하려 한 신입 사원이 되었다.

회사 생활은 비록 힘들었지만 재미는 있었다. 일을 잘 하는 것도 아니고 머리가 좋은 것도 아닌지라 회사에서 인정을 받진 못했지만 함께 어울려 일하는 것만으로도 고맙게 생각되었다. 놀림감으로 그를 대하는 건 학교 때나 마찬가지였지만 어차피 그런 것에 신경을 쓰는 사람은 아니었다. 자연히 쉽고 편한 일보다는 어렵고 굳은 일이 그의 몫이 되었다. 하지만 남보다 편하게 일하고 싶다는 생각은 없었기에 상관없었다.

그런데 그때 전혀 예상치 않게 회사에 위기가 닥쳤다. 워낙 큰 위기라 회사는 견디지 못했다. 결국 구조조정을 발표했다. 직장 동료들은 모두 긴장했다. 누군가 회사를 나가야만 하지만 그 누구도 퇴사를 하겠다고 나서는 사람이 없었다. 당연한 일이었다. 결국 평소 어벙하고 만만한 그에게 동료들의 시선이 쏠렸다. 직접 내색은 하지 않았지만 나가기를 바라는 눈치였다. 그에게만 유독 냉랭했고, 그만 빼고 수군거렸다.

사람 좋게 웃고 떠들던 그가 착하고 순진해서 좋다고 했던 동료들이 갑자기 냉정해진 것이었다. 결국 눈총과 외면을 더는 견디지 못하고 어쩔 수 없이 사표를 냈다. 비록 능력을 인정받진 못해도 남들 모두 피하는 온갖 궂은 일도 군말 않고 했는데 그것마저도 할 수 없게 된 것이다.

다시 일자리를 찾아 나섰다. 그래도 그동안 했던 일을 바탕으로 이번에도 역시 공장이었다.

새롭게 사람들을 사귀고 새로운 분위기에 적응하는 것이 번거로워서 그렇지 회사를 옮긴다는 것이 그렇게 나쁘지는 않았다. 하지만 엉뚱함은 어쩔 수 없었는지 이 회사에서도 금방 그의 존재를 알게 되었다. 지난번 회사와 마찬가지로 또 역시 짧은 시간에 유명해졌고 똑같이 '어벙이'라는 별명으로 불렸다.

또한 업무 역시도 번거롭고 피하고 싶은 것들만 그의 몫이 되었다. 물론 그러거나 말거나 그는 별로 상관하지 않았다. 원래 웃고 마는 그였기에 순진한 웃음을 크게 인사하고 신나게 떠벌리면서도 성실하게 근무했다.

그런데 이건 또 무슨 일일까? 그에게 지독하게 직장 운이 없는 걸까? 이제 한참 재미를 붙이고 다니던 회사가 이번에는 부도가 났다. 졸지에 실업자가 되었다.

또 다시 재입사를 하려고 여기저기 알아보았지만 마땅한 곳이 없었다. 어쩔 수 없이 임시직으로 공장을 들어갔지만 이것도 그나마 계약 기간을 몇 번 연장하다 재계약이 안 되어 그만두게 되었다.

결국 직장을 구하지 못하고 있던 차에 친구의 소개로 자동차 영업사원이 되었다. 친구들은 그가 자동차 영업을 한다고 하자 그렇게 어벙한 녀석이 무슨 영업을 하냐며 크게 웃었다. 하지만 그가 영업을 시작하고 1년쯤 지나자 놀라운 일이 벌어졌다. 도저히 영업에 맞지 않고 상품 설명조차 제대로 못할 것 같았는데 상당한 영업 실적을 내기 시작한 것이다.

그를 아는 대부분의 사람들이 납득하기 어려운 그의 영업 실적은 알고 보니 그만한 이유가 있었다.

그는 그만의 장점으로 고객에게 신뢰감을 주고 있었다. 화려한 언변과 세련된 매너만이 고객에게 신뢰감을 주는 것이 아니었다. 거짓을 모르고 멍한 듯 순진한 그에게 사람들은 큰 신뢰감을 느꼈다.

생각해 보라. 자신이 단속 카메라에 찍히면서까지 단속 카메라가 있다는 것을 증명해 보이는 그런 엉뚱함이 고객에게까지 보였다고 치자. 과연 누가 그를 믿지 않겠는가? 최소한 절대로 거짓말을 하지는 않을 거라고 믿게 된다. 만만하기에 오히려 편하고, 멍청하기에 오히려 믿음이 간 것이다. 이제 그의 순박함이 단지 어벙함으로만 보이는 것은 아니다. 그가 비록 실수를 하고, 잘 몰라도 그만의 어벙함 때문에 세련되고 달변의 영업 사원들보다 더 신뢰감 있는 사람으로 인정받게 된 것이다.

어느덧 영업사원으로 제법 경력을 쌓은 그는 적성에도 잘 맞고 일도 즐거운 만족스런 직장 생활을 하고 있다. 그 예전과는 다르게 능력도 인정받고 수입도 훨씬 더 좋다. 규모가 큰 회사에 다니는 친구들은 그의 앞에서 직장 이름을 갖고 거들먹거리지만 그의 연봉을 알게 되면 깜짝 놀란다. 남에게 아쉬운 소리나 하고 다니는 별 볼일 없는 영업 사원처럼 보일지 모르지만 그는 비슷한 연배들보다 두 배 가까운 수입을 올린다.

반드시 수입이 그의 능력과 성공을 평가하는 기준은 아니지만 최소한 그가 다른 친구들에게 기죽지 않아도 될 만큼은 잘살고 있다는 것이다. 간혹 좋은 직장, 좋은 부서에 있는 사람들의 좋은 명함만을 부러워하는 경우가 있는데, 어차피 직장인이 수입으로 능력을 평가받는다면 그는 결코 뒤지지 않는 '똘똘이'인 것이다.

오늘도 '어벙이'는 사람들 속으로 달려간다. 표면적인 모습은 '어벙이'로 보일 수 있겠지만, 내면은 '똑똑한 어벙이'인 셈이다.

아니, 사람들에게 철저히 '어벙이'라도 좋다. 그의 꿈은 최고의 자동차 영업맨이다. 자기처럼 어벙하고 엉뚱해서 도저히 인정받지 못할 것 같은 후배들에게 멋진 희망이 되고 싶은 것이다.

세상 누구에게든 자기만의 몫은 있다. 그것을 어떻게 발견하고 어떤 분야에서 발휘하느냐가 관건이다. 만약 '어벙이'가 계속 공장 생활을 하고 있었다면 아마 지금까지도 '어벙이'로 살고 있었을지 모른다. 하지만 그는 새로운 일에 도전해 좋은 결과를 만들었다. 누구에게든 의외로 딱 맞는 재능은 있다. 자신에게 맞는 재능이 있다면 망설이지 말고 뛰어들어야 한다.

만약 자신에게 꼭 맞는 재능과 꼭 하고 싶은 일을 찾지 못했다고 해도 자꾸 세상 속에 맞부딪히다 보면 그 속에서 의외로 자신에게 딱 맞는 무엇인가를 찾게 될 것이다.

'못난이'도 달려갔고, '어벙이'도 달려갔다. 달려라! 내일은 희망이다.

어떤 일이건 간에 그것이 세상 속에 주어진 내 몫이라면 그래도 열심히 해야 한다. 물론 더 좋은 일, 멋진 일을 하고는 싶겠지만 '내가 하지 않으면 그 누구도 하지 않으니 어쩔 수 없이 내가 해야지'라며 스스로를 위로해야 한다. 때론 이런 자신이 한심하고 구차하다 생각할 수도 있지만 꾸준히 그렇게 스스로를 위로하다 보면 정말 그렇게 그런 자신이 싫지만은 않게 된다.

힘든 순간이 다가오면 이런 생각으로 스스로를 일으켜 세워라.

세상이 나로 하여금 음식 찌꺼기가 묻은 놋그릇을 닦게 한다면 그것을 열심히 닦아야 하고, 세상이 또 나로 하여금 금빛 왕관을 닦게 한다면 또 그것을 열심히 닦아야 한다. 놋그릇을 못 닦고 어찌 금빛 왕관을 닦을 것인가? 놋그릇을 무척이나 잘 닦다 보면 금빛 왕관을 닦을 수도 있을 것이다. 그리고 또 금빛 왕관을 닦지 않으면 어떤가? 놋그릇을 닦는 사람이 있어야 금빛 왕관을 닦는 사람이 있고, 모두가 금빛 왕관을 닦으러 떠나면 놋그릇은 누가 닦을 것인가?

이런 생각은 나름대로 효력이 있다. 그 어떤 일종의 주문처럼 자기 자신을 지켜줄 것이다. 그리고 그렇게 꾸준히 노력해가다 보면 어느 날 갑자기 정말 예상치 않게 자기 자신에게 행운과 행복, 성공과 기쁨의 일들이 생겨나게 된다. 그 어떤 이유에서인지 세상은 전혀 뜻밖의 새로운 몫을 부여하는 것이다. 세상은 또 그래서 재미있는 것이다. 그때까지만 잘 참고 잘 견디며 마라톤을 하듯 성공과 행복의 목적지를 향해 달려가면 된다.

어느 뚱보, '못난이' 직장인의 멋진 변신

원래 세상에서 '못난이'라는 표현은 남들이 나에게 하는 것이지 내 스스로가 자신을 못난이라고 생각하는 사람은 그리 많지 않다. 그런데 그는 학창시절부터 늘 자신을 못난이라 생각했다. 우선 뚱뚱하면서도 눈, 코, 입이 제각각인 얼굴에 어눌한 말투에 자신감이라고는 전혀 없는 성격까지 더해진 자기를 보면 '나는 못난이'란 생각이 저절로 들었다. 그렇다고 공부를 잘하는 것도 아니었기에 스스로에 대한 실망감은 나이를 먹을수록 점점 커졌다.

친구들과 어울리기보다는 혼자 할 수 있는 것에 빠졌고 컴퓨터가 생긴 뒤로는 컴퓨터에 몰두했다. 부모님은 항상 걱정이었다. 자기 밥벌이도 제대로 못할 것 같았기 때문이었다. 학벌이 변변한 것도 아니고 그렇다고 성격이 좋은 것도 아니니 걱정이 되는 것은 당연했다. 그나마 다행으로 학교를 졸업하고 무사히 취업은 했다. 매일 컴퓨터에 매달린 것이 오히려 도움이 되어 컴퓨터 관련 업무를 하는 회사에 들어갔다.

온종일 컴퓨터로 각자의 일을 하는 업무이기에 자신에게는 안성맞춤이라는 생각이 들었다. 사람들과 어울릴 일도 많지 않고 오직 모니터만 보며 일만 하면 되는 업무이니 정말 잘할 수 있다고 믿었다. 자신의 믿음만큼 열심히 일에 매달렸다. 늘 야근에 주말에도 회사에 나가 일에만 몰두했다. 상사들이나 동료들 모두 그의 그런 성실함을 인정했다. 그러나 단지 그뿐이었다. 안타깝게도 직장생활은 반드시 일이 전부만은 아니었다. 상사들에게 아부도 일 못지않게 잘해야 했고 주위 동료들과도 뒤에서는 욕해도 앞에서는 아주 친한 듯이 잘 어울려야 했다.

그런 것들은 그에게는 무척 어려운 것들이었다. 학창시절부터 남들과 어울리는 것을 꺼렸었기에 잘하려야 잘할 수가 없었다. 동료들과 특별히 사이가 나쁜 것은 아니지만 그렇다고 좋은 것도 아니었다. 노골적으로 무시하는 것은 아니었지만 은근히 따돌리는 것은 분명했다. 결국 그는 회사의 구조조정 때 정리대상자가 되어 어쩔 수 없이 퇴직을 했다.

남들과 잘 어울리지 못하는 어눌한 성격과 뚱뚱하고 못생긴 외모 탓에 부서원들이 자신을 싫어해서 잘렸다는 자책감이 들었다. 모든 것이 못난이로 태어난 자기 운명 때문이라 생각하니 이렇게 태어나게 한 부모님이 원망스럽기도 했다. 그러나 이대로 계속 주저앉아 있을 수는 없었다. 당장 먹고 살아야 했다. 회사를 그만두고 무엇을 할까 몇 개월을 고민하다 결국 배운 것이 도둑질이라고 컴퓨터 관련 일을 하기로 했다. 퇴직금을 밑천으로 인터넷 홈페이지 만드는 회사를 창업했다.

각 기업이나 단체들을 고객 대상으로 정하고 본격적으로 사업에 뛰어들었다. 하지만 생각만큼 쉽게 매출은 오르지 않았다. 매월 인건비와 월세에 빠져나가는 돈은 많았지만 들어오는 돈은 턱없이 모자랐다. 이러다가는 투자비도 못 건지고 폐업할 수도 있겠구나 하는 공포감이 몰려왔다.

막연히 매출이 늘어나기만을 기다릴 수는 없었다. 찬밥 더운밥 가릴 때가 아니고 미친 듯이 뛰지 않으면 퇴직금이 고스란히 날아가게 생겼다. 이판사판이란 심정으로 이를 악물고 덤벼들기로 했다.

우선 각종 모임에 적극적으로 뛰어들었다. 인맥이나 학연이 없었기에 인터넷 커뮤니티 카페를 적극 활용했다. 거주지 친목 모임이나 각종 취미 관련 인터넷 카페에 가입해 열심히 활동했다. 컴퓨터 관련 분야에 대한 카페는 직접 만들어 운영했다. 비록 친목 카페지만 온라인에서의 활동이 많다 보니 처음 알게 된 사람들과의 대화에도 큰 부담이 없었다. 직접 대면에서의 화술은 부족해도 온라인상에서의 대화는 어렵지 않았다. 그렇기에 별 어려움 없이 어울릴 수가 있었다. 한 단계 더 나가 오프라인 모임도 빠지지 않고 참석했다. 회원들 간의 정기모임뿐만 아니라 개인적인 모임까지도 찾아다니며 어울렸다.

비록 자신 없는 외모와 말주변은 부족했지만 살아남아야 한다는 생각으로 사람들과 적극적으로 어울리다 보니 남들이 자신을 싫어하지만은 않는 듯했다. 그렇게 여러 군데 모임을 가입하거나 운영하면서 매달 정기 모임을 참석하다 보니 어느새 인맥도 제법 넓어졌다. 과거 직장생활할 때는 아는 사람이라고는 고작 같은 사무실 사람들이 전부였지만 이제는 다양한 사람들을 알게 되었다.

분명 외모는 과거와 같았지만, 과거의 우울하고 자신감 없는 그런 사람이 아니었다. 점점 또 다른 나로 변해가고 있었다. 또한 인터넷 온라인 친목 모임 위주의 영업 활동을 넘어 오프라인까지로 영역을 넓혔다. 과거의 성격으로는 어림도 없는 일이겠지만 사람들과의 대면에 어느 정도 자신감이 생긴 터라 직접 각종 업체들을 찾아가 홍보를 했다. 처음에는 사람들의 무덤덤하고 차가운 태도에 실망도 했지만 그냥 나는 나의 일을 한다고 생각하고 홍보물을 나눠주었다.

그렇게 6개월이 넘고 1년이 지나자 매출이 차츰 오르기 시작했다. 제작 주문이 밀렸고 일이 바빠졌다. 직원도 충원했고 사업 영역도 넓혔다. 모든 것이 순조롭게 진행되는 듯했다.

호사다마(好事多魔)라 했던가. 창업을 할 때 같이 시작했던 후배 직원이 어느 날 회사를 나오지 않았다. 회사 공금을 횡령하고 종적을 감춘 것이었다.

각종 결제 대금은 장부상으로는 일시불로 완납한 것으로 하고 실제로는 할부나 외상으로 남겨 두었다. 각종 입금액은 장부상으로만 남아있고 이미 인출이 된 상태였다. 너무 모든 것을 믿고 맡긴 탓이었다. 후회하고 되돌리기에는 이미 큰 손실을 입은 상황이었다. 맥이 탁 풀렸다. 그렇게 첫 창업은 허무하게 끝이 났다.

다시 창업을 할 수도 없고 회사에 취직하기도 힘든 상황이 되다 보니 결국 주변인의 권유로 아동 도서 판매 영업직에 뛰어들었다. 새로운 사람을 소개하면 수당을 받기 때문에 그를 소개한 것이었다. 어차피 다른 일을 구하기도 마땅치 않았기에 다른 선택의 여지가 없었다. 그런데 막상 영업을 해보니 그래도 한때는 좋은 회사에 다녔고, 개인 사업이지만 사장 소리도 듣던 자신이 남들에게 책 좀 사달라고 부탁하는 것이 너무도 자존심 상했다. 홈페이지 영업 때는 그래도 사업이라는 생각이 있었지만 이제는 그때와는 차원이 달랐다.

그러다 보니 자꾸 주눅이 들고 과거의 어눌하던 자신으로 돌아가는 것 같았다. 점점 말주변도 떨어지고 목소리도 기어들어갔다. 정말 이상했다. 그동안 알고 지내던 사람들을 만나도 안부만 묻고 정작 영업 이야기는 꺼내지 못했다. 우선 잘 아는 주변인들을 대상으로 영업을 해야 하는데 도무지 그것을 못하는 것이었다.

그렇게 3개월이 지나도록 계속 영업 실적이 부족하다 보니 회사에서 시달리던 끝에 궁여지책으로 새롭게 시도한 것이 인터넷에 카페를 만들어 운영하는 것이었다. 비록 카페회원은 자신 혼자였지만 육아 정보나 생활 상식, 요리 등에 대한 글을 자주 올렸다.

인터넷 카페를 만들어 나름대로 한다고는 했지만 도저히 실적이 안 나오다 보니 결국 입사 6개월 만에 영업소에서 권고사직을 당했다. 이대로 그만둘까 하다가 그동안 활동한 것이 아까와 다른 영업소로 입사했다. 기본급이 없으므로 차비와 밥값을 아끼려고 오프라인 활동보다는 온라인 활동에 더욱 매달렸다.

그런 그를 보면서 사람들은 누가 인터넷 카페로 제품을 구입을 하느냐, 사람들을 직접 만나 설득해야 된다며 헛수고 한다고 자존심을 긁었다. 속은 쓰렸지만 그래도 카페 방문객은 계속 늘어났다. 아무래도 여성 주부들의 주 관심사인 육아나 요리, 맛 집, 문화 정보들 때문인 것 같았다. 어쨌건 계약은 안 돼도 더 열심히 카페를 홍보했다.

그런데 이것이 웬일인가!

드디어 카페 개설 후 8개월 만에 상담 문의가 들어왔다. 최대한 친절하게 상담에 임했다. 하지만 계약까지는 연결되지 않았다. 그런 일이 몇 번 반복되자 결국 9개월째 감격적인 첫 계약을 했다. 비록 작은 액수의 계약이었지만 너무도 고마웠다. 이렇게 긴 시간이 걸려 아주 어렵게 첫 계약이 터지자 점차 계약과 상담에 자신감이 생겼다. 보다 적극적인 영업 덕분인지 점차 계약이 늘었다. 더불어 월급도 삼십만 원에서 시작해 한 단계, 한 단계 올라 삼백만 원까지 되었다.

어느덧 영업 경력도 3년 차가 넘었고 이제 잘할 때는 한 달 계약 건수가 50건쯤 되고 월 급여도 일천만 원이 넘었다. 그렇게 아는 사람에게조차도 영업을 못하는 그가 나름대로 주변머리 없는 단점을 극복하려고 인터넷으로 영업하는 방법을 터득한 것이다. 게다가 아주 우수한 실적을 내는 사람으로까지 변신하게 된 것이다.

그동안 오랫동안 컴퓨터 관련 일을 했던 것이 큰 도움이 된 것이고 자기가 자신 없는 부분보다는 자신이 잘할 수 있는 것에 집중적으로 노력한 결과였다. 이제 그의 주변인들은 그를 인터넷 영업의 프로로 인정한다. 영업직에 뛰어들려는 후배들은 그에게 영업 노하우 전수를 부탁하고, 인터넷 사업에 관심 있는 사람은 그에게 쇼핑몰 사업을 의뢰한다. 동업 제의도 있고 창업 문의도 있다. 어느덧 그에게로 사람들이 몰리는 것이다.

그가 큰돈을 번 것은 아니다. 그렇다고 대단한 성공을 한 것도, 유명인도 아니다. 게다가 외모는 예전 그대로이다. 그런데 사람들이 스스로 그를 찾는다. 분명 지금의 그는 과거의 그 뚱보 못난이가 아닌 것이다.

그의 카페와 블로그에는 그의 사진이 걸려 있다. 그곳을 찾는 사람들은 그 사진을 보며 그 누구도 그를 뚱보 못난이라 생각지 않는다. 오히려 아주 친절하게 의욕적이고 적극적으로 세상을 개척하며 살아가는 멋진 사람이라 말한다. 게다가 남들에게 자기 경험까지 친절하게 조언해주는 친절하고 착한 사람이라 생각한다. 도대체 그 뚱보 못난이는 무엇 때문에 이렇게 변한 걸까? 분명 그의 몸무게도 목소리도 성격도 얼굴도 모두 예전 그대로인데 왜 멋진 사람, 멋진 남자로 평가받을까? 무엇이 그를 다르게 보이게 하고 다르게 평가받게 한 걸까?

그건 아마도 그가 자신의 삶을 아주 열심히 살기 때문일 것이다. 자기에게 맞는 일을 찾아 최선을 다해 노력하고 있기 때문일 것이다. 자신의 일에 대한 만큼 정말 잘난 사람이기 때문일 것이다.

■ 세상에 진짜 못난이는 없다. 아무리 못난이라고 해도 무언가 한 가지는 잘난 것이 있거나 잘하는 것이 있다. 잘 생기지 않으면 키가 크고, 키가 작으면 손이라도 빠르고 손조차도 느리면 성격이라도 좋다. 도저히 잘 하는 것이 없으면 좋아하는 것이라도 있고, 좋아하는 것조차 없으면 착하고 순진하기 때문에 남들에게 피해는 주지 않는다. 그래서 못난이는 실제로 존재해서 존재하는 것이 아니라 존재한다고 믿는 사람들이 있기 때문에 현실이 아닌 마음속에서나 존재하는 것이다. 바로 그런 어리석은 마음을 못난이 마음이라 보면 된다.

남들보다 잘난 것이 하나도 없거나, 잘 하는 것이 하나도 없다고 생각되면 다시 한 번 자신에게 물어보라. 정말 잘하는 것이 없는가. 정말 좋아하는 것이 없는가. 찾아보면 분명 있다.

너무 멀리서 찾을 필요도 없고 너무 어렵게 찾을 필요도 없다. 평소에 늘 습관처럼 하던 일, 자연스럽게 마음이 그리로 가는 일을 찾아 열심히 하면 된다. 그러다 보면 어느새 자신에게도 정말 잘나고 멋진 부분이 있다는 것을 알게 된다. 바로 그것을 깨닫게 되는 순간 행복도 덤으로 얻어진다.

그녀 이름은 '방실, 방실, 방실이'

사람들은 그녀를 방실이라고 부른다. 그냥 방실이라고만 부르지 않고 '방실, 방실 방실이'라고 이름 앞에 '방실'을 두 번이나 붙여 부른다. 그러면 그녀는 덩달아 손바닥을 활짝 펴 얼굴에 갖다 대고는 웃음꽃을 만들며 "방실, 방실 '방실이'입니다."라며 환하게 대답한다.

그런 그녀의 모습을 보면 화가 난 사람이거나 무뚝뚝한 사람도 덩달아 얼굴에 미소를 띠게 되고 즐거워진다며 또다시 찾게 된다. 그렇다고 그녀 진짜 이름이 방실이는 아니다. 게다가 주위 사람들에게 자연스럽게 방실이라고 불릴 만큼 성격이 유쾌한 사람도 아니었다. 오히려 정반대에 가까웠다. 늘 시무룩한 표정을 짓고 있었고 습관처럼 몸에 밴 한숨은 옆에서 보는 사람조차도 답답하게 했던 사람이었다.

그럼 그녀는 어쩌다가 '방실이'로 불리게 되고 주위 사람까지 웃게 만드는 '방실, 방실, 방실이'가 된 걸까? 사실 따지고 보면 그녀가 그렇게 불리게 된 것은 아주 우연한 일 때문이었다.

　십 년 전, 그녀는 부업으로 분식집을 하게 되었다. 김밥, 라면, 칼국수 등 이런저런 부담 없는 메뉴들을 직접 만들어 팔았었다. 누구나 그렇듯 의욕적으로 장사를 시작했지만 기대만큼 매출이 좋지는 않았다. 한 번 먹어 본 손님이나 주위 사람들은 맛은 있다고 하는데 이상하게도 손님은 늘지를 않았다. 1년이 지나도 손님은 늘지 않고 간신히 인건비나 건지는 정도의 벌이를 했다. 결국 아쉬운 마음은 있었지만 분식집을 팔았다.

　그리고 몇 개월을 쉬었다. 그러다 보니 또다시 무언가 하고 싶다는 생각이 들었다. 결국 소일거리라도 하자는 마음으로 지난번처럼 간단한 업종을 선택해 장사를 하기로 했다. 이리저리 가게를 구하다 보니 마침 마음에 맞는 적당한 가게가 나왔다. 작은 칼국수 가게였고 장사도 잘 되는 것 같았다. 가게 계약을 하고 상호가 촌스럽다 생각되어 자신의 마음에 드는 것으로 바꾸려고 이런 저런 궁리를 해봐도 쉽게 떠오르는 이름이 없었다. 괜찮다 싶은 것이 떠올라 그것으로 하려고 하면 이미 다른 곳에서 사용하고 있었다.

　결국 마땅한 이름이 없다 보니 옛 주인이 쓰다 두고 간 간판을 버리기도 아깝고 해서 그냥 '방실이 칼국수' 라는 예전 이름을 그대로 사용하기로 했다. 그렇게 다시 장사를 시작했는데 이번에도 역시 장사가 신통치 않았다. 과거의 분식집과 같은 상황이었다. 맛은 있다고 하는데 찾아오는 손님이 늘어나지는 않았다. 예전에 장사하던 사람이 칼국수를 많이 팔았던 것을 보면 메뉴 선정이 잘못된 것은 아니었다. 꾸준히 찾아와서 아무 말 없이 먹고 가는 사람들이 고정적으로 있는 것을 보면 맛이 없는 것도 아닌 것 같았다.

혹시나 하는 마음에 한참 유행하는 '해물', '시원', '얼큰', '시골'이란 단어를 넣어 유행에 맞게 가게 이름을 바꿔볼까 하고 있는데, 마침 친구들이 찾아왔을 때 물어보았다. 친구들과 이것이 좋다, 저것이 좋다며 왁자지껄 서로의 생각을 말하는 중이었다. 그런데 옆 테이블에서 칼국수를 다 먹고 막 자리에서 일어나던 단골손님이 느닷없이 끼어들었다.

"방실이가 이름은 좋구만유. 근데 간판 이름만 방실이지 사장님은 전혀 안 방실이유. 이름처럼 방실거리면 이것만큼 좋은 이름이 어딨어유. 이름 탓하지 말고 이름처럼만 하세유."

그녀는 일순간 부끄러움에 얼굴이 확 달아올랐다. 맞다. 그랬었다. 가게 이름만 방실이지 정작 주인인 자신은 전혀 방실이 같지가 않았었다.

그 다음부터 그녀는 가게 이름처럼 모든 사람들에게 방실거리기 시작했다. 무조건 이유 없이 방실거렸다. 어떻게 표정을 해야 할지 처음에는 어색하고 잘 되지 않았지만 억지로라도 입 꼬리를 위로 올렸다.

그렇게 며칠이 지나고 몇 주가 지나자 차츰 자연스럽게 웃음이 자리를 잡기 시작했다. 웃음이 자리를 잡자 차츰 성격도 바뀌는 것 같았다. 원래 친구들과 노래방이라도 한 번 가게 되면 아주 구슬프거나 축축 늘어지는 노래만 했었는데 이젠 밝고 경쾌한 노래만 하게 되었다. 오히려 그렇게 늘어지는 노래는 남의 노래조차도 듣기가 힘들어졌다. 이젠 정말 딴 사람이 된 것 같았고 주위 사람들도 자신을 예전과 다르게 무척 편하게 대했다.

그러다 보니 자신의 삶도 더불어 즐거워졌다. 장사가 재미있어지고 편하고 재미있게 방실거리며 손님들에게 웃음을 나눠주다 보니 자연스럽게 손님도 늘었다. 그러면서 그녀는 장사에 자신감을 갖게 되고 차츰 새로운 업종으로까지 영역을 넓혔다. 그렇게 '방실이 칼국수'는 '방실이 치킨'으로 변하고 '방실이 치킨'은 '방실이 호프'로까지 커졌다. 세월이 흐르며 업종도 변하고 위치도 변했지만 변하지 않은 것이 한 가지 있다.

그건 바로 그녀 이름이다. 이제 그녀의 본명은 온데간데없고 누구든 그녀를 '방실, 방실, 방실이'라 부른다. 그 이름은 그녀의 본명과 일체가 된 것처럼 너무도 잘 어울렸다. 이제 그녀는 자기 이름이 '방실이'라 믿는다. 그녀가 '방실이'라는 이름에 가장 고마워하는 것은 돈을 더 벌었다는 것보다 성격이 바뀌었다는 것이고 그로인해 삶에 행복을 알게 되었다는 것이다.

이제 그녀는 자신은 행복하다고 말한다. 과거에는 항상 불행하다는 생각에 시무룩하던 자기가 즐겁고 행복하게 웃는 사람으로 변했다고 한다. 그래서 '방실이'라는 이름을 사랑하고 앞으로도 늘 변함없이 '방실, 방실, 방실이'로 살아갈 거라 말한다. 그녀 이름은 언제나 '방실이'다.

■ 요즘 부자의 기준이 십억이라는데 십억을 갖고 있어야 행복해진다는 건 거짓말이다. 일억만 있어도 행복하고 오천만 원만 있어도 행복하다.

그건 아니라고? 그건 아닌 것이 아니다. 행복이 주관적이고 관념적인 것이라서 그런 것이 아니라 실제 현실로도 그렇다. 과거에 전 재산이 오십만 원이었을 때 일천만 원만 있으면 너무 행복할거라며 삶을 괴로워했다. 그리고 다시 일천만 원이 생기니 이천만 원만 있으면 좋겠다며 힘들어 했다. 그리고 또다시 이천만 원은 오천만 원이, 오천만 원은 일억으로, 점점 변해갔다.

분명 제발 단칸방만 벗어났으면, 제발 부엌에 물만 새지 않았으면, 제발 방이 두 개였으면 하는 소박한 바람은 방이 세 개로 늘었고, 평수가 넓어져 갔고, 거기에 더해 승용차 한 대에서, 두 대로, 두 대는 더 큰 차로 끊임없이 변했다.

바로 거기에서 의문이 생겼다. 지금 나에게 당장 십억이 생긴다면 정말 행복해질까? 아마 일시적으로 행복해도 그 행복은 오래가지는 못할 것이다. 그 십억이 십오억으로 이십억으로 그 예전처럼 자꾸만 더더욱 커져갈 것이다. 아무리 맛있는 음식도 매일 계속 먹으면 질리듯이 내 마음으로 맛있다고 맛을 채워야지 음식으로 맛을 채우려면 아무리 맛난 음식을 먹어도 결국은 물리게 된다.

집을 몇 배로 더 좋은 집으로 늘려도 새집에 이사하는 몇 개월뿐 그때가 지나가면 처음의 황홀하던 만족감은 허공으로 사라지고 또 그냥 무뎌져 간다. 결국은 근본적으로 내가 내 마음을 채워야 한다는 것이다.

많은 인생의 선배들이 내면의 소리를 들으라 했다. 가슴이 시키는 일을 하라 했다. 하지만 실제 그러는 이는 드물다. 오히려 늘 발악하며 사는 삶을 살고 있다. 다른 이들의 눈치를 보며 살기 때문이다. 그렇게 남에게 보여주기 위해 더 큰 집에서 살고 더 큰 차를 타고 더 좋은 옷을 입어야 한다. 그런데 왠지 내 삶은 어디 가고 없다. 남들 눈치와 체면치레로 연극배우 같은 삶을 살고 있을 뿐 진짜 내 삶은 없다. 진짜 내 삶을 살아야 한다.

이제 마음을 채우는 법을 배워야 한다. 불쌍한 삶이 아닌 내 삶을 살아야 한다. 진실로 내가 원하는 삶을 살며 내 일에 만족하고 사랑하며 살면 되는 거다. 그렇게 진짜 내 삶을 살면 되는 거다.

꼴찌로 입사한 친구의 당당한 성공기

사실 냉정히 말하면 그가 입사를 했다는 사실조차도 신기하다. 학창시절 전공과목의 기본조차 모르는 그가 우여곡절 끝에 입사를 했다. 어찌 보면 덤이고, 어찌 보면 끼워 팔기였다. 그가 다닌 학교와 오랜 산학협동 프로그램으로 학과 교수들의 추천으로 면접만으로 입사시키는 회사가 있었다.

부족한 성적 때문에 교수들의 추천 대상도 못되었지만 면접이라도 보게 해 달라고 막무가내로 사정한 끝에 겨우 추천서를 받아 억지로 입사를 하게 되었다. 인사부서에서 신입사원 기본 교육이 끝나고 드디어 자신의 전공과 같은 부서에 배치를 받았다.

첫눈에 보기에도 깐깐한 성격으로 보이는 깡마른 사람이 과장이라고 자신을 소개하며 회의실에 마주 앉았다.

신상명세서를 뒤적이던 과장은 반가운 듯 물었다.

"마침 이쪽 전공으로 신입사원을 기다리고 있었는데 잘되었군."

그 말을 듣는 순간 가슴이 철렁 내려앉았다.

드디어 올 것이 온 것이다. 한 번은 겪고 넘어갈 거라 생각했지만 이렇게 빨리 이 순간이 오게 될 줄은 몰랐다.

"자네, aaa에 대해서는 어떻게 생각하나? 우리 부서에서도 그런 기법을 새로 도입하고 싶은데."

과장은 분명 그의 전공과 관련된 질문을 하고 있었다. 하지만 그는 학교 다니며 그런 용어를 들어 보았는지조차도 생각이 나질 않았다. 그렇다고 대답을 하지 않을 순 없었다.

"잘 모르겠습니다."

잘 모르겠다는 그의 대답에 일순 과장의 표정이 굳어지는 듯했다. 잠시 후 또 다른 질문이 이어졌다.

"그럼 bbb에 대해서는 알고 있나?"

그에 대해서도 들어 본 적은 있는 것 같았지만 아는 건 없었다.

"잘 모르겠습니다."

또다시 모른다는 대답이 나오자 실망한 눈치가 역력했다.

"ccc에 대해서는 알고 있겠지?"

점점 질문의 난이도가 내려가는 것은 분명했다. 질문이 계속 될수록 더 흔히 들어보던 용어였기 때문이었다.

그러나 국어로 따지면 ㄱ, ㄴ, ㄷ…도 모르는 그에게 아무리 쉬운 단어라 해도 그건 전혀 생소한 글자일 뿐이다. 단지 그런 모양의 글자를 한 번 구경을 했을 뿐인 것이다. 대답을 하지 않자 과장은 설마 아무리 모른다고 해도 최소한 이 정도도 모를까 하는 표정으로 그를 바라보았다.

이제 그 친구가 결심할 차례였다. 결국 그는 사실 그대로를 말했다.

"솔직히 저는 전공을 전혀 모릅니다. 하지만 조금만 시간을 주시면 반드시 확실히 익혀 업무에 전혀 지장이 없도록 하겠습니다. 잠시만 시간을 주십시오. 반드시 최고의 직원이 되겠습니다."

비장하지만 몹시 뻔뻔스러운 말에 과장은 아무런 반응이 없었다. 단지 표정만이 몹시 일그러져 있을 뿐이었다. 그리고 기막히다는 듯이 쳐다보다가 신상 명세를 덮고는 회의실을 나가 버렸다. 순탄치 않은 부서 생활은 이렇게 시작되었다. 그는 무식해도 너무 무식한 놈으로 찍혔고 선배 관리자들은 그를 도저히 활용 불가능한 신입사원이라고 생각했다. 일주일이 지나고 한 달이 더 지나도 그에게는 업무 기본 교육만 시킬 뿐, 절대 심도 있는 교육을 시키지 않았다.

한 달 먼저 입사한 같은 학교 다른 과 출신의 동료는 벌써 업무 보직을 받고 자기 일을 하고 있었지만 그에게는 그런 기미조차도 보이지 않았다. 매일 복사나 전화 받기 등 아주 단순한 허드렛일이나 심부름을 시키는 것이 고작이었다.

얼마 지나자 같은 학교 출신의 부서 선배가 퇴근길에 소주를 한 잔 하자고 했다. 술자리에서 이런저런 이야기가 오가고 술이 좀 거해지자 그 선배가 말했다.

"과장이 아무래도 너 그냥 퇴사했으면 하는 눈치인 것 같더라."

일순 술이 확 깼다. 대충 눈칫밥을 먹고 있다는 것을 알고는 있었지만 막상 직접 이런 말을 들으니 충격이 올 수밖에 없었다. 요즘 퇴근하면 매일 학교 시절 펴 보지도 않았던 전공서적을 몇 시간씩 파고드는 그였다.

과장의 차가운 눈빛이 떠올랐다. 이대로 물러설 수는 없는 상황이었다. 먹고 사는 문제도 문제였지만 이렇게 무기력하게 물러서기는 싫었다. 이왕 망신은 당할 만큼 당했으니 제대로 한 번 붙어 보고 싶었다. 반드시 최고의 직원이 되겠다고 큰소리쳤던 만큼 확실하게 그 말을 증명해 보이고 싶지 맥없이 포기하고 싶지는 않았다.

다음 날, 오전 담당 과장에게 면담을 요청했다. 여전히 그를 대하는 눈빛은 냉랭했다. 그는 단도직입적으로 말했다.

"그동안 아무리 사소한 심부름이라도 최선을 다했습니다. 비록 마음에 들지 않으시더라도 실무에 기회를 한 번만 주십시오. 사람의 능력은 쉽게 판단할 수 있는 것이 아니라고 생각합니다. 실무에서 능력을 발휘 못하면 스스로 이 회사를 나가겠습니다."

담당 과장은 못 미덥다는 눈빛으로 그를 쳐다보다 알았으니 나가 보라고 했다. 막무가내 면담이 효과가 있었던 것일까. 드디어 실제 업무를 할 수 있는 기회가 왔다. 며칠 후 담당 과장에게서 A파트로 가서 일을 하라는 지시가 떨어졌다.

새롭게 일을 시작하게 된 A파트는 십여 명이 함께 어울려 일하는 곳이었다. 그런데 그 첫날부터 그는 못 볼 모습을 보고 말았다. 그가 옆에 있건 말건 같은 A파트 직원들은 반으로 나뉘어 심하게 말싸움을 했다. 한참 말싸움을 한 후 그들은 반으로 딱 나뉘어져 자기들끼리 사라져 버렸다. 실무 파트에 오기 전 얼핏 이런 분위기를 얘기 듣기는 했어도 이정도일 줄은 몰랐다. 며칠이 지나도 서로는 말 한마디 하지 않았고 그 무슨 일이건 같은 패끼리만 몰려다녔다.

그는 자연히 여기도 저기도 끼지 못하고 중간에 붕 떠있는 상황에 놓여졌다. 그를 못마땅하게 생각하던 과장이 왜 순순히 A파트로 보내 줬는지 이유를 알 것 같았다. 그러나 이건 처음이자 마지막 기회였다. 본인 스스로 여기서 능력을 발휘하지 못한다면 알아서 회사를 나간다고 말했었다. 분명히 자신의 능력을 보여 주어야 했다.

일단 그는 A파트 동료들과 친해지는 것이 가장 중요하다고 생각했다. 입사하기 전부터 함께 일하는 조직에서 좋은 결과를 내기 위해서는 각 개인의 능력보다는 서로 팀워크가 더 중요하다고 믿었던 그였다. 게다가 이처럼 파트원 간에 사이가 좋지 않은 것을 직접 접하니 더더욱 그런 생각이 확실해졌다. 우선 그는 함께 일하게 된 A파트 동료 모두를 한 명씩 따로 만났다. 나이가 더 많은 사람도 있었고 더 적은 사람도 있었지만 우선은 무조건 그들의 이야기를 먼저 들었다. 그리고 마지막에서야 자신의 생각을 말했다.

"저는 일을 배우는 것보다 친해지는 것이 더 중요하다고 생각합니다. 처음부터 일로 만나면 서로 인간적인 오해를 하거나 실망을 하게 되면 두 번 다시 함께 일 하기도 싫어지고 그 결과는 뻔합니다. 하지만 먼저 친해진 상태에서 일을 하면 서로 실수가 있어도 이해하고 서로 더 잘 해 주기 위해 노력하기에 저절로 일의 결과까지 좋습니다. 그래서 일보다는 사람과 먼저 친해져야 합니다. 서로 친하면 일은 저절로 따라 옵니다. 당신에게 인간적인 노력을 다하겠습니다. 저를 인간적으로 받아주십시오."

그가 하는 말은 지극히 평범한 말이었지만 실제 그렇게 하기는 쉽지 않은 말이었다. 그러나 그는 자신의 말을 꼭 지킨다는 것을 보여주고 싶다는 듯 정말 사심 없이 동료들을 위해 노력하기 시작했다. 꼭 일을 잘하기 위해 친해지려고 하는 것이 아니라 단지 함께 일하는 사람들이기에 친해지려 했다. 비록 학창시절 공부는 못했지만 사람을 즐겁고 기쁘게 해주는 건 그에게 정말로 잘할 수 있는 일이었다.

매일 출근을 하면서 오늘은 무엇으로 동료들을 즐겁게 해줄까를 고민하고 이번 주에는 무슨 새로운 일을 만들어 사람들에게 신선한 재미를 줄까를 궁리했다. 처음엔 무심한 척하는 사람들 때문에 그도 속으론 무안할 때도 있었다. 하지만 더더욱 뻔뻔스럽게 사소한 일에도 웃음을 만들어 내려고 노력했다.

서서히 A파트 동료들의 반응이 나타났다. 찬바람만 일던 사무실에 슬금슬금 웃음이 터져 나오기 시작했다. 항상 뻔한 얼굴, 뻔한 대화, 뻔한 업무에 지쳐 있던 사람들이 그를 통해 작은 재미를 느끼기 시작한 것이다. 차츰 패가 나눠 있던 사람들도 그를 징검다리로 놓고 서로의 의사를 주고받았다. 전에는 서로 그 어떤 대화도 없었지만 이제 그를 중간에 끼워 약간의 대화를 하기 시작했다.

사실 양쪽 모두와 이야기를 해보면 그렇게 패를 나눠 싸울만한 특별한 이유는 없었다. 단지 선배 두 명의 신경전에 나머지가 동조하게 되면서 결국 이렇게 패가 나누어진 것이었다. 누가 먼저 나서서 화해의 손길을 내밀면 의외로 쉽게 풀어질 수도 있는 문제인데 양쪽 모두 자존심을 꺾기 싫어하는 눈치였다. 결국 얼마 후 그가 술자리에서 술기운을 빌렸다는 듯 취한 목소리로 서로의 화해를 부탁했다. 어느 정도 술잔이 돌았던 터라 그들도 그 분위기에 취해 못 이기는 척 서로의 손을 맞잡았다. 그동안 쌓인 좋지 않은 감정이 모두 풀린 것은 아니지만 최소한 싫은 내색은 할 수 없는 분위기가 되었다.

이런 상황이 되자 A파트에서 일 하는 것이 훨씬 수월하게 되었다. 몸으로 때우는 일은 제일 앞장을 서고 항상 맨 나중에 퇴근을 했지만 마음만은 편했다. 그런 그를 도와주고 싶은 생각이 들었는지 A파트 동료들의 태도에도 예전과 다르게 애정이 묻어났다. 작은 질문이라도 던지면 자신의 일처럼 관심을 갖고 아주 상세히 가르쳐 주었다.

하긴 그 친구가 동료들을 위해서라면 회사 일, 개인 일을 가리지 않고 한밤중이건 새벽이건 간에 저 멀리서 택시를 타고 그들을 찾아 주는 성의 있는 노력을 뻔히 아는 터라 당연히 그럴 수밖에 없었다.

A파트로 간지 몇 달이 지나 부서 전체 회식을 하게 되었다. 부서 전체 회식이었지만 자연스럽게 같은 파트 동료들끼리 자리를 잡고 앉아 자기들끼리만 어울렸다. 같은 부서라 해도 파트별로 따로 업무를 하는지라 회식 자리에서도 같은 파트 동료들끼리만 모이는 것이 당연했다.

어느 회식 자리나 그렇듯 계속 술 권하기가 이어졌고 그런 술자리가 점점 익어 갈수록 분위기는 어수선해졌다. 결국 자리가 끝나갈 무렵에는 각 파트마다 몇몇씩 어울려 먼저 어디론가 가 버려 부서원들은 채 절반도 남지 않았다. 그런데 정말 이해 안 되는 일이 벌어졌다. 다른 파트 직원들은 몇 명 남지 않았는데 유독 A파트만 처음 그 자리에 그 인원 그대로 남아 있었다. 게다가 아직도 너무 재미있다는 듯 웃음소리가 끊이지 않았다.

결국 부서장과 담당 과장도 A파트 직원들 있는 곳으로 합석을 했다. 과거와는 전혀 딴판이었다. 가장먼저 회식자리를 떠났던 A파트 직원들이 가장 늦게까지 남아 있는 것이 너무 신기했다. 게다가 분위기도 무척이나 유쾌했다. 처음 본 이런 모습에 기분이 좋아진 부서장은 원래 1차로 끝내기로 예정된 회식을 2차까지 이어가자고 제의했다.

다음 장소로 자리를 옮겨도 상황은 마찬가지였다. A파트 직원 전원이 참석했다. 이미 다른 파트 직원들은 거의 없었다. 누가 억지로 시킨 것도 아니고 예전에 이런 적이 한 번도 없었는데 참으로 신기한 일이었다.

다음날 담당 과장이 그를 회의실로 불렀다. A파트로 업무보직을 준 후 한 번도 그를 개인적으로 부른 적이 없었다. 부르기는커녕 그와 눈빛이 마주쳐도 눈길 한 번 준 적 없던 과장이었다.

"열심히 한다는 이야기는 듣고 있어. 일단 한 가지는 인정하지, A파트 분위기가 많이 좋아진 것은 사실이야."

과장은 평소처럼 조용히 말했다. 그러나 그 목소리는 예전의 차가움과는 다르게 약간의 호감이 묻어나는 것 같았다.

의외였다. 항상 차갑기만 한 줄 알았던 담당 과장이 그런 말을 할 줄은 몰랐다. 게다가 제발 자진 퇴사하기를 바라던 문제 사원이 아니던가.

"A파트 분위기가 어제처럼 그렇게 많이 좋을 줄은 몰랐어. 부장님도 몹시 좋아하시더군. 앞으로 계속 지켜보겠네."

말을 마친 과장은 입가에 엷은 미소를 지어 보였다. 그와 마주 앉아 처음 보게 되는 미소였다. 이제 한고비를 넘긴 것이다. 담당 과장이 그를 믿고 기다려 보겠다는 것이다. 이제 그는 그런 업무 외적인 능력뿐만 아니라 실제 업무에서도 능력을 보여야 한다는 것을 직감했다.

얼마 후부터 자신이 배운 업무를 하나씩 바꿔 나가기 시작했다. 자신이 배운 업무를 반복하다 보니 그 업무가 반드시 똑같은 방식으로만 해야 하는 건가 하는 의문이 들었다.

분명 불편하고 소모적인 부분이 있었지만 그 누구에게 물어 봐도 왜 반드시 그 방식으로만 해야 하는지를 아는 사람은 없었다. 한결같이 5년 전, 10년 전에도 그렇게 했고 자신도 그렇게 배웠으니 당연히 같은 방법으로 하는 거라고 했다. 결국 반드시 그렇게 해야 할 이유는 없었지만 과거에 그랬으니 지금도 그럴 뿐이었다.

그는 더 짧은 시간에 더 많이 효율적으로 할 수 있는 방법을 찾았다. 그리고 새로운 방법으로 바꿀 것을 제안했다. 모두가 쉽고 편하다며 좋아했다. 그렇게 하나씩 바뀌던 것이 어느덧 대부분의 업무 방식이 새롭게 바뀌게 되었고 사람들은 훨씬 편하게 일할 수 있게 되었다. 게다가 그런 업무개선으로 더 좋은 결과가 나오니 부서장도 흡족해 하며 다른 일도 같은 방식의 개선을 권했다. 좀 더 쉽고 편하게 잘 해보자는 그의 노력이 기대 이상의 좋은 결과를 낳은 것이다.

어찌 보면 그가 잘 했기보다는 남들이 그동안 안 했을 뿐이었다. 남들이 하지 않고 어렵다고 하는 것은 거꾸로 생각하면 그만큼 내가 할 기회가 많다는 것을 의미하는 것이었다. 그 기회를 충실히 이용했을 뿐이었다. 그런 일 덕분에 이제 A파트를 넘어서 부서 전체에 새로운 이미지를 심어 주게 되었다. 전공 분야의 기본도 모르는 한심한 직원에서 의외의 재주가 많은 직원으로 바뀌었다.

그의 능력은 부서에 문제가 생겨날 때마다 더더욱 빛을 발했다. 문제가 크면 클수록 그에게는 더 큰 기회였다. 사람들은 교과서로 공부한 탓에 교과서 식으로만 생각했고 그 범위 안에서만 문제를 풀려고 했다. 하지만 그는 학창시절 교과서를 멀리한 탓인지 교과서 식과는 다른 방법으로 문제 해결에 접근했고 답은 항상 거기에 있었다. 하긴 교과서 식으로 문제를 찾을 수 있다면 그건 이미 문제가 아닐 것이다. 예상하지 못한 곳에서 문제가 생겨나기에 그 문제를 풀지 못하는 것이고, 문제를 풀기 어렵기에 사람들에게 문제로써 인식되었을 것이다.

쉽게 해결할 수 있고 그 문제의 원인을 뻔히 아는 문제는 실제로는 문제가 아니다. 그건 잠시의 사고일 뿐이다. 그래서 진짜 문제가 생겼을 때는 뻔히 그동안 아는 방법으로는 그 문제를 해결할 수 없다. 무언가 새로운 방법으로 접근해야 한다. 그는 사람들과는 다른 새로운 시각으로 문제에 다가섰기에 남들이 풀지 못하는 문제를 풀 수가 있었다.

그의 엉뚱한 답 찾기는 계속 되었다. 남들이 측정기를 갖고도 도저히 찾지 못하는 문제를 밤새도록 그 문제 속에 들어가 문제를 보고 또 보고, 듣고 또 들으며 오감으로 느꼈다. 그럴 때마다 신기하게도 측정기로 찾지 못했던 부분들이 튀어나왔다. 알고 보면 측정기의 기능이 부족해서 문제를 찾지 못하는 것이 아니라 측정기를 사용하는 사람들의 측정 방법이 잘못되어 문제를 찾아내지 못하는 경우가 대부분이거나 애초에 측정기로 측정할 수도 없는 것들이었다.

신경통으로 허리가 아픈 사람을 데려다가 자꾸 가슴 엑스레이를 찍고는 엑스레이 촬영 결과 아무런 문제가 없다고 말하는 것과 똑같은 이치였다.

　여러 바이어들과의 문제에서도 마찬가지였다. 어느 날 한 바이어가 아주 난해한 문제를 주면서 그 문제를 해결해 줄 것을 요구했다. 한 번도 경험해 보지 못했던 문제라 부서 전체에 비상이 걸렸다. 아주 오래된 고참 직원들도 그 문제를 풀지 못했다. 바이어가 해결을 요구한 날짜가 다 되도록 해결책은 나오지 않았다. 일단 시간을 더 달라며 질질 끌었지만 도무지 문제의 해결책은 찾아지지 않았다. 계속되는 바이어의 독촉에 못 이겨 결국 부서장과 담당자는 그 문제를 자신들의 문제가 아니라는 궁색한 변명으로 빠져나가려 했다.

　오랜 시간을 끈 끝에 내놓은 대답이 자신들의 문제가 아니라 사용자의 문제라는 어색한 변명뿐이자 그만 바이어는 화가 폭발하고 말았다.

　만약 그 문제를 정확히 해명하지 못하면 거래를 끊겠다고 못을 박았다. 이제 회사는 난리가 났다. 고객을 더 만들어도 시원치 않을 판에 오히려 고객을 잃어버릴 수 있는 상황이 된 것이다. 하지만 문제의 답은 여전히 보이지 않았다. 도대체 무엇이 어떻게 잘못되어 그런 현상이 나타나는지 설명할 방법이 없었다. 이제 부서원 그 누구도 그 문제를 맡기 꺼려했고 그 이야기가 나오면 슬금슬금 피했다. 부서장도 그 문제만 나오면 얼굴이 팍 찡그려졌고 부서원들은 혹시 자신이 그 일에 관계될까봐 아예 고개를 돌려 버렸다.

　얼떨결에 그가 문제 해결을 맡는 상황이 되어 버렸다. 그동안 이런저런 기발한 아이디어로 특별한 재능을 보인 이유도 있었지만, 골치 아픈 일을 떠맡기 싫어 발상이 신선하다는 핑계로 후배에게 일을 넘기려는

Part 1
벼랑 끝에도 길은 있다 ｜ **75**

선배들 탓이었다.

　부서장도 어차피 막판까지 몰린 상태에서 혹시나 하는 기대감 때문인지 그것을 묵인했다. 그가 바이어에게 보낼 최종 보고서를 작성하기로 하고 마지막 해결 시한까지 매일 밤을 새웠다. 그 역시도 아무리 문제 속에 깊이 들어가 이런저런 분석을 해도 해답을 알 수가 없었다. 초조한 시간은 흘러 마침내 약속한 시일이 다가왔다.

　회사에서 보름 동안 밤을 지샌 그가 비몽사몽 간의 정신으로 보고서를 마무리했을 때 부서장이 출근을 했다. 다짜고짜 빨리 보고서부터 보자고 했다. 그가 내민 보고서를 읽던 부서장의 얼굴이 점점 더 일그러지더니 결국 벼락같은 소리를 질렀다.

　"이게 아니야. 또 틀렸어. 이걸 어떻게 보내."

　며칠 밤을 지샌 그에게 부서장은 욕설을 퍼부었다. 묵묵히 그 이야기를 모두 듣고 아무 대답 없이 자리로 돌아와 앉았다. 부서장은 계속 머리를 감싸 쥐고 있었다. 수출부서 쪽에서 계속 보고서 제출을 독촉했다. 부서장은 차마 그가 낸 보고서를 전할 수 없었는지 망설이고만 있었다. 독촉은 계속되고 부서장은 머리만 감싸고 있는 상황이 늘어지자 그가 자리에서 일어서 부서장 앞으로 갔다.

　"만약 이번 일이 잘못되면 제가 책임지고 물러나겠습니다. 그 보고서를 보내도록 허락해주십시오."

　"당신 하나가 그렇게 대단해? 이건 당신이 책임진다고 될 일이 아니야!"

　"자신 있습니다. 믿어 주십시오."

"뭐가 그렇게 자신 있어? 이걸 갖고 자신 있다는 거야?"

부서장은 보고서 뭉치를 쥐고 흔들다 급기야 바닥에 던져 버렸다. 지그시 이를 물고 바닥에 흩어진 보고서를 주워 모았다.

"그래도 보내셔야 합니다. 이 방법밖에는 없습니다."

그가 이렇게 끈질기게 나가자 부서장도 한풀 꺾여 어이없다는 눈길로 쳐다보았다.

"정말 자신 있어?"

"예, 보내셔도 됩니다."

"그럼, 알아서 해."

곧바로 보고서를 수출부로 보냈다. 초조하게 기다리던 수출부 직원은 곧바로 상담에 들어갔다. 사무실엔 정적이 흘렀다. 부서장은 여전히 심각한 표정으로 앉아 있었고 사람들은 험한 분위기를 아는 터라 책상에 머리를 박고 숨소리조차 죽이고 있었다.

대략 두 시간 정도가 지나자 부서장에게로 수출부에서 전화가 왔다. 몇 마디를 주고받던 부서장의 표정이 밝아졌다. 그리고 통화를 마친 부서장이 그 친구에게 전화를 돌려주었다.

"정말 수고하셨습니다. 고객 쪽에서 크게 감동받았다고 합니다. 그 보고서가 완벽한 정답이 아닌 줄은 알지만 그런 정성과 성의를 다하는 자세에 놀라 우리 회사에 대한 믿음이 다시금 생겼다고 합니다. 앞으로도 계속 이런 신뢰 있는 태도를 보인다면 변함없이 거래를 하겠답니다. 저도 깜짝 놀랐습니다. 모두 잘 됐습니다. 정말 다행입니다."

전화를 끊는 순간 긴장이 탁 풀렸다. 해냈다는 생각보다는 다행이라는 생각이 들었다. 사실 그가 보낸 보고서의 내용은 문제 해결을 위한 수백 가지가 넘는 실험 결과를 책 한 권 이상의 엄청난 분량으로 상세히 기록한 것이 전부였다. 하지만 그동안 많아 봐야 십여 장의 기술 보고서를 받았던 것과는 달리 수십 배가 넘는 엄청난 분량의 연구 보고서를 받아든 고객은 우선 그 성의에 깜짝 놀랐을 것이다. 그들도 많은 업체와 거래를 했지만 그토록 진지하고 자세한 보고서는 처음 봤다는 것이다. 그 내용과 분량은 엄청나지만 결론을 요약하면 이렇다.

"최선을 다했지만 문제의 원인은 정확히 모르겠습니다. 이것은 현재이 분야 기술력의 한계입니다. 그 어느 회사든 마찬가지입니다. 앞으로도 계속 연구하여 밝혀가도록 하겠습니다."

어찌 보면 엉뚱한 보고서를 그가 고객에게 보낼 수 있었던 것은 아무리 잘못해도 정직하게 그 잘못을 반성하고 최선을 다해 그 잘못을 바꾸려고 노력한다면 용서를 받을 수 있을 거라는 믿음 때문이었다. 그래서 수없이 많이 반복했던 모든 실험 결과를 있는 그대로 정리했다.

그 보고서에는 바이어가 제기한 문제를 풀려고 노력했던 수많은 실패와 어려움이 고스란히 담겨 있었다. 그리고 거기서 멈추지 않고 앞으로 더 연구하겠다는 자세한 계획까지도 포함되어 있었다. 바이어는 그런 엄청난 자료와 노력의 기록들을 보며 비록 문제의 정확한 답은 알지 못했지만 성의를 다하는 모습에서 감동을 받았고 신뢰를 느꼈다는 것이다.

이번에도 결국 사람들은 문제를 머리로만 풀려 했고, 끝내 그 문제를 풀지 못했다. 하지만 그는 머리가 아닌 가슴으로 풀려고 했기에 비록 문제를 완전히 해결하지는 못해도 일단락 지을 수는 있었던 것이다.

이런 일들이 반복되면서 그는 부서의 모든 사람들에게 인정받기 시작했다. 마치 프로야구에서 주전 선수가 우연히 빠진 기회에 대타로 나선 선수가 홈런을 때려 팀의 신뢰를 얻듯이 점점 더 기대주로 자리를 잡았다. 그리고 기회가 있을 때마다 대타 성공률을 높여 가더니 결국 주전자리를 꿰차는 것처럼 부서의 핵심 멤버로 커버렸다.

어느덧 그는 해외 업체들까지 관리하게 되었고 한 달에 한 번씩은 해외 출장을 가는 국제적인 업무까지 맡게 되었다. 제대로 아는 영어 단어도 얼마 없으면서 어떻게 혼자 해외 업무까지 할 수 있을까 하는 의문이 들 수도 있다. 하지만 내국인이건 외국인이건 모두가 사람이다. 모든 사람에게는 인간에 대한 좋고 나쁜 감정과 가슴이 있다.

그가 부족한 영어로 해외업체 사람들을 만나 좋은 결과를 이끌어 낼 수 있는 것도 역시 사람에 대한 진실된 태도 때문이다. 상대를 위한 배려와 노력은 그를 함께 일하면 즐겁고 편한 사람, 또다시 만나고 싶은 사람으로 느끼게 한다. 그러다 보니 의사소통이 서툴러도, 남들과 똑같이 업무를 해도 결과는 더 좋게 나타날 수밖에 없었다.

입사 후 몇 년이 지나 그는 입사 때의 담당 과장을 찾아가 전공 자격증을 내밀었다. 그리고 그동안 믿고 기다려 준 것에 대한 감사의 인사를 했다. 늦은 감은 있었지만 결국 입사 때의 약속을 지킨 것이다. 가장 기본적인 것도 모르는 상태에서 자격증까지 딴 것을 보며 이제는 부서장이 된 예전의 담당 과장은 웃음 띤 얼굴로 말했다.

"솔직히 자네가 금방 나갈 줄 알았어. 그래도 용하게 버티고 자격증도 땄네. 오히려 내가 고마워 이렇게 잘 해줘서. 정말 믿고 기다린 보람이 있어. 이런 것이 직장 선배로서 후배를 키우는 보람인 것 같아. 앞으로도 열심히 해 줘."

부서장의 당부처럼 그의 노력은 계속 이어졌다. 시간이 지날 때마다 그 회사, 그 부서의 최고, 최초라는 여러 기록들을 갈아 치우며 약속처럼 멋진 직원이 되었다. 그리고 결국 오히려 부서장이 된 과거의 담당 과장보다 더 큰 영향을 끼치는 중요한 위치에까지 올랐다.

신입사원 시절 무능한 그를 보고 담당 과장이 기회를 주지 않거나 기다려 주지 않았을 수도 있었다. 하지만 그 과장이 아무리 그를 기다려주고 기회를 준다고 해도 그의 노력이 없었다면 버티지 못했을 것이고 그 자리에도 오르지 못했을 것이다.

비록 처음에는 자존심도 상하고 비굴하고 비참했지만 끝까지 견디며 목표를 향해 노력했기에 꼴찌로 입사해서 멋진 직장인이 될 수 있었던 것이다.

이제 꼴찌였던 그는 또 다른 꼴찌 후배들에게 말한다.

"당신이 꼴찌라고 스스로 겁먹고 세상에 위축되지 마라. 공부를 못한다고 해서 직장과 사회의 모든 일을 못하는 것은 아니다. 세상 모든 일이 모두 교과서에 쓰여 있는 것은 아니다. 의외로 교과서에서 가르쳐 주지 않는 것이 더 많다. 그것은 우리의 인성과 노력으로 해결해야 할 문제들이다. 누구에게나 분명 다른 사람들과는 차별되는 자기만의 특별한 재능과 인성이 있다. 그 재능을 살려 열심히 노력하면 반드시 좋은 결과가 있을 것이다."

세상 모든 일의 기본은 사람이다. 결국 모든 일이 사람과 사람의 관계 속에서 이루어진다. 수학 공식을 모르고도 세상을 잘 살 수는 있지만 사람을 모르고는 세상을 잘 살아갈 수 없다. 교과서를 배우는 것 이상으로 사람을 배워야 한다. 사람을 배워라.

흔히 사람의 마음을 얻어야 한다는 말이 있다. 사람에 대한 진심과 노력만이 사람의 마음을 얻을 수 있다. 사람을 움직이는 가장 큰 힘은 역시 사람의 진실이다.

시험 성적은 꼴찌였던 그, 그러나 사람에 대해서는 우등생이었기에 나름대로 성공했고 꼴찌인 후배들에게 진실 되고 열심히 살아가라고 당당히 말할 수 있는 것이다.

"꼴찌들이여, 당당 하라! 당신에게도 분명 당신만의 재능은 있고 지금 노력하는 한 언젠가 능력 발휘할 기회는 반드시 온다."

우리 반 바보였던 '찔찔이', 그러나 멋지게 살아간다

태복이는 초등학교 졸업 때까지 끝내 구구단을 외우지 못했다. 늘 고개를 한쪽으로 기울이고 콧물을 훌쩍이며 혀 짧은 소리를 냈다. 당연히 반에서 꼴찌를 넘어 전교 꼴찌 역시 그의 몫이었다.

그렇다. 태복이는 다른 아이들보다 여러 가지로 부족해 어느 학교에나 한두 명씩은 있을 법한 동정의 대상이며 놀림감이 되기도 하는 그런 불쌍한 아이였다. 단순하게 공부만 못하는 아이였다면 다른 동창들이 그를 오래도록 기억하지 못할 것이다. 하지만 수업 시간이건 쉬는 시간이건 실수를 연발하고 방과 후에도 어수룩한 행동이 이어졌기에 그의 실수담은 또래 아이들에게 더없이 재미난 이야깃거리였다.

졸업을 한 후에도 학창시절의 재미난 추억을 떠올릴 때면 '찔찔이', '때복이' 등의 놀림 섞인 별명으로 어김없이 동창들 입에 오르내렸다. 그에 대한 이야기를 하면 마치 과거 아주 웃기는 바보 흉내를 내던 코미디언이 떠오르듯 웃음보가 먼저 터졌고 너무도 그에 얽힌 실수가 많았기에 친구들 저마다 그 기억을 몇 가지씩 이야기해도 계속 꼬리를 물고 이어질 정도였다.

그렇게 한참을 초등학교, 중학교 시절 그에 얽힌 이야기를 하다 보면 마지막에 지금 그 친구 어떻게 살고 있을까? 이 험한 세상 과연 무사히 잘 헤쳐 가고 있을까? 하는 궁금증으로 마무리 된다. 어른이 된 '태복이'는 과연 어떻게 살고 있을까? 비록 공부를 잘하지는 못했지만 착하고 순수했던 그는 여전히 사회 생활에서도 바보처럼 놀림감이 되고 있을까?

공부 못하는 자기 때문에 다 함께 나머지 공부를 하고 교실 청소를 도맡아 하게 된 친구들에게 미안한 마음에 뒷산에서 밤새워 사슴벌레를 잡아다 준 아이. 친구들이 학교에 제출할 잔디를 구하러 빗속에 우산도 없이 혼자 자전거를 타고 사방을 다니며 잔디를 캐던 아이. 그렇게 우등생도 아니고 모범생도 아니지만 친구들을 위해서라면 감당하기 어려운 일이라도 혼자서 묵묵히 감당하던 그는 지금 어떻게 살고 있을까?

고등학교를 졸업하고 곧바로 가구점에 취직한 그는 배달과 잡일을 했었다. 몇 년이 지나자 주인은 돈이 없다는 핑계로 월급을 미루기 시작했다. 서너 달을 넘게 밀리던 월급은 급기야 1년치가 훨씬 더 넘어버렸다. 그뿐이 아니었다. 돈이 아주 급하다며 잠시만 쓰고 돌려준다고 태복이에게 돈을 빌렸다. 당장 망한다는데 어쩔 수가 없었다. 그 예전에 월급 받아 한 푼도 쓰지 않고 모아둔 돈을 어쩔 수 없이 빌려주었다. 한 달만 쓰고 돌려준다는 돈 역시 1년이 다되도록 도무지 갚을 생각을 하지 않았다. 돈을 돌려 달라고 애원을 했지만 그뿐이었다.

결국 태복이는 월급도 받지 못하고 돈만 떼이고 그곳을 그만 두었다.

더 있고 싶어도 월급이 나오지 않아 생계 문제 때문에 도저히 더 있을 수가 없었다. 그는 새롭게 족발집에서 배달을 했다. 배달 길에 우연히 동창생이라도 만나면 꼭 연락하라며 족발집 스티커를 내밀었다. 그러면 그의 착한 심성을 아는 친구들은 그에게 족발을 주문했다. 언제나 웃는 얼굴로 배달통을 들고 들어와 혀 짧은 소리지만 커다랗게 고맙다는 인사를 하는 그에게 사람들은 성실함과 편안함을 느꼈는지 그를 찾는 단골손님은 점점 늘었다.

결국에는 어머니와 함께 그 족발집을 인수했다. 어머니가 주방 일을 보고 직원을 뽑아 배달 지역을 넓혔다. 싸고 푸짐하고 친절하다는 소문이 나면서 족발집은 그럭저럭 장사가 잘되었다.

그러나 그렇게 순탄치만은 않았다. 그 무슨 불행인지 오토바이 사고가 났다. 배달하는 직원이 어린이를 치어 크게 다치게 한 사고였다. 주인이기에 어쩔 수 없이 치료비와 합의금을 물어 주고 보니 그동안 벌어 놓은 돈은 물론 족발집까지 처분해야 할 상황이 되었다. 할 수 없이 족발집을 처분했다. 그리고 신문배달, 막노동을 전전했다.

그의 동창들도 점차 나이를 먹고 서로의 소식들이 뜸해지는 만큼 그역시도 사람들 추억에서 희미해져 갔다. 이젠 그가 무엇을 하는지도 모르고 기억에서 사라져갈 때쯤이었다.

그의 동창 중 한 명이 동료들과 술을 마신 뒤에 진한 어묵 국물이 일품인 집을 새로 알게 되었다는 작은 분식집 겸 야식집으로 이끌어 함께 들어가게 되었다. 가게 입구의 허름한 비닐 포장을 들추고 자리에 앉자 주인인 듯한 아줌마가 말없이 물 컵과 메뉴판을 내밀었다. 제일 앞장섰던 동료가 가락국수 다섯 그릇을 시켰다. 그런데 국수를 시키며 말로 다섯 그릇이라고 하는 대신에 다섯 손가락을 모두 펴 보였다. 아줌마는 고개를 끄덕이고는 돌아섰다. 그녀가 돌아서자 주문을 시킨 동료가 "말을 잘 못 알아들어."라고 묻지도 않은 말을 꺼냈다.

잠시 후 가락국수가 식탁 위에 놓였고, 뜨거운 국물을 먼저 들이켰다. 그 맛이 너무 시원해 그릇째로 들고 마시려는 순간이었다. 뿌옇게 피어오르는 허연 김 사이로 낯익은 얼굴이 배달 가방을 들고 들어섰다. 아주 오랜만에 태복이를 다시 만나게 되는 순간이었다.

"정말 오랜만이다. 너무 반갑다. 근데 여긴 무슨 일이야? 너도 어묵 먹으러 온 거야?"

언제나처럼 사람 좋은 미소를 짓던 태복이는 떠듬거리는 목소리로 대답했다.

"여기가 우리 가게야."

족발집을 정리한 그는 신문배달, 막노동을 하며 모은 돈으로 야식집을 차렸던 것이다. 손님들에게 정성을 다하는 탓인지 한 번 찾은 손님들은 또다시 가게를 찾는 단골손님이 되었다. 무척 많은 손님은 아니지만 계속 손님이 이어질 정도는 되었다. 지난 족발집의 실패는 서서히 잊혀 갔다. 게다가 누군가의 소개로 지금의 착한 아내도 만났다. 가게에 나오지 말라고 해도 부득이 밤늦은 시간까지 함께 장사를 했다. 태복이는 그런 그녀가 너무도 사랑스럽고 그녀와 함께 하는 시간이 행복해 지금의 삶에 충분히 만족한단다.

그에게는 늘 불행과 어려움이 끊임없이 일어나는데도 그 불행과 어려움이 어느새 그에게는 별거 아닌 일로 변해간다는 것을 느끼게 된다. 그 후 그의 동창들은 가끔 속 풀이 할 일이 있을 때면 그곳을 찾는다. 태복이는 여전히 배달을 다녔고 그의 아내는 조용한 웃음으로 사람들을 맞아준다.

한 해가 지나 그곳을 다시 찾았을 때는, 그의 아내가 아이를 낳고 몸을 추스르느라 가게에 보이지 않았다. 워낙 잘 웃는 태복이였지만 그 즈음 그의 웃음은 분명 예전의 웃음과는 다르게 더 크고 경쾌했다.

지금도 태복이는 손님들에게 약간 혀 짧은 목소리지만 큰 소리로 반갑게 인사를 한다. 손님들은 그가 유독 진하게 우려낸 국물 맛을 보며 정말 좋다고들 입을 모은다. 아주 오랫동안 태복이는 정말 힘들게 살아왔다. 학창 시절부터 그가 살아온 모습을 아는 친구들에게는 더더욱 그렇게 느껴진다. 하지만 여전히 그는 늘 웃고 있다. 선한 얼굴로 웃고 있다. 그리고 늘 무언가 열심히 하고 있다.

아직도 만년 꼴찌 태복이의 소식을 궁금해 하는 친구들이 있다면 이제 이런 이야기를 전해 듣게 될 것이다. '태복이'는 잘 있다고, 비록 공부도 못하고 말도 잘 못해 과연 사회생활을 제대로 할 수 있을까 하는 걱정이 되었던 '태복이'가 행복하게 잘 살고 있다고……. 오히려 다른 사람들의 쓰린 속을 풀어주며 즐거운 웃음으로 살아가고 있다고……. 어쩌면 공부 잘했고 말 잘했고 운동 잘했던 너희들보다도 더 행복하게 잘살고 있다고……. 그리고 또한 앞으로도 변함없이 잘 있을 거라고, 잘 살아 갈 거라고……. 분명 그럴 거라고…….

■■ 사람들은 당장 눈앞의 현실만을 보고 세상이 불공평하다고 생각할 수도 있다. 땡전 한 푼 못 물려받은 사람과 수십억, 수백억을 물려받은 사람이 어떻게 공평하냐고, 천재의 머리를 물려받은 사람과 둔재의 머리를 물려받은 사람이 어떻게 공평하냐고, 조각 같은 외모로 태어난 사람과 작고 못생긴 얼굴로 태어난 사람이 어떻게 공평하냐고 따질 수도 있다.

그러나 거기서 한 발짝만 더 들어가 질문해보라. 과연 네 자신 스스로가 이룬 것이 무엇이 있는가?

땡전 한 푼 못 물려받은 사람이 일천만 원을 모았으면 그는 천 배를 이룬 것이다. 하지만 수십억을 물려받은 사람이 똑같이 수십억을 가지고 있다면 그는 제자리이다. 또한 그것은 돈에 국한된 것만이 아니고 재능 또한 마찬가지다. 단 한 번의 출전으로 올림픽 금메달을 딴 선수라 해도 올림픽에서 몇 번이나 실패를 거듭한 선수보다 대단치 못한 평가를 받는 경우가 있다.

단 한 번에 금메달을 땄다고 금메달을 따지 못하고 십 년 넘게 도전하는 선수보다 더 위대한 것은 아니다. 만약 달리기를 한다면 잘 달리는 것보다는 끝없이 달리기 위해 또 달리는 자가 진정 위대하다고 평가받는다. 애초에 서로 출발선이 다른 것을 인정해야 한다. 100m 앞에서 출발한 사람과 100m 뒤에서 출발한 사람의 기록이 같을 수는 없다. 또 타고난 신체 조건이 매우 좋은 사람과 매우 나쁜 사람을 비교했을 때 똑같은 훈련을 해도 분명 기록의 차이는 확연히 나타난다. 그래서 몇 초 만에 뛰었는가만 중요한 것이 아니라 몇 초를 단축했는가도 중요하듯 자신이 물려받은 재능과 환경에서 몇 배를 더 이루었고, 또 설령 이루지 못한다 해도 그것을 이루기 위해 얼마나 노력했느냐가 중요한 것이다. 그것만으로도 충분히 삶의 보람과 감동이 될 수 있다.

살다 보면 삶에 지쳐 자신의 나쁜 환경과 열악한 조건이 억울할 수도 있다. 그러나 분명한 것은 좋은 조건을 갖고 태어난 사람도 모두가 행복하지는 않다는 것이다. 아무리 많이 물려받아도 불평하거나 불만이 있는 경우를 자주 봤다. 똑같이 불행해도 수십억을 갖고 불행한 것이 더 좋다고 말할 수도 있다. 맞다. 그럴 수 있다.

그런데 몇 년 전, 사람들은 십억 원이 있으면 자유롭고 행복하다고 했다. 그런데 또 불과 몇 년 사이 그 목표는 3배나 뛰어 삼십억 원이 되었다. 물가가 3배가 오른 것도 아닌데 행복을 위한 금전적 목표는 막무가내로 커진다. 욕심이라는 게 도무지 끝이 없기 때문이다. 무조건 돈 많다고 행복한 것이 아니라 그것을 벌기 위해 떳떳하게 노력하는 그 자체가 '진짜 행복'인 것이다. 마찬가지로 타고난 재능이 떨어져도 얼마든지 행복하게 잘 살아갈 수 있는 것은 얼마나 많이 벌었느냐보다 어떻게 벌고 어떻게 만족하느냐가 더 중요하다.

세상에는 돈이나 권력이 아니더라도 자신을 행복하게 해줄 수 있는 소중한 가치가 있다. 그래서 정직한 노력과 순수한 희망, 따뜻한 사랑으로도 얼마든지 행복하게 살아갈 수 있는 것이다.

투잡으로 3년 만에 역전하다

그가 첫 직장을 10년쯤 다녔을 때 큰 위기가 왔다. 회사는 경영난에 빠져 있었고 계속되는 구조조정에 몹시 난처한 상황이었다. 어차피 한번쯤은 겪어야 할 고비라 생각하고 그동안 악착같이 모은 돈으로 창업에 도전하기로 했다.

온 사방으로 창업 대상을 물색했다. 주말이면 다른 지역으로 시장 조사를 다녔고 창업 관련 서적도 수없이 읽었다. 그러던 때에 마침 다른 지역에서 아주 유명한 고기 굽는 불판을 보게 되었다. 그것을 이용해 고깃집(삼겹살집)을 열기로 했다. 아주 비싼 돈을 주고 불판을 사왔다. 아직 그가 사는 지역에서는 없는 조리 방식이라 통할 것 같았다. 멋지게 성공할 거라는 꿈에 부풀었다.

당장 회사를 그만두기보다는 우선 먼저 경험 삼아 투잡으로 하다가 어느 정도 안정화되면 그때 퇴사하기로 했다. 나름대로 치밀한 준비 끝에 가게를 열었다. 대성공이었다. 매일 밤 예약이 이어졌다. 새벽까지 식당 일을 하고 아침이면 회사로 출근했다. 별로 피곤하지도 않았다. 매일 밤 가득 차는 손님들 때문에 오히려 마음은 즐거웠다. 창업을 준비할 때 조언을 구했던 친구가 이런 말을 했었다.

"노래방을 하며 하루에 일백만 원씩 벌었는데 저녁도 굶고 밤새워 일해도 동트는 새벽에 돈을 셀 때면 배고픈지도, 피곤한지도 몰라."

그런 행복감까지는 못 느꼈어도 무언가 이루어지는 것 같은 즐거움은 있었다. 그러나 즐겁게 가게로 향하던 발걸음은 점점 무거워지기 시작했다. 개업 첫날부터 시작되었던 예약 행렬은 처음 한 달뿐이었다. 그가 맺어 놓았던 인간관계는 거기까지였던 것이다.

개업 초창기, 그 많던 손님을 보며 느끼던 뿌듯함은 모두 어디 가고 '오늘은 손님이 얼마나 올까' 하는 걱정으로 하루하루가 지났다. 그런 걱정은 날짜가 지날수록 스트레스로 변했고, 고통으로 다가왔다. 손님은 점점 줄었고 월세와 인건비를 걱정하는 처지가 되었다. 그때서야 뭔가 잘못된 선택이었음을 알았다. 그렇다. 그는 아무런 경험이 없었던 장사 초보였던 것이다.

입지, 업종, 시설 모든 선택이 잘못되어 애초부터 안 될 수밖에 없는 창업이었다. 어쩌면 초보자에게는 너무도 당연한 시행착오였다. 한참이 지나서야 그것을 깨달았지만 이미 모든 것이 끝난 후였다. 이제 '고깃집' 투잡은 미래를 위한 행복한 꿈이 아니라 지독한 악몽이 되었다. 직장생활 10년간 모은 돈을 모두 투자했는데 투자비 회수는 둘째치고 점점 손실이 커지는 상황이 되었다. 적금을 깨고 보험을 해약해 월세와 인건비를 충당하는 상황이 몇 달째 계속 되었다.

결국 더 투자를 하며 때를 기다리느냐, 아니면 여기서 그만 접고 피해를 줄이느냐의 갈림길까지 몰렸다. 일단 후퇴를 하기로 했다. 가게를 팔려고 내놓았다. 하지만 그런 안 좋은 입지에 들어올 어설픈 창업자는 나타나지 않았다. 시설비라도 건지려고 시설비를 요구했다가는 가게가 안 팔려 매월 월세에 인건비 손실만 계속 발생할 것 같았다. 과감하게 수업료 낸 셈치고 시설비를 공짜로 내놓기로 했다. 자꾸만 미련 갖고 시간을 끌다가는 더 힘들어질 것 같아서였다. 그러자 임자가 나타났다. '프로 장사꾼'이라 자신을 소개했다. 당신은 장사를 몰라서 장사가 안 되는 거라며 그를 몹시 혼냈다. 자존심은 상했지만 그냥 묵묵히 받아들였다.

　사실 투잡이 잘 되면 보란 듯이 회사를 그만두려고 했었다. 가뜩이나 억지로라도 직원들을 줄이려는 상황에서 비굴하게 매달리지 않고 스스로 멋지게 나가려고 했었다. 그러나 그 꿈은 너무도 허무하게 물거품이 되고 말았다.

　어쩔 수 없이 다시 회사를 다녔다. 좀처럼 돈은 모이지 않았고 늘 제자리걸음 같은 생활이었다. 과거에는 내 사업을 하겠다는 꿈이라도 있었지만 그동안 모은 돈을 '고깃집'에 다 털어 넣었기에 그런 희망조차도 없었다. 회사는 계속 직원들을 줄이고 있었고, 딱히 앞으로 희망도 없는 막막한 현실이었다. 하루하루가 답답하고 숨이 막혔다. 그런데 결국 올 것이 오고야 말았다. 이미 몇 차례 구조조정을 했던 회사가 이번에는 가장 큰 규모로 구조조정을 단행했다.

　버틸 때까지 버텼지만 더는 버틸 상황도 아니었고 버티기도 싫었다. 그렇게 비굴하게까지 매달리긴 싫었고, 여기서 이대로 나이가 더 들면 훨씬 비참한 처지가 될 것 같았다.

'솔개의 일생'이란 글이 떠올랐다.

"가장 장수하는 조류인 솔개는 70년을 산다. 대략 40년쯤 되면 부리와 발톱이 휘어 사냥도 할 수 없게 될 뿐만 아니라, 깃털이 짙고 두껍게 자라 날개가 무거워지면 하늘을 날기도 힘들어진다. 그대로 굶어 죽을 것인지 스스로 거듭날 것인지를 결정할 갈림길에 처한다. 거듭나려 할 경우 절벽 위에 둥지를 틀고 150일 동안 아무 것도 먹지 않은 채 고통스런 수행을 시작한다. 부리로 단단한 바위를 쪼아 부리가 깨지고 빠지게 만든다. 그러면 서서히 새로운 부리가 돋아나고, 새로 돋은 부리로 발톱을 하나하나 뽑아낸다. 새로 발톱이 돋아나면 이번에는 날개의 깃털을 하나하나 뽑아낸다. 반년에 걸친 피나는 고통과 힘든 과정이 끝나면 솔개는 완전 새로운 모습으로 변신해 이후로 30년을 더 살게 된다. 이제 거듭난 솔개는 하늘을 향해 더 멋지게 비상한다."

이처럼 짐승조차도 거듭나는 고통을 참고 견디는데 하물며 인간이 어찌 새로운 인생으로 도약하는 과정을 피할 수 있겠나 싶었다. 비록 위기의 순간이지만 이 상황을 받아들이고 새로운 사람으로 거듭나고 싶었다. 별다른 대책은 없었지만 일단 나가서 세상과 맞부딪히며 헤쳐가기로 했다.

퇴사 후, 여러 군데 이력서를 넣었다. 몇 군데 연락은 왔지만 거리나 업종 등의 문제로 마음에 드는 곳은 생기지 않았다. 시간이 자꾸만 흐르자 점차 초조해지기 시작했다. 이대로 낙오되면 어쩌나 하는 불안한 마음도 생겼다.

그때였다. 전혀 뜻밖의 제안이 왔다. 외식업 사업을 같이 해보자는 것이었다. 그동안 전자 회사에만 있었던 터라 전혀 다른 업종인 관계로 어찌할까 고민이 들었다. 하지만 또 익숙한 것이 좋다고 과거와 똑같은 업종의 일을 하면 그 틀을 못 벗어날 것 같았다. 그런 제자리걸음보다는 새로운 도전으로 한 단계 발전하고 싶었다. 비록 아직 아무것도 갖추어지지 않고 맨주먹으로 시작하는 일이지만 반대로 그런 곳이라야 능력 발휘를 해서 더 크게 인정받을 것만 같았다.

이미 모든 것이 정해져 있는 곳에서 소작농을 하느니 황무지를 개척해 내 농사를 짓겠다는 심정으로 외식사업에 뛰어들었다. 생소했지만 사생결단의 심정으로 배수진을 친 자세로 일에 몰두했다. 그때 비로소 알았다. 자신이 했던 '고깃집' 실패 경험이 결코 헛된 것만은 아니란 것을. 그때의 그 경험은 아주 중요한 순간에 매우 요긴하게 쓰였다. 자신이 '고깃집' 창업 과정에 준비했던 자료들은 회사의 각종 업무와 홈페이지 구성에 활용할 수 있었고, 그때의 식당 운영 데이터는 다른 업종과 서로 비교할 수 있는 데이터로 유용하게 활용되었다.

관련 업자들이나 다른 창업자들과의 상담에 있어서도 그때의 실패 경험은 큰 공감을 주었고 그를 초보자가 아닌 경험자로 인정하게끔 했다. 만약 이 분야에 순수하게 처음 뛰어든 사람이라면 최소한 1년 이상을 경험해야 알 수 있는 일들을 곧바로 실무에 투입되어도 큰 어려움 없이 해나갈 수 있었던 것은 모두 그때의 '고깃집' 경험 덕분이었다.

그리고 3년이 지났다. 결과는 무척 좋았다. 지난 직장 10년 넘게 모은 돈보다 더 많은 돈을 그 사이에 모았다. 그만큼 사업이 잘 되었던 것이다. 이제 과거 같은 회사에 있던 동료들은 그를 부러워했다. 예전에 구조조정되어 나갈 때는 그의 처지를 불쌍해했었지만 오히려 그 당시보다 회사 규모는 더 줄고 여전히 고용불안에 시달리는 자신이 아쉬울 수밖에 없었다.

만약 그가 과거에 '고깃집' 투잡을 했던 경험이 없었다면 결코 이런 결과를 내지 못했을 것이다. 아니 애초 시작조차 하지 않았을지 모른다. 이제 그는 세상에 무가치한 경험이나 실패는 없다는 것을 알게 되었다. 모든 노력과 경험은 반드시 그 역할을 발휘하고 언젠가는 진가를 인정받게 된다는 것을 깨닫게 된 것이다.

사람들은 새로운 일을 시작해야 하거나 이직을 했을 때 수많은 고민을 한다. 새롭게 시작하는 이 일을 과연 잘할 수 있을까? 또는 이 선택이 잘한 것일까를 수없이 되묻는다. 그리고 얼마가 지나 그 결과가 별로 좋지 않으면 그 선택을 후회하고 괴로워한다. 이직이나 새로운 선택(사업, 학업 등)의 결과가 나쁠수록 그 후회의 정도는 크다. 물론 더 잘되길 바라는 것은 당연하다. 그러나 새로운 일은 쉽기보다는 어려운 일이 대부분이고 성공보다는 실패하는 경우가 많다.

하지만 너무 크게 괴로워하거나 좌절할 필요는 없다. 세상에 무가치한 경험이나 실패는 없기 때문이다. 지금의 노력이 당장은 쓸모없고 별 도움이 안 되는 것 같아도 결국은 그렇지 않다. 20년 가까이 사회 생활을 하면서 이직도 하고 새로운 사업도 벌였었다. 그리고 그 과정에 당연히 성공과 실패를 모두 경험했다. 그 성공과 실패에서 배운 가장 소중한 깨달음은 바로 '모든 경험은 소중한 것이며, 실패의 경험이 있었기에 성공을 할 수 있다'는 지극히 평범한 진리를 체험했다는 것이다.

많은 사람들이 경제 위기로 힘들어 한다. 하지만 지금의 경제 위기는 수십 년 경제활동을 해야 하는 우리 삶의 지극히 일부분일 뿐이다. 이 몇 년의 위기와 어려움 때문에 삶 전체가 흔들려서는 안 된다. 자영업자라 할 경우 어차피 앞으로 최소 20~30년은 더 사업을 해야 한다. 1~2년 어렵다고 사업 자체를 접을 수는 없는 거다. 직장인도 마찬가지다. 지금 어렵다고 해도 수십 년 직장 생활의 일부분이고 실직자라 해도 수십 년 인생의 일부분만을 쉬고 있을 뿐이다.

그러니 힘들더라도 더 살려고 발버둥쳐라. 그러면 또 길이 있고 살아가는 방법이 있다. 구덩이에 빠진 나귀가 구덩이를 빠져 나오려 발버둥치다 보니 자꾸만 구덩이에 흙이 차서 결국 그것을 딛고 빠져나올 수 있었다는 일화가 있다.

우리 삶의 고난이나 시련도 그런 식으로 극복될 수 있다. 또 지금 앞이 보이지 않는 상황에서는 그것이 가장 현명한 대처법이다. 그냥 앉아서 쓰러지느니 발버둥이라도 쳐 봐야 되지 않겠나.

PART 2

폭풍의 바다를 건너는 법

그래도 희망은 있다

폭풍이 비거나 잔가다 법

그래도 희망은 있다

폭풍의 바다를 건너는 법, 불안의 시대를 견디는 법

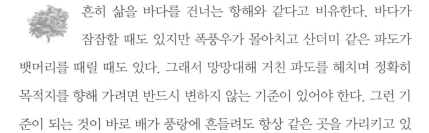 흔히 삶을 바다를 건너는 항해와 같다고 비유한다. 바다가 잠잠할 때도 있지만 폭풍우가 몰아치고 산더미 같은 파도가 뱃머리를 때릴 때도 있다. 그래서 망망대해 거친 파도를 헤치며 정확히 목적지를 향해 가려면 반드시 변하지 않는 기준이 있어야 한다. 그런 기준이 되는 것이 바로 배가 풍랑에 흔들려도 항상 같은 곳을 가리키고 있는 나침반의 바늘이다.

그것을 기준으로 격랑을 헤치며 항해를 할 때 결국 무사히 목적지에 다다르게 된다. 아무리 파도를 잘 헤치며 항해를 해도 방향을 모르고 항해를 하면 제자리만을 맴돌거나 엉뚱한 곳을 돌며 폭풍우 치는 바다를 벗어나지 못할 수 있다.

인생도 마찬가지다. 변화무쌍한 세상사에 원하든 원하지 않든 휩쓸릴 수 있는 것이 인생이다. 그건 아무리 노력하며 산다 해도 피할 수 있는 문제가 아니다. 그래서 그런 세상의 풍파를 견디고 자신의 목표에 무사히 다다르기 위해서 삶의 기준은 나침반의 바늘처럼 늘 변하지 않고 일정해야 한다.

파도가 심할수록 나침반의 역할은 더더욱 중요하다. 바다가 잠잠하고 하늘이 맑으면 나침반을 덜 필요로 할 것이다. 저 멀리 목적하는 육지가 보이기 때문이다. 하지만 지독한 안개와 강한 파도가 몰아치면 나침반을 보지 않고 방향을 똑바로 잡기가 어렵다. 인생에 있어서도 세상사의 변화가 크고 굴곡이 심할수록 더더욱 기준점이 정확해야 한다. 그렇다면 이런 격랑과 위기 속에 변하지 않고 일정하게 흔들림 없이 우리 삶의 방향을 제시할 나침반은 무엇일까?

세상에는 인간이 수천 년 이상 연륜과 경험을 쌓아오며 대를 이어 변치 않고 지켜온 가치들이 있다. 그렇게 오랜 세월 이어져온 가치들이라면 분명 세상사의 격랑에 흔들리지 않는 나침반처럼 삶의 기준이 되어줄 것이다. 그래서 세상의 변화에도 변치 않고 이어져 온 가치를 따르는 것이 세상의 파도에 휩쓸리지 않고 자신을 지키는 가장 현명한 방법일 것이다. 그럼, 변하지 않고 이어져 온 그 가치는 또 무엇일까?

그것은 바로 '진리'라고 할 수 있다. 진리는 세상의 변화에도 불구하고 변하지 않으니까 진리가 된 것이고 그렇게 오랜 세월 이어져 왔으니 진리인 것이다.

비록 배는 흔들려도 나침반 방향은 일정하듯이 세상은 흔들려도 진리와 진실은 변함없이 한 방향을 가리키며 이어져 왔다. 그래서 세상이 혼란스러워도 진리를 따르면 각자의 삶도 흔들리지 않고 지켜갈 수 있다. 그리고 폭풍의 시기가 지나면 결국에는 진리를 따라 그 방향으로 온 것이 맞았다는 것을 알게 된다.

우리는 이미 오래 전부터 진리를 알아왔고 어린 시절부터 배워왔다. 세상에 이미 널리 알려져 누구나 뻔히 아는 진리는 이런 거다.

"열심히 노력하며 살아라. 공짜를 바라지 말고 분수를 지켜라. 쉽게 포기하지 말아라. 양심을 버리지 말고 정의롭게 살아라. 낮은 곳으로 임해 더불어 사랑하며 살아라. 자비를 베풀고 살아라. 억지 쓰지 말고 물 흐르듯 자연스럽게 살아라."

물이나 공기가 너무 평범하기에 그 소중함을 알지 못하듯 진리 또한 너무도 평범하기에 우리는 그것들의 소중함을 절실하게 실감하지 못한다. 하지만 이런 뻔하고 평범한 진리를 단 한 가지라도 자신 삶의 원칙으로 정해 지켜간다면 세상이 변하고 경제가 어려워진다 해도 삶이 엉뚱한 방향으로 가거나 크게 흔들리지는 않을 것이다.

사람들에게 물은 너무 평범하다. 달콤하거나 취하게 하지는 않는다. 그래서 평소에는 오히려 자극적이고 기분 좋게 해주는 음료수나 술을 더 좋아한다. 그러나 그런 것들은 먹으면 먹을수록 일시적으로 기분은 좋게 해주지만 후유증이 남거나 갈증을 더 심하게 한다. 그래서 갈증이나 숙취 끝에 찾는 것이 결국 물이다. 이렇게 물은 인간의 갈증을 풀어주는 마지막 방법이거나 유일한 방법이다. 그래서 정말 목마르지 않을 때면 물의 소중함을 잘 느끼지 못한다.

진리 역시 마찬가지다. 인생이 편하고 항상 즐겁기만 하면 그 소중함을 잊고 산다. 하지만 위기와 어려움이 찾아와 갈 길을 잃을 때면 가야할 방향을 가르쳐 준다. 원래 세상 사람들은 진지하고 고리타분한 고전적 양서보다는 재미있고 화끈한 대중적인 작품을 많이 찾는다. 그러나 끝내 잊히지 않고 살아남은 것들은 세상의 진리를 담은 양서들이다. 진리란 그런 것이다.

누구나 화려한 도심에서 멋지게 반짝이는 조명을 받으며 술 마시고, 춤추고, 노래하고 싶거나 아주 재미난 영화나 TV를 보며 편안하게 쉬고 싶어 한다. 언제나 기쁘고, 재미있고, 가볍고, 부담 없는 삶을 살고 싶어 하는 것이다. 그 마음을 충분히 이해한다. 그러나 안타깝게도 그렇게 늘 편하고 즐겁게만 살 수는 없다. 그런 기쁨의 시간은 길지 않고 그때가 지나면 냉정한 현실이 기다리고 있다. 우리가 만나는 현실은 드라마 속 선남선녀의 황홀한 로맨스나 화려한 무대의 댄스가수에 멋진 춤 같은 흥겨움이 아니라 밀림처럼 냉혹한 상황이다. 늘 예기치 않는 일이 생기기에 때로는 힘들고 어려운 상황도 감내해야 한다.

그런데 그런 비현실 속의 가상의 꾸며진 모습만 동경하면서는 혹독한 현실들을 헤쳐가기 어렵다. 현실의 힘겨움을 위해 잠시 그런 환상 같은 삶에서 위로를 받는 것은 좋지만 항상 그런 허황된 꿈만을 꾸며 살면 결국 그는 자신이 동경하는 삶과 가장 반대되는 불행한 삶을 살게 된다.

그동안 우리는 자극적인 즐거움과 흥겨움, 가벼운 만남과 이야기들 속에서만 살았고 '쉽고 편하게 성공하겠다'는 대박의 환각과 환상에 취해 살았다. 예를 들면, 부동산 투기 바람 분다고 분수를 어기고 빚내서 땅을 사거나 주식 바람 분다고 남들 따라서 주식 사는 부화뇌동하는 삶 때문에 가뜩이나 감당하기 어려운 세상살이가 더더욱 힘들어진 것이다.

사업을 해도 자신의 소신 없이 뭐가 유행한다고 그걸 따라가거나 자꾸만 업종을 바꾸면 결국 자신의 장점을 살릴 수 있는 업종을 놓치거나 버린다. 그리고 마지막엔 사업 전체의 정체성을 잃고 여기저기를 기웃 거리다가 실패의 쓴 잔을 마시게 된다. 우리의 삶 역시도 마찬가지다. 이곳저곳을 기웃거리다가 예상치 못한 상황에 떠밀려 당황한다. 술은 반드시 숙취가 뒤따르듯이 대박의 환상 역시 깨고 보니 폭락과 침체의 아픔이 뒤따른다. 주식으로 손해 보고 집 사서 손해 봤다며 이제는 빼도 박도 못한다고 지금 와서 후회한들 아무런 소용이 없다.

잃어버린 손실에 매달려 괴로워하기보다는 여기서 인생의 깨달음을 얻고 진정 내가 가야 할 길을 다시 재정립해 다시 일어서 그곳으로 향하 는 것이 가장 현명한 일이다. 이젠 잊고 있었던 진짜 중요한 가치들을 되 새겨 보아야 한다.

육체의 갈증과 숙취를 해결하는 것이 아무런 맛도 없는 밋밋한 물이 듯이 정신의 갈증과 숙취를 해결하는 것 역시 가장 평범한 듯하지만 가 장 기본이 되는 진리다. 거기에서 해결책을 찾아야 한다

베트남의 정신적 아버지 호치민은 "내 안에 변하지 않는 한 가지로 세 상의 만 가지 변화에 대처한다."고 말했었다. 맞다. 세상을 살면 무수한 변화를 맞게 된다. 무언가 분명한 자신의 원칙을 갖고 지켜야 흔들리지 않는 삶을 살 수 있다. 작은 배는 잔 파도에도 흔들리다 난파되지만 큰 배는 큰 파도에도 아랑곳없이 굳건히 자기 갈 곳을 간다. 삶도 그런 것이 다. 큰 진리를 따르면 일비일희하지 않고 굳건히 버텨갈 수 있다.

태양이 뜨고 지고, 달이 뜨고 지는, 물이 높은 곳에서 낮은 곳으로 흐 르는 이 기본 원리가 바뀌지 않는 한 세상의 진리는 변하지 않고 변할

수 없다. 그래서 세상사를 살아감에 있어 삶의 방식은 더 특별히 새로울 것도 없고 더 어려울 것도 없다. 이미 대부분의 사람들이 알고 있는 것이다. 단지 어떻게 포기하지 않고 뚝심 있게 실천해 가느냐는 개인의 몫이 남아 있을 뿐이다. 자신이 선택한 길이 정말 보편적 진리에 가깝다면 흔들리지 않고 가면 된다. 그것이 결국은 옳은 선택이고 후회 없는 선택이다.

이제 점점 사는 것이 더 팍팍해지고 힘들다고 한다. 모두들 불안해하고 몇 년을 참고 견뎌야 하는지 막막하다고 한다. 이런 위기와 불안의 끝이 어디까지일지, 어느 정도일지 아무도 모른다. 그러나 분명한 것은 각자 스스로가 알아서 감당하고 극복해가야 한다는 것이다.

피할 수도 돌이킬 수도 없는 위기가 왔고 이젠 어쩔 수 없이 현실을 받아들이고 선택을 해야 한다면 우린 어떤 선택을 해야 할까?

이렇게 생각을 바꿔 보자. 만약 우리가 현재 일제시대, 또는 한국 전쟁기를 살고 있는 사람이라고 가정해보자. 어떤 선택을 할 것인가. 일제 치하라고, 전쟁통이라고 삶을 포기할까?

아니다. 빨리 굳은 마음을 먹고 지난 좋은 시절의 편안함은 잊어버리고 현실에 집중해야 한다. 우리의 선배들도 다 그렇게 견뎌왔고 그 속에서 희망을 키워 또 살아남았다. 일제도 36년으로 끝나고 한국 전쟁도 3년으로 끝이다. 아무리 독재시대가 힘들었어도 일제시대나 전쟁 때보다는 나았다. 그런 과정을 통해 민주 시대를 맞고 국민소득 2만 달러를 맞은 거다. 세상의 발전 과정이 그렇고 인생사가 그렇다. 이 현실을 받아들이고 견뎌내 끝내 살아남아야 한다. 허세 부리지 말고 자기 분수에 맞게 살면서 고통을 참아야 한다.

　그러면 또 행복과 기쁨의 때가 오고 내가 견디며 살아온 삶이 보람되고 가치 있을 것이다. 그대로 포기해버리기보다는 끝내 살아남아야 할 이유가 거기에 있다. 세상이 힘들어지면 힘든 만큼, 어려워지면 어려운 만큼 그냥 자신이 믿는 진리에 따라 열심히 살면 된다. 지금은 힘들어도 아껴 쓰고, 덜 쓰고, 나눠 쓰고, 참고 견디면 어려운 시기가 지나 또 좋은 시절이 온다.

　그동안 좋은 것 먹었으면 덜 좋은 것 먹으면 되고 새 옷 입었으면 헌 옷 입고 큰 집에서 살았으면 작은 집으로 옮겨가서 살면 된다. 굳이 그렇게 반드시 큰 집 살아야 더 행복하고 작은 집 산다고 불행한 건 아니다. 그 예전 작은 집에서 살던 때를 생각해보라. 그렇게 불행하지도 않았었다. 작은 집 살던 세월을 견뎠기에 큰 집으로 이사했듯 다시 한 번 작은 집 살다가 큰 집으로 이사하면 되는 거다. 그래도 사랑하는 가족은 그대로이지 않은가. 또 다 같이 그렇게 등 다독이며 일어서면 되는 거다.

　인생의 시련에 좌절하지 말고 자신이 믿는 삶의 가치를 지키며 소신껏 살다 보면 또 좋은 날이 올 것이다. 그리고 그런 과정 속에서 끝내 자신이 이루고 싶은 꿈도 이루게 될 것이다. 사람들은 누구나 각자의 길을 간다. 그 과정에 비가 오고 눈이 오고 바람이 불고 햇빛도 비춘다. 그 모두는 길을 가는 과정에 당연히 만나는 현상이다. 거부할 필요도 두려워할 필요도 없다. 그 모든 것을 세상의 순리로 받아들이고 고통을 감내하며 그냥 가던 길을 가면 된다. 정히 힘들면 잠시 쉬어도 되고 큰 나무 밑에서 비를 피해도 된다. 잠시 늦는다고 영원히 낙오되는 것은 아니다.

맑은 때가 되면 좀 더 뛰면 된다. 단지, 비가 온다고 가던 길을 바꾸거나 되돌아가지 않기만 하면 된다.

우리는 위기의 순간, 어디로 가야 하냐고 물었었다.

과연 어디로 가야 할까?

차근히 돌이켜 생각해보자. 우리가 처음부터 가고자 했던 길이 보편적 진리의 길이었는지를……. 비가 오건 바람이 불건 그냥 가던 길을 묵묵히 걸어가다 보면, 비록 지금 이 길이 힘들 수도 있지만 또 언젠가 비가 그치고 찬란한 햇빛이 비출 것이다. 분명 그렇게 될 것이다. 그것 역시도 변하지 않는 세상의 순리고 진리다.

경제 위기, 서민들의 탈출구는 어디이고 구원은 무엇일까?

경제 불안이 계속 되고 있는 이런 상황에 가진 것 없는 일반 서민들은 어찌 처신하는 것이 가장 현명할까? 사실 세상살이는 서민들에게는 늘 힘겹다. 꼭 불경기가 아니라도 힘든 것이 서민들의 삶인데 불경기가 되면 그 힘겨움은 더더욱 혹독해진다. 실제 지난 1997년의 경제 위기 때도 수많은 서민들은 극심한 고통으로 내몰렸다.

정말 팔 수 있는 집이라도 있다면 팔고 싶고 펀드건 주식이건 적금이라도 깨어 우선의 위기를 모면하고 싶지만 서민들에게는 그럴 집도, 돈도, 능력도 없다. 굳이 좀 더 갖고 있다고 해봐야 대출이 잔뜩 끼어 있는 집 한 채, 주식이건 적금이 있다고 해봐야 이리저리 제하고 나면 고작 일이천뿐인데 도대체 그것을 팔아 얼마나 버틸 수 있을까?

실제 이 나라를 구성하고 있는 대부분의 서민들은 평범한 직장인이거나 소자본 자영업자들이다. 과연 그들이 자신의 부채를 청산하고 나면 얼마를 손에 쥘 수 있을까? 과연 지금의 직장을 그만 두거나 지금의 점포를 그만두면 무엇이 남고 무엇을 할 수 있을까?

그래서 서민들은 그냥 이곳에서 머리 위로 떨어지는 고통을 온몸으로 감내하며 탈출구를 찾는 방법 밖에는 없다. 이제 물가는 계속 오르는데, 실업률은 높아지는데, 경기는 침체 되는데, 모두가 두려운 이야기들뿐인데, 도대체 어떻게 준비하고 어떻게 견뎌야 할까? 무엇으로 준비하고 어디로 가야 할까?

흔히 인생의 생존 경쟁은 거친 밀림 속을 외롭게 헤쳐가는 것과 같다고 비유한다. 각종 독충이나 맹수들도 잘 피해야 하고 늪지대나 강물도 무사히 넘어야 한다. 그런 위험을 잘 헤쳐 밀림을 벗어나면 평화로운 촌락에 도착해서 성공과 안락이라는 여유로움을 누릴 수 있는 거고 잘못하면 끝내 힘겹게 밀림 속을 헤매다 말거나 도태되어 버린다. 그렇게 모든 인간들이 숙명적으로 삶과 성장, 성숙이라는 밀림의 과정을 헤쳐야만 한다. 그런데 모든 인간들이 평등하게 밀림을 넘는 것은 아니다. 밀림을 출발할 때 각자 입장에 따라 다르다.

부유한 집안 출신은 좋은 무기와 여유로운 식량에 수행원까지 거느리고 출발하지만 가난한 집안 출신은 맨몸뚱이로 밀림에 버려져 자급자족해가며 밀림을 넘어야 한다. 바로 그렇게 맨몸뚱이로 밀림에 던져지는 사람을 우리는 서민이라고 하거나 민중이라고 한다.

부자 출신은 상대적으로 좋은 조건으로 수월하게 밀림을 넘기에 밀림을 무사히 넘을 확률이 90%가 되고 빈자 출신은 10%가 채 안 된다. 그 것이 자본주의에서의 현실이다. 이처럼 맨몸으로 던져져 가뜩이나 밀림을 넘기 어려운 상황에 갑자기 경제위기라는 폭풍우가 몰아친다. 한치

앞도 구분하기 어려운 거친 비바람에 평온하던 강물도 어느새 흙탕물로 넘실거린다. 하루라도 빨리 밀림을 벗어나야 할 판에 앞길은 더 막막해지고 어디로 가야 할지 어느 곳으로 피해야 할지도 모른다. 게다가 며칠 쏟아지고 말겠지 하던 폭풍우가 점점 길어져 이젠 몇 달이 될지 몇 년이 될지도 모르는 상황이다.

이제는 밀림을 넘는 것은 고사하고 식량이나 땔감 구하기조차 어려워져 생존이 힘겹다. 괴롭고 비참하고 정말 막막하고 답답하고 숨이 막혀 쓰러질 지경이다. 자, 이제 어디로 가야하고 탈출구는 어디이고 구원은 과연 무엇일까?

이것이 지금의 서민들의 경제 상황이고 처해 있는 딱한 현실이다. 이런 혼란스런 상황이 되다 보니 많은 사람들의 여러 가지 주장이 넘쳐 난다. 누구는 '위기는 기회'라고 외치거나 또 누구는 숨어 지내며 목숨을 부지하는 것이 가장 현명하다고 일찌감치 모든 재산을 정리하고 자기만의 은신처를 찾으라고 주장한다.

그들의 주장 모두가 일리가 있다. 그 어떤 투자 예찬론자의 '위험은 당연한 것, 기꺼이 감수하라', '부자들의 투자마인드를 배워라' 주장도 일리가 있다. 부의 승리자들은 그렇게 말할 수 있고 그런 투자의 방식이 옳을 수 있다. 그러나 거듭 말하지만 당장 이달의 생활비가 빠듯한 서민들에게 그런 주장들은 모두 허황된 비현실적인 가진 자들의 이야기일 뿐이다.

서민들도 알고는 있다. 주가가 폭락하면 나중에 폭락에 따른 상승이 있다는 사실을. 그러나 알지만 기껏 적게는 수백만 원, 많게는 수천만 원을 가진 사람이 그 돈으로 모두 주식 사두고 금을 사둔다고 큰 부자가 되지는 않는다.

무릎에서 사서 가슴에서 판다 쳐도 많아야 고작 수백만 원 벌이. 그러나 그것은 잘 되었을 경우이고 혹시라도 잘못되어 가용 현금이 그것이 전부인 그들이 손실을 입는다면 그 결과는 파탄이다. 바로 그런 경우 때문에 악덕 사채업체 이야기가 나오고 신용불량자의 비참한 현실에 대한 이야기들이 나온다.

그래서 서민은 알고도 투자를 못하고 알아도 대비를 못한다. 그렇게 늘 자본이 부족하니 기회가 와도 주저만 하다가 결국 망설이다가 마는 것이다. 자기 돈 몇 억이 있으면 그중에 몇 천의 투자는 쉽게 결정할 수 있어도 전 재산이 그뿐인 사람이 전 재산을 투자할 수 있는 사람은 거의 없다. 더더군다나 돈 부족하다고 빚내서 투자할 수는 없다. 그렇다면 서민들은 이대로 그냥 주저앉아 있어야 할까? 폭풍우 몰아치는 밀림에 굶주린 맹수들이 눈을 번뜩이는 이때 그냥 운명으로 생각하고 포기하고 말아야 할까?

경제 관련 고수나 전문가들은 '폭풍우가 온다' 는 큰 흐름은 충고해도 직장인, 자영업자, 개개인으로 구성된 각각의 직업군들과 다양한 계층의 사람들에게 맞춤형 상세 대피 요령을 설명해주기는 어렵다.

왜? 그들은 단지 '기상 예측' 만을 하는 전문가이지 그에 따른 우산장수나 장화, 우비 공장을 경영하는 사람들이 아니기 때문이다. '기상 예측' 을 통해 우산이나 우비, 장화의 수요 변동은 예측할 수 있어도 수요가 늘었을 때의 장사 기법, 재고 관리, 직원 충원 등의 세부적인 부분은 해당 분야의 전문가가 더 잘 알고 있다.

바로 거기에 답이 있다. 경제 전문가들이 경제 전반에 대한 거시적 흐름의 충고는 큰 강물이 어찌 흐른다는 예측만을 해줄 뿐이다. 그것을 참고해서 고기잡이는 각자 자신의 그물에 맞게 자신 있는 고기잡이 방법으로 고기를 낚는 것이다. 아무리 강물의 흐름을 안다고 해서 그것만으로 고기를 잡을 수는 없다. 고기잡이는 결국 낚시를 하거나 그물을 던져야 하는 것이다.

만약, 펀드매니저나 전문투자가라면 그런 경제 흐름을 읽고 달러를 사든 금을 사든 하는 그물 던지기 방법으로 수익을 남기고, 부동산 전문가는 부동산으로, 일반 직장인은 직장 생활로 그물을 던져야 한다. 마찬가지로 슈퍼 주인은 슈퍼로 벌고, 세탁소는 세탁소로, 식당은 식당에서, 가수는 노래로, 배우는 영화로 각자의 위치에서 자신의 방법으로 이 시대 흐름을 잘 파악하고 요령껏 그물을 던져 살아남아야 한다.

오를지, 내릴지 확신도 없는 금융투기 시장에 부족한 돈 억지로 마련해 그렇게 확신 없는 투자를 해서 하늘을 원망하기보다는 정말 자신 있는 자기 일에 몰입하는 것이 성공 확률이 가장 높다. 그래서 위기일수록 오히려 자신이 하고 있는 부분에서 1등이 되는 것이 훨씬 현명한 생존 전략이다.

오늘도 신문 기사에서는 모 마케팅 기획사의 의견을 기사로 냈다.

"불황기의 소비자들은 자극적인 것에 끌린다. 경기 침체기에 단순하고 감각적인 것에 끌린다는 소비자가 많으므로 이성적인 설득보다 감각적이고 본능을 자극하는 마케팅이 효과를 볼 수 있다"

맞다. 불황기일수록 매운 맛이 인기다. 일반 서민, 직장인, 자영업자들은 바로 이런 불황기의 현상을 분석하고 거기에 맞춰 자기 자신의 일로써 준비를 하고 투자를 하는 것이 옳다.

"경제 불황에 나만 어려우면 그 고통이 몇 배로 힘들겠지만 다같이 겪는 불황이라는 사실을 위로 삼아 참고 견디며 자신의 경쟁력을 키워가면 된다. 그렇게 자신을 믿고 묵묵히 노력해 가는 것이 이 어려운 상황을 별 탈 없이 견뎌 내는 가장 '현실적인 선택'이고 '현명한 방법'이다."

급격히 닥친 경제 한파로 고용 위기에 처한 많은 직장인들이 창업을 계획한다. 또한, 이미 자영업을 하고 있는 사람들은 매출 하락으로 인해 업종 변경이나 경쟁력 강화 등의 생존 전략을 고민한다. 그럼 지금 같은 경제 침체기에 어떤 창업 전략이 옳을까? 우선 불황기의 창업 시장 전반에 대한 흐름을 먼저 이해하고 그것을 통해 각 상황별 적절한 대응 전략을 살펴보도록 하겠다.

1. 불황기의 핵심 소비 패턴 두 가지를 정확히 인지하고 이 흐름과 함께하라

불황기 소비자들의 선택 기준은 크게 두 가지로 나뉜다. 바로 '저렴한 가격'과 '동일 업종 최고'이다. 주머니 사정이 어렵거나 미래가 불투명하기에 꼭 필요한 것만 소비하거나 상대적으로 저렴한 가격에 보다 만족할 수 있는 제품, 같은 가격대의 제품이나 브랜드 중에 가장 좋은 것을 선택하려고 한다. 물론 평소에도 이런 소비 경향은 있지만 불황일수록 그런 경향은 더 강하게 나타난다.

이런 불황기의 소비 패턴에 대해 더 자극적이고 감각적인 소비, 재활용이나 셀프를 통한 효율 극대화, 불황 스트레스를 충족시키는 대리 만족 등의 다양한 해석이 있다. 하지만 더 깊이 따지면 결국 가장 우선적 선택 기준은 '최저가(가격)'와 '최고 브랜드(품질)'로 압축된다. 당장의 수입이 줄어들고 미래의 수입이 불안한 사람들은 품질은 다소 떨어지더라도 가격이 저렴한 제품을 찾게 되고, 수입은 그대로지만 크게 늘어날 것 같지 않은 사람들은 이왕 비슷한 가격이면 더 좋은 품질의 제품을 사서 오래 쓰거나 브랜드 가치를 철저히 누리려고 하는 심리가 강하다.

예를 들어, 외식을 하게 된다고 해도 예전에는 비싼 생 삼겹살을 먹던 사람이 저가의 냉동 삼겹살을 찾거나 똑같은 생 삼겹살을 먹는다고 해도 최고 맛 집을 찾아가게 된다. 똑같이 일만 원의 소비를 할 수 있다고 가정할 때, 예전 같으면 한 끼에 일만 원 가격의 고기를 먹던 것이 오천 원 하는 백반을 두 번 먹으려 하고 같은 값이면 제일 맛있는 곳, 보다 친절하고 유명한 곳에서 먹으려 하는 심리가 있다. 옷을 사 입어도 화려한 디자인의 비싼 옷보다는 단순한 디자인의 저렴한 옷을 선택하거나 비슷한 가격이면 상대적으로 더 유명 브랜드의 옷을 선택한다.

그래서 외식업을 기준으로 보면 오천 원짜리 메뉴가 주종인 '백반집'이나 '해장국',

'칼국수', '중국집' 등은 상대적으로 비싼 가격대의 메뉴가 많은 '고깃집', '횟집' 등에 비해 매출 하락 폭이 적다. 오천 원짜리 메뉴가 주종인 업종의 매출 하락이 10~20%라면 고가 메뉴의 외식업종의 하락폭은 30~40%이다.

오히려 저가 메뉴의 업소 중에 경쟁력을 갖춘 업소는 매출이 늘어난다. 저렴한 가격에 밑반찬이 다양하고 양까지 많으면 사람들이 더 몰리기 때문이다. 저가 메뉴에 비해 하락폭이 큰 '고깃집', '횟집' 등의 같은 업종끼리도 1등 업소와 2, 3등 업소의 매출 하락 폭은 제각기 다르게 나타난다.

예를 들면, A급 상권이나 A급 시설, A급 맛의 최고등급 업소들은 상대적으로 매출 하락 폭이 적다. 하지만 B, C등급 업소들은 매출 하락 폭이 크게 나타난다. 이런 현상은 불황기뿐만 아니라 각종 생물 파동이나 사회적 파장이 일어나도 마찬가지다. 광우병이나 조류독감이 이슈화되어 소나 닭 업종의 전체 매출이 하락할 경우에도 A등급 업소들의 매출 하락이 30~40%이면 B, C등급 업소들은 50~70%의 매출 하락이 발생한다. 각종 파동에 상관없이 그 음식을 드시겠다는 분들은 반드시 있고, 그런 분들은 그만큼 그 음식을 좋아하는 것이기에 더 유명하고 더 맛 좋은 업소를 찾게 되는 것이다.

경제가 어려우면 작은 것에도 민감해져 교통비 절감을 위해 역세권 업소들을 찾거나 같은 가격으로 더 만족도 높은 대우를 받기 위해 동종 최고를 선택하려 한다. 경제 위기 상황이 되면 그런 경향이 더 커지는 이유는 평범한 상황에서는 대충 넘어갈 것도 더 꼼꼼하게 따지고 느슨하게 풀어졌던 마음도 더 단단히 틀어쥐어 현명한 소비를 하려는 심리가 생겨나기 때문이다.

경제 침체가 본격화되기 시작한 2008년 하반기부터 라면, 가정용 주류, 각종 수선집, 재활용품점, 경차, 반제품 상품, 리필제품, 저가 인터넷 쇼핑몰, 택배 회사 등의 실적이 이전보다 더 좋아졌다. 말 그대로 '아나바다(아껴 쓰고, 나눠 쓰고, 바꿔 쓰고, 다시 쓰고)'이고 웬만하면 집에서 눌러앉아 모든 것을 해결하려는 경향이 소비에 반영된 것이다. 소비와 지출을 최대한 줄이고 어쩔 수 없이 소비를 할거면 최대한 효율적으로 하려는 심리다.

설령 위에서 말한 것처럼 불황에 더 강한 재활용품점, 경차, 반제품 상품 등의 업종이라도 무조건 모두 매출상승폭이 큰 것은 아니다. 동종의 다른 상품, 브랜드에 비해 상대적으로 더 싸거나 더 좋은 경쟁력을 갖고 있어야 한다. 즉, 시장 환경이 유리하게 조성된다고 해도 경쟁력이 없으면 아주 큰 수익을 얻지는 못한다. 같은 업종의 1위나 대풍년이 들지 그 아래는 겨우 평년작을 넘어서는 정도가 된다. 결국 이런 어려운 경제 상황에서는 그 어떤 업종이라도 '가격이 아주 저렴한 업소, 브랜드'가 되거나 '동종 최고의 업소, 브랜드'가 되는 것이 가장 현명한 생존 전략이다.

만약 불황이 장기화되어 소비가 아예 대폭 하락할 경우에는 더더욱 '최저가'와 '최고품'만이 살아남게 될 것이므로 그런 생존 전략은 '선택'이 아닌 '필수'가 될 것이다. 현재 창업을 고려하는 예비 창업자건 아니면 현재 사업을 운영하고 있는 기존 창업자들이건 간에 모두 현 상황에 대한 이런 기본적인 흐름을 인식하고 창업을 시작하거나 사업을 유지해 가야 한다.

2. 창업을 준비 중인 직장인들이나 예비창업자들의 대응 방법

현재 곧바로 창업을 하려는 직장인들이나 예비 창업자들은 우선 이 점을 알기 바란다. 흔히 연예 기사를 봐도 '신인은 불황의 최대 피해자'라고 한다. 각종 '드라마와 영화, CF업계가 리스크를 줄이기 위해 빅 모델 전략을 강화하기 때문'이라는 것이다.

위에서 썼듯이 어려울수록 어설픈 모험보다는 '최고품, 최고 브랜드'만을 찾는 원리와 비슷하다. 그래서 '제작비가 낮아지면서 인물 구성이 심플해', '신인이 참여할 수 있는 조연과 단역부터 구조조정을 겪게 되는 것'이다.

연예계와 마찬가지로 신규 창업자들도 마찬가지다. 기존에 이미 자리를 잡고 있는 업소나 브랜드들은 이미 확보해둔 인지도 때문에 불황에도 단골손님 위주로 기본 매출이 가능하지만 신인 연예인이 더 어려운 진입 장벽을 뚫어야 하듯 신규 창업자는 더 힘든 초창기 안착 과정을 겪어야 한다. 호황기나 보통 때 같으면 호기심으로라도 한번 찾아볼 만한 업소, 브랜드라도 소비가 위축될 때는 최고 효율적인 소비를 해야 하기에 그런 모험적인 소비를 해볼 만한 여유가 없다. 그래서 불황기에는 신규 점포나 브랜드가 호황기보다 더 힘들게 시장에 진입하게 된다. 그러나 이것을 뒤집어 보면 경쟁력만 있다면 신인이 엄청난 돌풍을 일으킬 수도 있다는 것이다. 대중의 소비 패턴이 명확하기에 거기에 철저히 부합한다면 오히려 훨씬 쉽게 시장 진입을 할 수도 있다.

호경기 같으면 호기심으로나 찾아볼 업소나 브랜드를 소비자 자신들의 필요에 의해서 조건만 맞으면 더 적극적으로 찾거나 사용하게 되기 때문이다. 사회 혼란기에 부의 질서가 재편되고 큰 부자가 새롭게 탄생하는 것도 같은 맥락이다. 이렇기 때문에 지금 창업을 준비 중이면 평소보다 더더욱 자신만의 경쟁력을 갖고 창업 시장에 뛰어들어야 한다. 검증된 업소나 브랜드도 휘청거리는 상황에 어설픈 초보가 버틸 수 있는 여지는 별로 없다. 호경기에는 초보로 뛰어들어도 실패를 거듭하면서 점차 자신을 키워가며 재기할 수 있는 여유가 있을 수 있다. 그러나 불황일 때는 실패의 대가는 더더욱 혹독하고 재기의 기회조차도 더 적어진다. 그래서 분명하고 확실한 경쟁력을 가진 분야가 아니라면 일단 창업을 잠시 미루는 것이 좋다.

시간적 경제적 여유가 된다면 창업에 사용할 초기 안정 자금을 생활비에 보태 쓰면서 자신이 창업하려는 업종에 종업원이 되어 경험을 쌓고 해당 업종의 실태와 현 상황의 흐름을 파악한 후에 성공의 확신이 들 때 창업에 뛰어드는 것이 현명하다. 하지만 만약 지금 회사 상황이나 주변, 가정 상황 등의 이유로 더는 기다릴 여유 없이 반드시 창업을 해야 하는 분들이 있다. 주변 친인척이 아주 저렴한 가격으로 매장을 임대해준다거나 자신 소유의 점포가 임차인을 못 구해 계속 비워두기 곤란한 경우, 정말 좋은 입지의 점포가 급매물로 저렴하게 나타난 경우, 오래도록 창업을 준비해 왔고 주변 상황을 그 시기에 맞추어 놓아 더 이상 미룰 수 없는 경우라면 창업을 진행하되 반드시 해당 업종 전문가에게 객관적인 평가와 조언을 받는 것이 좋다.

전문가의 1시간 조언이 초보자의 어설픈 판단 때문에 발생되는 수백에서 수천만 원, 수억 원의 창업 손실을 예방할 수 있다. 좋은 상권 점포 권리금만 수억 원씩 하는 상황에 입지 판단을 잘못하면 임대 계약을 하는 순간에 곧바로 수천만 원의 권리금 손실을 볼 수도 있다. 초보자가 정말 좋다고 생각하는 입지가 별 것 아닌 평범한 입지일 수가 있고 정말 좋은 시설이라고 생각하는 인테리어가 이미 한참 지난 시설일 수도 있기 때문이다. 그런 것을 구분하고 평가할 수 있는 안목은 하루아침에 생겨나지 않는다.

실제로 초보자가 큰 손실을 입는 경우가 바로 그런 점포 계약 단계에서부터 발생한다. 그리고 자신의 경험이나 가까운 지인들의 도움으로 안정성이 확실히 보장된 창업이 아니라면 반드시 윗글의 불황기의 소비 트렌드인 '아나바다'를 반영할 수 있는 업종이나 핵심 키워드인 '최저가'와 '최고품'을 명심해서 창업해야 상대적으로 빨리 안착하게 될 것이다. 신중한 준비로 창업을 한 후에도 현재 사업을 운영 중인 자영업자들과 마찬가지로 경쟁력 강화를 위해 노력해야 한다.

그 구체적인 방법은 기존 자영업자들과 비슷하지만 더 열심히 해야 하고 더 다양하게 노력해야 한다는 사실은 분명하다. 영국 BBC 방송에서도 "인간은 자신들이 한 번 갔던 같은 곳을 몇 번이고 되찾지만 새로운 곳을 잘 찾지 않는 '습관적 동물'인 것으로 드러났다"고 보도했었다.

사람들은 찾던 곳을 계속 찾는다는 소비자의 구매 패턴이 과학적으로 검증된 것이다. 무언가 새로운 자신만의 강점이나 매력을 갖고 창업에 뛰어들어야 한다는 것은 누구나 아는 사실이지만 그것을 실제로 준비하고 실천하는 사람은 매우 드물다. 그리고 바로 그 점에서 성공과 실패의 차이가 발생하는 것이다.

3. 현재 사업을 운영 중인 자영업자들의 대응 방법

현재 사업을 운영 중인 자영업자들은 우선 이 점을 명심해야 한다. 윗글에서 언급했 듯이 불황기의 소비자들은 일만 원을 지출하면 일만 천 원, 일만 이천 원의 만족감을 얻어야만 그 업소와 브랜드를 선택하는 상황이다.

과거에는 팔천 원, 구천 원의 만족감으로도 대충 넘어가거나 팔천 원, 구천 원의 만족감을 일만 원으로 착각하는 경우가 있었다. 마음에 여유가 있기에 만족감에도 여유와 거품이 있었던 것이다. 이렇게 거품이 걷히고 철저히 실익을 따지게 되면 각 판매 업소와 브랜드들은 수익을 만들기가 훨씬 어려워진다. 그래서 과거의 매출과 수익에 연연해 자꾸 냉정해진 고객들을 원망하고 야속하게 생각해서는 안 된다. 자영업자인 당신 스스로도 다른 업소를 방문할 때는 그렇게 깐깐하게 따질 것이다. 빨리 상황의 변화를 받아들이고 고객 만족감을 높이기 위한 변화를 주어야 한다.

많은 자영업자들이 매출이 20~30%, 40~50%가 떨어졌다고 아우성이다. 하지만 단지 아우성으로 끝날 뿐 아무런 변화를 주지 않는 사람들이 많다. 지금까지 그대로의 방법은 안 된다. 대개 성공을 위해서는 "나에게 이익이 되려 말고 상대방에게 무슨 이익이 될 것인가를 고민하고 실행하라. 그러면 나의 이익은 저절로 생겨날 것이다." 라고 말한다.

중국의 한비자는 "인간은 이익에 의해 움직인다."고 가르쳤다. 지금 같은 불황에 이 말만큼 적절한 말이 또 있을까? 더 싸든지 더 만족할 수 있든지 무언가 한 가지 이익은 있어야 한다. 바로 그 점에 맞추어 사업에 변화를 주어야 한다. 품질이나 맛에 자신이 없으면 저렴하기라도 해야 하고, 남보다 더 큰 이익을 계속 남기고 싶다면 최고가 되어야 한다.

만일 매출 하락으로 단순히 업종 변경만을 고려 중이라면 그런 단순한 업종 변경만으로는 경쟁력을 갖기가 어렵다. 근본적인 변화를 주지 않는 한 어려움은 계속 될 것이다. 그래서 업종 변경을 하건 지금 업종을 유지하건 간에 불황에 맞는 사업 전략을 수립하고 도입해야 한다.

예를 들면, 같은 업종(제품)이라도 언론에서 알려지듯 '인스턴트', '미니', '기능 분리', '세컨드 브랜드' 등의 방법으로 변화를 줄 경우 매출이 향상된다고 본다.

현 소비 패턴을 보도한 신문기사를 보더라도 '크기나 기능을 줄여 가격을 낮춘 제품이 잘 팔린다'는 것이다. 구체적인 상품 사례로는 'DMB 없는 내비게이션, 영상통화 안 되는 휴대전화, 팩스 없는 복합기, 취사와 보온만 되는 전기밥솥, 생선 그릴 없는 가스레인지 식으로 사용 빈도가 적은 부가 기능을 없애고 핵심 기능만 살려 가격을 낮춘 기기들'이 모두 그런 사례들이다.

비슷한 사례로 세탁소를 해도 마찬가지고 슈퍼, 카센터, 식당, 컴퓨터점, 노래방, PC방을 해도 마찬가지다. 상품이나 서비스를 더 잘게 쪼개거나 분리하는 것 등도 변화를 주는 한 방법이다.

노래방을 1시간 단위로만 대여하는 것이 아니라 1시간 사용하고 추가 1시간을 사용할 경우 30분은 무료 서비스, 30분은 유료 대여하는 것도 비슷한 사례이고 통닭 한 마리는 일만 원이지만 두 마리는 일만 오천 원만 받는 것도 그런 방법이다. 피자를 한 번 시킬 때는 이만 원이지만 반복해서 배달시킬 경우는 매번 배달시킬 때마다 일천 원씩 빼준다. 물론 최저 한계를 일만 오천 원에 두고 그때가 되면 다시 이만 원에서 시작한다. 몇 번을 배달 시켰는지는 쿠폰에 도장을 찍어주는 것으로 확인하면 된다.

그리고 고객 상품권을 배포해 무료 시식을 제공하고 최소한의 수입을 위해 상품권으로 계산할 수 있는 한계를 50%로 제한하거나 단골 고객은 70%, 초보 고객은 30% 할인 등으로 차등을 주는 것도 좋은 방법이다. 매출이 적은 요일이 있거나 상대적으로 많은 요일, 계절적으로도 변화 폭이 있다는 것을 파악하고 그런 문제점을 보완하기 위해 그때 그 상황에 맞게 추가 메뉴를 제공하거나 특정 요일 가격 할인, 커플 할인, 여성 할인, 특정 고객 이벤트 등을 도입해 활용한다.

바로 이런 것들이 불황기의 사업(매장) 운영 사례들이다.

이런 사례들은 반드시 가격 할인에 국한되는 것이 아니라 매출을 향상시키거나 이익을 증가시키기 위해 각 업소, 각 업종별로 자신의 특성에 맞게 다양하게 개발하고 도입해야 한다. 가격 인하를 하거나 박리다매를 하다 보면 걱정되는 것이 수익의 감소이다.

대부분의 창업자들이 잘 알고 있겠지만 실제로 어느 매장에서 사천만 원 매출을 내면 오백만 원 수익을 남겨 12.5%의 수익률이 되지만 오천만 원 매출을 내면 일천만 원 수익으로 20%의 수익률, 일억 매출이면 40%의 수익률로 매출이 커진다.

매출 상승만큼의 재료비 상승도 있지만 고정비 절감으로 인한 수익 폭이 확실히 늘어난다. 그래서 할인을 해서라도 단골고객을 늘리고 매출 규모를 키우라고 하는 것이다. 그러므로 가격 인하나 박리다매를 한다고 해서 수익률 감소에 대해 부담을 너무 크게 가질 필요는 없다. 단, 그렇다고 제품 질을 대폭 떨어트려서는 안 된다.

비슷한 품질에서 가격이 인하되어야 서비스로 인정받을 수 있지 제품 질이 너무 떨어지면 그건 원래 싼 것을 싸게 파는 것에 불과하므로 아무런 감흥이 일지 않는다. 이런 자기 업소만의 차별화 방법은 자신의 사업을 운영하며 스스로 터득해 가는 경우도 있고 책이나 전문가의 조언을 통해 배우는 경우도 있다. 그러나 어떤 과정을 통해 도입하건 간에 이런 불황기의 생존을 위해서는 절실히 필요하다는 것이다. 만약 아직 사업(개업) 초창기라면 신입의 자세로 더더욱 노력해야 한다.

개업 초창기의 고객 점유율은 그 업소를 지나는 고객들이 호기심에 의해서 방문하는 사례가 그나마 가장 높다. 그럼에도 불구하고 호기심 때문에 방문하는 고객의 수는 그리 많지 않다. 그래서 장사(사업)가 지지부진한 것이다.

아무리 맛 집(일반 도·소매업의 경우─품질 좋은 집, 서비스 좋은 집, 경쟁력 있는 집)이라고 해도 그 집이 맛 집인 줄 모른다. 그래서 눈에 잘 띄어 찾기 편하고 시설 좋은 업소를 우선적으로 방문하는 것이 일반적인 소비패턴이기 때문에 작고 초라한 점포는 별로 손님이 없다. 그 어떤 홍보를 한다고 해도 그 내용을 그대로 믿고 방문하는 고객은 그리 많지 않고 그동안 다니던 곳만을 다니거나 검증된 맛 집을 가려고 하기에 홍보 효과가 별로 크지 않다.

결국 핵심은 개업 초창기에 한 번 방문한 고객이 재방문을 하고 주위에 입 소문을 내주는 것이 빠른 성공(매출 향상)의 핵심 과제인 것이다. 즉, 개업 초창기는 호기심 때문에 방문한 고객 점유율이 높지만 시간이 지날수록 맛있는 집이라는 입 소문(주위 소개) 때문에 방문한 고객 점유율이 더 높게 된다. 그래서 개업 초기의 방문 주요 요소인 호기심은 그 중요도가 줄어들고 시간이 지날수록 입 소문이 더 중요한 성공 요소가 된다. 단, 맛(품질)과 시설, 서비스 경쟁력이 있어야 재방문이 가능하다. 경쟁력이 없으면 한 번의 방문만으로 끝이 나고 다시 찾는 손님이 없어 사업 실패로 이어진다. 하지만 입 소문이 나려 해도 한 번은 먹어본 고객이 많아야 입 소문이 나는 거다. 한 번이라도 방문하는 고객을 늘리려면 홍보를 해야 한다. 그러나 평범한 홍보는 고객에게 호기심을 주지 못하기에 특별한 홍보가 필요하다.

최대한 고객 호기심을 유발해 매장 방문 고객을 늘리고 재방문을 유도해 사업 안정화를 앞당기는 것이 홍보의 핵심이고 홍보의 필요성이다. 이런 홍보의 구체적 사례들은 위의 할인 사례들과 비슷한 서비스 내용들과 비슷하므로 설명을 대신한다.

지금 많은 사람들이 불황이 시작되었고 매출이 하락하고 있어도, 그저 수수방관하고 있거나 망설이기만 할 뿐 선뜻 그 어떤 대책을 세워 실행을 하지는 않는다.

'그렇게 가격을 저렴하게 한다고 과연 장사가 잘 될까?', '과연 그런 방법이 먹힐까?' 하고 고민만 하면서 이 시기가 지나가기만을 기다라고 있다.

매출 하락을 고민하며 그렇게 고민만 하는 사람들에게 거꾸로 물어 보겠다.

"그럼 도대체 무엇으로 이 힘든 상황을 극복할 것입니까? 그거라도 안 하면 어쩔 것입니까?"

이건 단지 창업자 분들께만 해당되는 것들이 아니다. 직장인도 마찬가지고 가정주부도 마찬가지다. 도대체 이 어려운 시기를 어떤 방법, 어떤 노력으로 헤쳐 가겠는가? 스스로 연구해 비법을 개발하거나 신제품, 신기술을 만들든, 책을 사보든, 전문가를 찾아가 조언을 구하든, 그도 아니면 단순히 지금의 방법을 계속 밀고 나가든 선택은 스스로의 몫이다. 그러나 그 어떤 노력이라도 해야 한다는 것은 분명한 사실이다.

열심히 노력하며 창업을 준비 중인 2030 예비 창업자에게

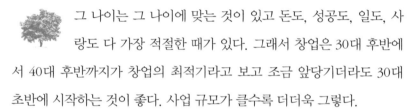그 나이는 그 나이에 맞는 것이 있고 돈도, 성공도, 일도, 사랑도 다 가장 적절한 때가 있다. 그래서 창업은 30대 후반에서 40대 후반까지가 창업의 최적기라고 보고 조금 앞당기더라도 30대 초반에 시작하는 것이 좋다. 사업 규모가 클수록 더더욱 그렇다.

20대는 사업과 인생을 배워 가는 시기이므로 경험 자체가 큰 자산으로 남기에 성공과 실패를 떠나 단지 경험과 인생의 연륜을 배우고 남기는 일을 하는 것이 좋다. 그러므로 육체적, 정신적 고통을 두려워하지 말고 업종과 일에 상관없이 경험과 연륜을 남기겠다는 자세로 창업과 일에 도전하고 임하면 된다.

나이를 무시하려고 해도 그 나이에서 나오는 경륜과 연륜은 무시할 수가 없다. 그리고 나이가 어느 정도 들어야만 자제심과 겸손함이 생겨 자신을 통제하고 휩쓸리지 않게 된다. 그런 인간의 기본 소양이 어느 정도 더 다듬어져야만 세상 속에 성공이 쉬워지고 또 이루어진 그 성공을 지켜낼 수 있다.

실제로 젊은 나이에 너무 큰돈을 일찍 만지거나 성공을 하게 되면 지키지 못하는 경우가 많다. 실제 주위에서도 20대 때 돈을 기준으로 가장 먼저 성공했던 친구들이 있다. 그 어떤 친구들을 만나도 당당했고 자기과시로 다른 사람들을 무시하기까지 했다. 그래도 주위 사람들은 그들의 눈치만 봤다. 왜? 그가 영업사원 동창들에게 차를 사주고 보험을 들어주기에, 만나면 고급 술집에서 술을 사주기에 눈치 볼 수밖에 없었다. 그런데 그 친구들은 그 돈을 지켜내지 못했다. 냉정히 보면 사업에 위기가 왔다기보다는 성공에 취해 인생과 사생활에 위기가 왔다.

온 사방에 장사해서 돈 벌었다고 파다하게 소문난 동창이 있다. 너무 이른 성공 탓인지 주변에 사람들이 모여들었다. 그중에는 당연히 해바라기성 친구들을 비롯하여 건달들과 여자들이 함께 모였다. 매일 밤 유흥주점을 드나들었다. 게다가 최고급 차를 탔고 만나는 여자도 자주 바뀌었다. 그런 시간이 길어지자 과소비를 유지하기 위해 더 많은 돈이 필요했고 무리한 돈 욕심에 불법 영업에 손을 댔다가 들통이 나 어쩔 수 없이 사업을 정리할 수밖에 없었다.

한때 대한민국에서 가장 인기 많았던 가수가 토크쇼에서 후배 가수들에게 몇 번을 말했다.

"잘 나갈 때 겸손해라, 지금 모이는 사람들은 진짜 네 사람이 아니며 네 성공을 보고 모였기에 인기가 꺼지면 자연히 사라진다, 인기는 거품 같은 거다, 거기에 연연하지 마라."

과거의 최고 인기 가수였던 그도 그 과정을 겪어보고 나이가 더 든 만큼 겸손해진 것이다. 창업도 인생과 같다. 동양 사회에 나이별 그 호칭이 있다. 바로 창업도 그렇게 보는 것이 현명하다.

> 30세 이립(而立) – 모든 기초를 세우는 나이 = 창업의 기초를 세우는 나이
>
> 40세 불혹(不惑) – 사물의 이치를 터득하고 세상일에 흔들리지 않을 나이 = 자신이 선택해야 할 창업의 방향을 정확히 깨닫고 실천해 가야 할 나이
>
> 50세 지천명(知天命) – 하늘의 명을 아는 나이 = 자신의 창업 업종을 천직으로 알고 직업을 통해 세상에 봉사해 가야 할 나이
>
> 60세 이순(耳順) – 인생에 경륜이 쌓이고 사려와 판단이 성숙하여 모든 것이 원만한 나이
>
> 《차라리 인생을 창업하라》에서 발췌

장사의 고수가 있다. 오랫동안 경험도 했고 몇 번의 대박도 냈었다. 그런 그가 말한다.

"통닭 장사는 아무리 장사가 잘 되도 이제는 안 한다."

통닭 장사로 큰돈을 번 그가 왜 그런 말을 할까? 이제는 예전보다 더 나이를 먹었기에 체력이나 사회적 품위를 따지기에 편한 업종을 택하고 고려할 수밖에 없다는 것이다. 그래서 더 많은 돈을 벌 수 있는 업종이 있다는 것을 알고는 있지만 그 나이를 고려해서 창업을 하지 않는다는 것이다.

젊은 시절 직원 30명의 대형 식당을 하셨던 분도 나이를 먹으니 지금 7~8명 직원의 가족 같은 업소가 일도 즐겁고 크기도 적당해 만족한다는

것은 그만큼 나이에 맞는 창업이 있다는 뜻이다. 이제 그분들은 어느 업종이 잘 되는 줄은 알지만 알아도 안 한다. 지금은 좀 더 여유 있고 건강을 고려하며 할 수 있는 일을 하고 싶다는 것이다.

사람은 나이가 들수록 돈이 더 필요하고 품위도 필요하다. 이제는 저가의 제품을 팔아 작은 수익을 내서는 그것들을 충당하기가 어렵다. 그래서 더 부가가치가 큰 일을 해야 한다. 이런 이유로 젊은 시절의 창업을 경험과 연륜의 차원으로 접근해야지 처음부터 대박을 기대하고 시작하는 건 너무 욕심이 큰 것이다. 그 누구든 과거에 사업 경험이 없었다면 지금까지 사업을 끌고 오지 못 했을 것이다. 그래서 큰 사업을 꿈꾼다면 30대 이후에 가서 승부해도 된다.

조금 더 나이를 먹으면 함부로 휩쓸리지 않고 세상의 유혹을 통제하며 좀 더 세상이 선명히 보일 것이다. 그러므로 너무 급하게 생각하지 말고 남 밑에서 몇 년 경험을 쌓고 창업해도 늦지 않다. 그 어떤 조언보다는 우선하는 것이 경험이다. 일주일, 한 달만이라도 아르바이트식이라도 경험을 해보면 현명한 판단을 하는 것에 큰 도움이 된다.

그리고 창업 준비 과정에서 전문가들이나 고수들의 조언은 큰 흐름이 이렇고 이런 일이 있을 거구나, 그 이야기가 그런 거구나 하면서 미리 위험을 피하거나 용기를 얻고 애매한 상황의 결정에 활용하는 것이 좋다.

성철스님이 "밖에서 진리를 찾지 말고 자기를 바로 보아라. 각자 스스로의 마음속에 영원한 생명과 무한한 능력을 잘 개발하라."고 말씀하셨다.

인생도 사업도 일도 위의 성철스님의 말씀과 비슷하다. 결국 자기 스스로 잘 개발하고 노력하는 것이 인생 성공에 대한 최고 핵심이다. 이래서 중국의 고전 《장자》의 〈내편 제물론〉에서 '도(道)는 통하여 하나가 된다'고 했다. 세상 모든 도(道)가 하나이듯 직업의 도(道), 인생의 도(道)도 결국 하나다.

이런 조언의 글이 무슨 종목이 좋다, 어디에 투자하라, 이런 식의 구체적이고 꼭 집어 주는 이야기를 한다면 사람들 마음에 더 착착 감기며 와 닿았을 것이다. 그러나 시간이 지나고 연륜이 쌓이다 보면 그것이 얼마나 현실성 없는 사탕발림 같은 말인지 알게 되고 자기에게만 맞는 자기만의 방식이 있다는 사실도 알게 된다. 그것을 찾아가는 것이 경험이고 세월이다.

그러니 우선은 젊은 나이답게 일도, 사랑도, 우정도, 여행도, 독서도 열심히 하길 바란다. 특히 그 나이에 간절하고 진실한 사랑과 우정을 나누지 못하면 그 뒤로 평생을 간직할 만한 그런 애절하고 멋진 사랑을 하지 못한다.

돈 보다 더 소중한 가치도 여럿 있다. 젊은이에게는 사랑이 그런 것이다. 나이 들어 돈은 벌 수 있어도 사랑을 하기는 힘들다. 평생 간직할만한 사랑의 추억도 하나 없이 돈만 모은 인생도 그리 좋은 인생은 아니다. 힘들겠지만 두루두루 젊음을 뜨겁게 살아야 한다. 늘 지나고 나면 아쉬움이 남기에 '내 젊음은 후회 없이 일했고, 후회 없이 사랑했다'라고 말할 수 있을 만큼……. 그래도 성공하는 데 아무런 문제가 되지 않고, 그때 성공해도 늦지 않다.

군대, 잘만 활용하면 정말 좋은 수행지

 그 예전 입대를 앞두고 심란해 있을 때 형은 이런 말을 했었다.

"세상에는 남자가 꼭 경험해 봐야 할 세 가지 직업이 있어 하나는 스님이고, 또 하나는 시인, 마지막 하나는 변방의 이름 없는 군인이야. 이들의 공통점은 끊임없이 자신과 싸우는 고행 끝에 진정한 자신을 발견할 수 있는 것이야."

그런데 사실 나는 형이 말한 그 마지막 하나, 군인은 아닐지도 모른다고 생각했다. 단지 입대하는 동생을 위로하려고 군인이라며 꾸며냈을 거라 생각했다. 그 말의 사실 여부를 떠나 어쨌건 나는 형의 바람(?)처럼 변방의 이름 없는 군인이 되었고, 강원도 산속에서 끊임없이 자신과 싸우는 고행을 했다. 하지만 아직은 젊은 나이 탓인지 아니면 군 생활이 힘들었기 때문인지 도무지 진정한 '나'가 무엇인지, 왜 군인이 꼭 경험해야 할 직업인지를 깨닫지는 못했다.

그렇게 세월이 지나 어느덧 선임병이 되고 전역을 했다.

그리고 다시 생각에 빠졌다. 형이 말한 그것이 사실인지 아니면 단지 위로였는지를 나름 진지하게 생각해 보았다.

뒤늦게 깨닫게 된 사실은, 그 말이 사실이든 거짓이든 그것은 그다지 중요한 것이 아니라는 것을……. 참, 거짓보다 중요한 건 그 말 때문에 군대 생활 내내 끊임없이 무언가 의미를 찾으려 했다는 것이 더 중요하다는 사실을 참으로 늦게 깨달았다.

실제로 무언가를 찾겠다는 마음 때문에 내 스스로와 했던 약속들은 이런 거였다.

같이 훈련받는 이들에게 항상 의연하고 강한 모습을 보이고 싶었다. 물론 시대가 아무리 변해도 누구에게나 군 생활은 힘들겠지만 그때의 훈련은 믿기 어려울 정도로 잔인하고 가혹했다. 그 속에서 그래도 늘 의연하게 동기들을 위해 희생하고 모범이 되는 사람이 되고 싶었다. 그건 내가 잘나서도 아니고 잘난 척하고 싶어서도 아니었다. 단지 그런 내 모습에 도전해 보고 싶을 뿐이었다. 그래서 혹독한 훈련을 마쳤을 때는 훌쩍 커버린 나 자신을 만나보고 싶었다.

그렇게 의연한 자신을 만난다는 것이 어떤 의미가 있는지 모르겠지만 그래도 나름대로 의미를 두고 나 자신에 도전했다. 그렇게 보낸 시간들이 결코 무가치한 것만은 아니라는 것을 그때가 지나서야 비로소 알게 되었다.

불교에서 승려들이 수행하는 모습을 본 적이 있다.

부처님께 삼천 배를 하거나 수행자끼리 마주 보고 천 배를 한다. 그런 삼천 배, 천 배를 하다 보면 수행자는 어느새 눈물을 흘린다.

그 눈물은 힘들어서, 억울해서가 아니라 그냥 가슴속에 솟아오르는 순수한 눈물이다. 누군가에게 한없이 절함으로써 자연히 겸손해지고 무릎을 꿇으며 자기 자신을 돌아보게 된다. 반대로 누군가의 절을 받으며 내가 과연 절을 받을 자격이 있는가 하는 의문으로부터 절하는 사람의 고통을 헤아려 보게 된다. 행군을 하고 산악 구보를 하는 것도 마찬가지다. 자기 몸무게의 삼분의 일이나 되는 군장을 짊어지고 이틀을 쉬지 않고 꼬박 걸으면 나중에 발걸음이 천근만근 같아져 한 발, 한 발 디딜 때마다 숨이 턱턱 막힌다.

게다가 체력이 부족한 전우가 낙오해 뒤쳐지면 그의 군장까지 나눠지고 걸을라치면 당장 이 무거운 짐을 내던져 버리고 싶지만 또 억지로 이를 갈며 참으며 목적지까지 간다. 아무리 고통스럽고 어려운 행군이라도 결국엔 끝이 나고 그 지독하게 힘겨운 순간을 용하게 견뎌낸 내 자신이 대견스럽다. 그리고 다음번의 행군은 이미 몇 번 겪었던 터라 자신감이 더 커지고 더 의연하게 자신을 달래며 목적지까지 가게 된다. 비록 그런 경험들이 불교 수행자들의 삼천 배를 통한 깨우침과 비교할 바 못되겠지만 분명 극한 체험을 한다는 것은 모두 똑같다.

암벽 등반을 하거나 높은 고봉에 도전하는 사람들도 마찬가지 일거라 생각한다. 비유가 좀 심할 수도 있겠지만 행군, 유격, 한겨울의 훈련들은 극한 어려움과 고통에 맞서는 스포츠맨들의 도전과 비슷하다. 생각하기에 따라서는 호칭과 격식이 다를 뿐 극기체험과 삶의 수행이라는 것은 같다고 볼 수 있기에 군 생활도 잘만 활용하면 정말 좋은 수행기간이 될 수 있다. 이건 그 어떤 막연한 애국심이나 유치한 남성적 자부심에서 하는 말이 아니라 어쩔 수 없이 가야 할 길이라면 피하지 않고 당당히 제대로 느껴본 자의 솔직한 심정이다.

수백 킬로미터의 반복되는 행군과 800m 높이의 산꼭대기 근무로 인해 하룻밤에도 예닐곱 번씩 산을 오르내린 그 시간은 분명 고통스런 순간이었다. 만약 군대를 가지 않았거나, 좀 편한 곳으로 갔으면 이런 아픔은 없었을 텐데 하는 원망이 들 수도 있다. 하지만 그건 아니다. 오히려 그런 어려움에 당당히 맞섰음은 분명 좋은 경험이다.

조금 더 편하기 위에 이런 저런 요령을 부려 그 고통을 피해간 사람도 있지만 그들은 자신의 한계에 도전해볼 좋은 기회를 놓친 것이다. 물론 군대는 의무적인 징병제가 아니라 자신이 선택해서 지원하는 모병제가 되어 정말 자신의 한계에 스스로 도전해야 하는 것이 맞을 것이다. 하지만 어쩔 수 없는 징병제의 현실에서 반드시 가야 한다면 그 시간을 의미 있게 활용해야 하는 것이 가장 현명한 것이다.

나와 함께 군 생활을 하던 사람 중에 그 어렵다는 군대에서도 영어 사전을 외웠던 사람이 있었고 모든 훈련을 운동으로 즐기며 체력을 키우고 조직을 이끄는 방법을 배운 사람도 있었다. 그들이 그 과정에서 꼭 영어 단어를 외우고 체력을 키우지 못했어도 괜찮다고 본다. 그 어려운 상황에서 그런 도전을 했다는 것만으로도 충분한 의미가 있다. 사람에 따라서는 힘든 군 생활을 견디기 힘들어 이리저리 뺀질거리거나 또 혹은, 이곳저곳 편한 곳을 찾아 옮겨 다니던 사람도 있었다. 하지만 그들도 3년이란 시간은 똑같이 보냈고, 그들이 편하게 보내려 이리저리 요령을 부렸다고 해도 그들 스스로가 느끼는 힘겨움은 똑같았을 거라 본다.

이건 마치 매일 의무적으로 10km씩 달리기를 해야 하는 사람이 처음엔 힘들어도 습관이 되면 그 달리기가 별로 힘들지 않지만 달리기가 싫어 피해 다닌 사람은 5km만 달려도 힘겨움이 만만치 않은 것과 마찬가지 원리다.

지금도 많은 젊은이들이 군 생활을 해야 하고, 현재 하고 있다. 그들 모두는 묵묵히 힘겨움을 견디든 아니면 그것을 피하려 이리저리 방법을 찾을 것이다. 이제 그 선택은 스스로의 몫이고 그 선택에 따라 자기가 보낸 시간들이 자신의 인생에 어떤 의미를 갖고 어떤 가치를 가질지 결정될 것이다. 그 의미를 찾으려는 노력에 따라 자기 인생에 2년이란 세월이 소모적이고 고통스럽기만 한 시간이 될 수도 있고 자기 자신을 더 키우는 시간이 될 수도 있다.

이제 그 젊은이들에게 마지막으로 수행 동안에 필요한 가장 기본이 되는 두 가지를 말해야겠다.

첫째는 바로 스스로를 지키려는 굳은 의지이다.

건강과 안전을 늘 생각하며 스스로를 아끼고 지켜야 한다. 아무리 몸살이 나고 마음이 약해져도 스스로를 생각해 억지로라도 씻고 닦고 충분히 밥을 먹어야 한다. 이런 것이 별것 아닌 것 같아도 매우 중요한 기본이다. 항상 긴장의 끈을 놓지 않고 스스로를 지키겠다는 의지와 항상 안전하고 건강한 것이 최우선이다. 아침, 점심, 저녁 세 번씩 반드시 되뇌어라. 건강! 안전!

둘째는 뭐든지 할 수 있다는 스스로의 신념과 자신감이라고도 할 수 있다.

'아무리 어려운 것도 막상 해보면 별거 아니다' 라는 믿음.

정말 그렇다. 하기 전에는 그토록 두려웠던 일들이 막상 하고 나면 별거 아닌 경우가 많다.

그렇게 스스로를 위로하고 스스로를 달래라. 어차피 보내야 할 군 생활, 이건 어쩔 수 없이 뒤바뀔 수 없는 현실이다. 당당하게 맞서야 한다. 돌이켜보면 중학교를 입학한 것이 엊그제 같은데 금방 졸업하고, 고등학교 역시 마찬가지로 시간이 그렇게 빨리 지나갔듯 군대에서의 시간도 마찬가지다.

누구에게든 지금의 순간은 지나가고 새로운 순간이 다가올 것이다. 지금의 시간을 견디고 새로운 시간을 맞는 순간 분명 새로운 자신을 보게 될 것이다. 한층 강하고 당당해 있을 자신에 대한 기대와 희망으로 군 생활을 견뎌라. 지금의 힘겨움이 괜한 헛고생이 아니라 삶의 큰 수행이라 믿어라.

'세상에서 남자가 꼭 경험해 봐야 할 세 가지 직업은 스님, 시인, 군인' 이고 너무도 다행스럽게 그중 하나를 경험하고 있다고 생각해라. 비록, 왜 경험해 봐야 하는지 그 이유를 알지 못해도 일단 해보라. 그 시간이 지나면 왜 해보아야만 했는지를 알게 될 거고 그 시간이 소중한 경험이라는 것을 알게 될 거다. 꼭 그렇게 될 거다.

차라리 인생을 창업하라

 창업 컨설팅을 하는 필자에게 창업을 의뢰하거나 조언을 구하는 분들은 실제로 만나 상담을 하게 되면 한결같이 의아해한다.

'대박' 비법을 배우고 싶어 상담을 의뢰했는데 그런 대박에 대한 조언보다 엉뚱하게 먼저 '인생을 창업하라' 고 말하기 때문이다. 하지만 아무리 '인생을 창업하라' 는 것을 전제로 구체적인 '창업 성공법' 을 설명하면 금세 '인생 창업' 은 흘리고 '창업 성공법' 에만 귀를 기울인다. 원래 그것들은 서로 연결되어 있어 함께 추진해가야만 성공을 이루어 갈 수 있는 것이다.

마치 기초 체력이 준비되지 않은 운동 선수가 세부적인 기술만을 배워서는 그 기술을 실전에서 제대로 활용할 수 없는 이치와 같다. 90분을 달릴 체력을 쌓고 드리블 기술을 배워야 좋은 선수가 되건만 체력은 없이 드리블만 배운 선수가 어찌 좋은 선수가 될 수 있을까? 그런데 체력

연마는 멀리하고 개인기만 배우려 몰두하니 참으로 답답할 노릇이다.

아무리 '제발 명심해라, 성공을 하고 그 성공을 지키려면 인생 창업'을 해야 한다고 간곡히 말해도 사람들은 '대박 비법'에만 관심이 있을 뿐 그 이외는 관심 밖이다.

그럼 도대체 왜 필자는 그렇게 당장의 '대박'이 아닌 '인생을 창업하라'고 먼저 강조하고 앞서 말하는 것일까?

그것은 필자의 오랜 시간 다양한 경험과 거기서 얻은 통계 때문이다.

30대 초반, 직접 창업을 경험하고 그 일을 인연으로 체인본부로 회사를 옮겨 전국을 다니며 수많은 창업자분들을 만났다. 그리고 그 과정에 경험을 쌓고 다양한 창업자들의 성공과 실패의 과정을 비교 분석해 성공의 원리와 성공의 공식을 깨닫게 되었다. 그렇게 긴 시간 수많은 창업자들을 분석한 결과를 요약해 보면 너무도 안타깝게도 소자본으로 쉽고 빠르게 성공한 사람은 거의 없었다는 것이다.

자본력이 넉넉하거나 비양심적으로 남보다 쉽게 성공하는 사례는 있지만 소자본으로 '쉽고 빠른 성공'을 이룬 사례는 전국을 다녔어도 지극히 드물었다. 소자본으로 잠시 성공하는 경우가 있다고 해도 그 성공을 수년간 계속 유지하거나 큰 성공으로 이어가는 사람을 아직 만나보지는 못했다.

그런 경험을 통해 자금력의 중요성을 새삼 느끼며 더불어 소자본으로 성공할 수 있는 길은 무엇인가를 찾은 끝에 내린 결론이 바로 '인생을 창업하라'는 것이다. 결국 적은 자본으로 쉬운 성공은 없지만 지금도 대박의 꿈을 향해 불나방처럼 무모하게 덤벼들어 자본과 시간과 삶을 허무하게 소모한다. 그래서 필자는 그런 안타까운 실패를 피하고 보다 현명한 성공법으로 '인생을 창업하라'는 것이다.

쉽고 빠르고 편한 성공을 꿈꾸기보다는 차라리 긴 호흡으로 노력해 성공에 도달하는 것이 결국에는 성공 확률이 높고 혹시라도 실패를 하더라도 그 실패에 따른 피해가 적다. 그렇게 한 계단씩 순차적으로 밟아가는 성공이 결국 오래도록 유지되는 진짜 성공이고 그로 인해 일의 성공과 인생의 보람을 함께 얻을 수 있다는 것이다. 성공에 대한 조급증이 오히려 스스로를 망치고 재기도 힘든 치명적 실패로 돌아오는 경우가 많기 때문이다.

쉽고 빠르고 편한 한 순간의 기적 같은 성공은 없다. 큰 자금력 없이 쉬운 '대박'과 '일확천금'을 꿈꾼다면 그 꿈은 황홀한 꿈이 아니라 지독한 악몽 같은 현실로 끝을 맺게 될 것이다. 만약 막연한 대박을 꿈꾸지 않고 긴 안목으로 성공을 이루려 했다면 분명 그런 비극적인 결과를 맞지는 않았을 것이다. 똑같이 실패를 해도 최소한 재기의 가능성을 남겨두거나 그 실패를 보약 삼아 '수업료 냈다'고 생각하고 다음번에는 더 완벽한 도전으로 성공에 한걸음 더 다가섰을 것이다.

이래서 세상에 널린 '초간단 대박 비법', '3년에 삼십억 모은 젊은 부자의 성공법' 등은 '정통 성공법'이나 '정석 투자법'이기보다는 쉽고 편한 성공을 바라는 인간의 탐욕을 이용한 단지 판매 증진용 '엉성한 비법'일 가망성이 크다. 그리고 실제 사례를 밑바탕으로 했다 해도 '오백만 원으로 삼십억 모으기' 등의 성공담은 '장사의 신'이라고 불릴만한 사람의 '자기 자랑'에 불과하지 결코 일반인들이 따라 할 선행 모델이 아니다. 그것은 그런 천재들이나 유별난 사람들에게나 통하는 방법이지 일반인들이 따라 할 만한 보편적 방법이 아니기에 따라 하기도 힘들고 효과를 보기도 어렵다.

어느 고승이 당뇨를 솔잎만 먹는 식이요법으로 고쳤다고 평범한 일반인이 솔잎만 먹는다고 당뇨가 고쳐지지 않는다. 그것은 그런 고승이기에 가능한 거고 평범한 일반인들은 오히려 병원 치료받는 것이 치료가 빠르고 완치 확률도 높다.

그러니 그런 특별한 성공 사례들을 흉내 내려 한다고 흉내 낼 수 있는 것이 아니다. 실제로 '몇 억 소녀 성공기'나 '30억 청년 대박기'가 언론이나 서점에 알려진 후에 그런 '대박 소녀'와 '대박 청년'이 새롭게 생겨났는가?

아니다. 단지 언론의 과대 포장이나 실제 남들은 모르는 그 이면의 무언가가 있기 때문이다. 다소 외람된 이야기 같지만, 살다 보면 세상에 맞서기보다는 세상에 적당히 맞춰가는 것이 훨씬 편하다. 알면서도 모른 척하며 세상 사람들의 우매함을 이용해 돈을 벌거나 자신을 성공을 위해 이용하는 것이 이 세상 사람들에게 흔히 보이는 모습이다.

사업에서도 마찬가지다. 인간은 지극히 자기중심적이고 자신에게는 관대한 동물이라서 자기는 실패하지 않고 자기는 다른 이들보다 쉽게 성공하고 결코 실패하지 않는다고 믿는다. 그러나 말 그대로 인간의 착각일 뿐이다. 누구나 실패하고 누구나 성공하기는 지극히 힘들다. 그럼에도 불구하고 자기가 선택한 업종은 실패하지 않을 것 같고 남들보다 수월하게 성공할 것 같다. 바로 이런 인간의 착각을 이용해 적당히 사탕발림을 하면 보다 편하게 성공할 수 있다.

그래서 '대박 비법' 운운하며 사람들에게 '쉬운 성공법'을 말하면 많은 사람들이 호기심을 갖고 몰리고, 노력과 인내를 바탕으로 '어려운 성공법'을 말하면 사람들은 외면하기에, 알면서도 비현실적인 '쉬운 성공법'을 강조하며 사람들을 유혹한다. 또 거기에 맞춰 자신만은 '남들보다 쉽게 성공할거다'라는 착각을 하는 사람들은 헛된 망상에 빠져 열광적으로 몰려든다. 그런 사람들은 얼마 후 '쉬운 성공'에 실패하게 되지만 여전히 '쉬운 성공은 없다'는 것을 깨닫지 못하고 또 다른 쉬운 성공을 찾아 헤맨다.

인간은 잘못된 선택을 하거나 실패를 거듭해도 자신의 결정과 선택은 여전히 정확하다고 믿는 자기중심적 판단을 하는 본능을 갖고 있기에 그런 착각에서 쉽사리 헤어나지 못하기 때문이다.

이렇듯 인간의 착각을 이용해 진실이든 거짓이든 상관없이 자신의 성공을 위해 대중들에게 사탕발림식 주장을 펴는 것은 세상의 흐름을 타면서 그 흐름을 적절히 이용해 편하게 사는 것이다. 반대로 대중들의 그런 착각을 일깨워주며 그것이 아니라고 진실을 말하는 것은 세상의 흐름에 맞서며 어렵게 사는 것이다.

당연히 강물을 타고 흐르는 것보다 강물에 맞서 거슬러 오르는 것이 힘들 듯 세상의 흐름을 타며 사는 것은 쉽고 편하지만 세상에 맞서 거슬러 오르려는 것은 힘들고 어렵다. 이래서 진실을 말하면 성공이 어렵고 적당히 사탕발림하면 성공이 쉽다.

그 비슷한 예를 들면, 의사나 약사도 환자를 돌보며 갈등을 겪게 된다. 약효가 강하고 비싼 약을 팔면 회복 효과가 빨라 유능하다는 소리도 듣고 돈도 빨리 번다. 그러나 그건 사람들의 몸을 속으로 골병들게 한다. 그래서 장기적으로 좋지 않다.

그런 빠른 성공의 유혹을 이기고 제대로 처방하는 것이 의사, 약사의 직업 성공에 정석이다. 그러나 그런 정석을 지키기란 쉽지 않다. 의사, 약사가 스스로 그런 독한 처방을 쓰기도 하지만 환자들 자체도 그런 순하고 선한 장기적인 안목을 가진 처방을 받아들일 너그러움이 없다. 의사, 약사가 독한 약을 처방해 큰 마진을 남길 수 있는 유혹을 참고 순한약을 주면 환자의 건강을 생각해 그렇게 준 것이 아니라 돌팔이라고 오해하는 것이 현실이다.

이렇듯 세상의 원리, 성공의 방법은 모두 하나로 통하고 비슷비슷하다. 그래서 장사의 공식으로도 정치가 보이고, 세상살이가 보이고, 인생이 통한다.

창업이나 창업자를 정치나 정치인, 경영이나 경영자로 바꾸어 보면 세상이 어느 정도는 보일 것이다. 독한 약 대신 순한 약을 처방하는 양심적인 의사처럼 그런 양심적인 정치인, 기업인으로 비교해 생각해 보면 이 사회가 어떻게 진실이 왜곡되고 무엇이 가짜이고 진짜인지가 느껴질 것이다. 이미 이런 삶의 진실을 알고도 어찌 단지 돈만 많이 벌라 하며 수단방법 가리지 말고 성공을 하라고 하겠나! 이래서 필자는 진짜 성공을 원하고 참된 삶을 살고 싶으면 '인생을 창업하라'고 말할 수밖에 없는 것이다.

이런 격언이 있다. "학생이 준비가 되면 선생님이 보인다."

학생이 공부할 준비가 되기 전까지는 선생님이 아무리 가르쳐 주어도 '쇠귀에 경 읽기'다. 애초부터 일회성 임시방편 족집게 과외만을 바랄 뿐 기본 원리나 공식은 관심 밖인 학생들에게 진지하게 기본 원리와 공식을 가르치는 것은 정말 힘든 일이다. 그런 학생들을 상대로 계속 원리와 공식을 가르치려는 건 무모한 일인지도 모른다. 그러나 졸업을 하고 한참이 지난 후에 학창시절에는 그 중요성을 알지 못했던 그 선생님의 가르침을 떠올리며 그 당시 열심히 배우지 않았음을 후회하듯 언젠가 이런 내 주장의 중요함을 알게 될 때가 올 거라 믿는다.

그래서 아직도 시골 서당의 훈장님 말씀처럼 답답하고 고리타분한 공자님 왈, 맹자님 왈 같은 주장을 한다. 하지만 그 고리타분한 공자님, 맹자님 말씀이 2천 5백 년을 이어지고 있다는 것은 그것이 듣기 좋은 소리여서가 아니라 진실과 진리를 말하는 소리였기 때문에 지금껏 이어졌다.

마찬가지로 진실을 말했다면 이런 지루한 주장도 성공과 보람된 삶을 꿈꾸는 사람들에게 언제가 반드시 인정받게 될 것이고 또 긴 세월 이어질 거라 확신한다. 그것으로 내 몫을 다한 것이고 그러면 된 거다.

그런데 이렇게 '인생을 창업하라'는 말은 이해하겠지만 지금 당장의 현실이 너무 어렵고 고통스럽다는 사람들이 많다. 성공의 순간까지 참고 견디려 해도 그때까지가 너무 힘들다는 사람들이 대부분이다. 그런 사실은 참으로 안타깝지만 어쩔 수 없다. 그것을 인정하고 받아들여야 하고 극복해야 하는 것이 현실이다. 원래 성공이란 것 자체가 고단한 현실을 견디며 미래도 준비해야 하는 두 마리 토끼를 동시에 잡아야 하는 것이다. 그래서 어려운 것이고 그래서 힘겨운 것이다. 또한, 그것 자체가 곧 삶이고 한 인간이 태어날 때부터 부여 받는 삶의 명제인 것이다.

그런 힘겨운 현실을 극복해야 하는 사람들에게 베트남을 통일한 호치민의 이런 말이 작은 위안이 될 수도 있을 것이다.

"절굿공이 아래서 짓이겨지는 쌀은 얼마나 고통스러운가! 그러나 수없이 두들김을 당한 다음에는 목화처럼 하얗게 쏟아진다. 이 세상 인간사도 때로는 이와 같아서 역경이 사람을 빛나는 옥으로 바꾸어 놓는다."

실제로 추사 김정희는 9년이란 지독히 외로운 제주도 유배 생활이 있었기에 추사체를 완성했고, 다산 정약용 역시 18년의 길고 고통스러운 유배 기간이 있기에 500여 권의 방대한 저서를 남겼다. 중국의 한비자는 말더듬이기에 차마 말로 다하지 못한 사상을 정리해 세상에 남겼다.

이런 식의 글들을 쓰면 사람들은 묻는다. 도대체 왜 이런 글을 쓰냐고, 당신이 뭔데 진실을 말 하냐고?

그런 질문들에 대해 이런 대답을 한다. 맞다. 필자 역시 먹고 살려고 발버둥치고 성공하기 위해 다양한 노력을 한다. 하지만 단지 그 뿐만은 아니다. 또다시 '호치민'의 말을 한 번 더 빌린다.

"먼저 알고 있는 사람은 모르는 사람을 위해 아는 것을 가르쳐 줘야 한다."

필자가 나의 필명을 '강목어(江木魚)'로 쓰기 시작한 것이 이미 20년이 넘었다. 힘들고 고통스러운 날들이 즐거움보다 많았었다. 하지만 참고 견디며 내 필명처럼 '누군가에게 위로와 용기가 되고 싶다'는 내 자신과의 삶에 약속을 지키며 살려고 노력했다. 이 책도 그런 노력의 한 부분이다.

지금껏 그랬듯 앞으로도 내 필명의 의미를 지키며 살고 싶다. 다른 사람에게도 '인생을 창업하라' 권했듯 필자 역시 이렇게 '인생을 창업' 한 것이다.

운명 따위는 믿지 마라 - 사주팔자 안좋다면 인생 포기할 건가?

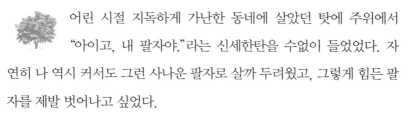 어린 시절 지독하게 가난한 동네에 살았던 탓에 주위에서 "아이고, 내 팔자야."라는 신세한탄을 수없이 들었었다. 자연히 나 역시 커서도 그런 사나운 팔자로 살까 두려웠고, 그렇게 힘든 팔자를 제발 벗어나고 싶었다.

그러나 어린 내가 그런 힘든 팔자를 스스로 벗어날 방법은 당연히 없었다. 어른이 되면 이 힘든 운명을 벗어나기를 기대하는 수밖에는 없었다. 한마디로 제비뽑기를 하듯 하늘의 운에 내 운명을 기대어 '난 타고난 사주가 좋아 잘살게 될 거야'라는 막연한 믿음을 갖고 살아야 했다.

그러다 보니 지금의 가난하고 불안한 현실을 견디려 '좋은 운을 타고났다'는 것을 미리 확인해보고 싶었다. 그래서 자연스럽게 어릴 적부터 사주팔자, 손금, 관상에 관심을 갖고 그 방면의 책들을 찾아보게 되었다.

많은 사람들이 '사주', '관상', '손금', '성명학' 등의 책을 뒤적이듯, 그런 종류의 책들을 뒤적이며 생년월일을 따져보았고, 이름의 획수들을 풀어 보았다. 사주팔자건 성명이건 풀어 보는 족족히 이 시기만 벗어나면 잘 산다는 결과가 나왔다. 그래서 그때까지 참고 견디기로 했다. 그렇게 10대와 20대 중반이 지났다. 그런데 분명 20대가 되면 좋아진다는 내 운명은 별로 좋아지지 않았다. 20대 후반이 되도록 별반 좋아지는 것은 없었고 30살이 되었다. 크게 좋아지지 않는 운명에 실망한 나는 이번에는 심리학 관련 책을 뒤적였다.

현재의 내 행동이나 습관을 분석해서 나의 현재와 미래를 예측하는 방법이 있었다. 각 항목을 모두 따져 보았다. 대충 맞는 것 같았다. 그래서 1년 후, 3년 후, 5년 후의 내 모습을 풀어 보고, 풀어 본 날짜를 적어 두었다. 더불어 사주팔자로 평생 각 나이별 운세를 풀어 보고 그것과 실제 내 운명과 비교해 보기로 했다.

시간이 지나 1년 후, 3년 후, 5년 후가 지날 때마다 그 예전 적어 두었던 심리학 분석 결과와 맞추어 보았다. 대충 큰 맥락은 맞는 것 같았다. 예를 들면, 포괄적으로 '발전 한다' 등은 맞지만 구체적으로 무엇이 어떻다는 것은 거의 예측하지 못했다. 사실 심리학 테스트를 하고 5년이 지나서 난 내가 전혀 예상하지 못했던 자리에 있었다. 그리고 사주팔자의 '출세운'이니 '금전운' 등과 비교했을 때는 거의 코에 붙이면 코걸이, 귀에 붙이면 귀걸이 식으로 내 운명은 전개되었다. 즉, 억지로 꿰맞추면 대충 맞는 거고 냉정하게 보면 거의 상관없는 식으로 살아온 것이다. 결과적으로 근 20년을 사주팔자와 운명을 따져 보아도 '운명학'의 나와 현실 속의 내 운명은 거의 별개인 것이다.

이것은 비단 내 운명뿐만이 아니다. 주위 동창들이나 지인들 역시 사주팔자나 관상의 영향으로 성공하거나 실패하기보다는 오히려 그 사람이 태어난 환경이나 그동안의 노력 여하에 따라 현재 삶의 모습이 결정되었다. 그런 노력조차도 사주팔자라면 더는 할 말이 없다. 이런 것이 바로 억지로 꿰맞추기 식이지 않을까?

결국 삼십 대 후반이 지나면서 어떤 개인의 운명을 지배하는 것은 사주팔자나 운명보다 사회 환경이나 본인의 성품이 더 중요하다는 결론을 내렸다. 아주 단순히 보면 사회가 발전하고 잘 살게 되어 그 사회 전체 부의 평균이 높아지면 덩달아 한 개인의 삶의 운명도 좋아진다. 그리고 더불어 거기에 그 개인이 헛된 욕심 부리지 않고 남보다 더 노력하면 당연히 상대적으로 더 잘 살고, 덜 노력하면 제자리이거나 침체기를 맞는다.

대한민국을 기준으로 일반적으로 20명 이상이 같은 사주팔자를 갖고 태어난다고 한다. 그러나 그 20명의 삶은 모두 제각각이다. 물론 역학에서는 그에 대해 관상의 차이를 말한다. 그러면 쌍둥이는 관상이 비슷한데 왜 운명이 다르냐고 물으면 성명의 차이 때문이라고 답한다. 이처럼 사주팔자, 관상, 손금, 성명이 자기에게 잘 부합되어야 복되게 산다고 주장한다. 환장할 일이다. 그렇게 네 가지 조건이 완벽하게 좋게 맞아떨어지는 것과 로또복권 당첨 확률 중에 뭐가 더 어려울까?

매번 대통령 선거가 되면 유력 후보 중에 당선자를 미리 맞춘다고 수많은 역학자들이 예측한 것을 언론에서 떠들곤 했지만, 그 결과를 맞추는 사람은 고작 20~30% 정도에 지나지 않는다. 유력 후보라 봐야 2~5명인데도 불구하고 적중률이 20~30%다. 이 정도면 일반인들도 충분히 맞출 수 있는 확률이다. 실제로 스포츠 결과 스코어 맞추기 게임 결과를 보면 적중률 5%도 안 되는 경기 결과를 맞추는 사람이 수두룩하다. 그런 결과에 비하면 역학자들의 적중률이라는 것이 초라하기 그지없다.

예측 당시의 이유는 거창하다. 사주가 어떻고 관상이 어떻고 조상 묘가 어때서 반드시 된단다. 그러나 결과는 여지없이 틀리다. 정말 웃기는 일이다. 결국 당선자는 그런 사주, 관상, 성명이 아니라 이 사회상을 반영하는 사람으로 결정된다. 그 당시 사회 분위기의 거울이라는 것이다. 그래서 사회 구성원들이 추구하는 결과가 그 당선자이다.

개인의 운명도 마찬가지다. 40대가 되면 자기 얼굴에 책임져야 한다는 말처럼 자기 얼굴이 자기가 과거에 살아온 결과고 자신의 운명이다. 그래서 그 사람의 과거를 알고 싶으면 그의 얼굴과 명함이나 이력을 보면 된다. 그러면 그 사람이 원래의 자신으로부터 어떻게 변화해 왔는지 알 수 있다. 똑같이 그 사람의 미래가 궁금하면 지금의 모습을 살펴보면 된다. 지금 열심히 노력하고 적극적인 사람은 분명 미래에 더 좋은 모습으로 살게 된다.

열심히 살아도 갑자기 큰 사고가 난다면? 그런 확률은 말 그대로 1%다. 그 1%를 맞추는 점쟁이는 그 누구도 없다. 아무리 용한 점쟁이도 그것을 맞추지 못한다. 그런 1%의 확률은 자연 현상이며 자연 현상에도 예기치 못한 1%가 있다. 그건 말 그대로 어쩔 수 없는 거다. 사람들은 99%의 보편적 모습으로 살아가고 그것을 기준으로 '맞다', '틀리다' 와 '옳다', '그르다' 를 따지면 된다. 그 1%의 확률 때문에 사주팔자나 뒤지며 불안해하는 소심한 인생을 살겠는가, 아니면 보편적 99%의 가치 기준에 맞추어 정상적으로 대범하게 살아가겠는가?

방송에서 영험한 무속인을 찾는 프로그램을 봤다. 이 나라에 어림잡아 무속인이 80만 명이라고 한다. 그 통계가 사실이라면 국민 65명당 1명꼴로 무속인이 있는 것이다. 경찰, 의사, 변호사보다는 무속인이 더 많다. 그러나 사건사고는 끊임없이 발생되고 불행하다고 힘들어하는 사람은 여전하다. 그들이 모두 점을 안보고 조상신을 안모시고 굿을 안 해서 불행하고 힘든 걸까?

어쨌건 방송에서는 수많은 무속인들을 찾아 헤맨 끝에 아주 어렵게 영험함이 있다는 무속인들을 찾았다. 실제로 정말 사람들의 고민과 폐가의 과거 불행들을 맞추었다. 그런데 그것을 맞춘들 그것으로 다일 뿐이다.

어느 집에 귀신 붙은 것을 알고 사업 고민, 부부 고민이 있는 것 맞춘들 그 사람들의 인생이 불행에서 행복으로 확 바뀔 수 있는 걸까? 아니다. 결국 재산 고민이 있으면 자신이 돈 벌어야 하는 거고, 취업 고민이 있으면 자신이 취업해야 한다. 용한 무속인의 말처럼 내 운명이 안 좋다고 치자. 그럼 어쩔 건가? 그냥 손 놓고 있는가?

사실 따지고 보면 세상일은 과학적이고 합리적으로 결정되는 것이 대부분이다. 공부 열심히 했으면 시험 붙을 확률이 확실히 높고, 떨어질 확률은 아주 낮다. 공부 열심히 했는데 시험 보러 가다가 교통사고 날 확률은 0.1% 미만이다. 그런데 사람들은 99.9%에 의지하기보다는 그 0.01%에서 해답을 찾으려 한다. 그런 0.1%의 일을 맞추는 것은 인간의 영역이 아닌 것이다. 세상 모든 일을 0.1%의 확률을 두려워해서 사는 것도 정상적인 삶은 아니다. 99%의 일반적인 방식으로 살아야지 1% 미만의 불확실성에 목매며 자신 삶을 사는 우는 범하지 말아야 한다.

누구나 열심히 일하면 서너 번은 어려움을 겪겠지만 결국 성공해서 돈 버는 거고 열심히 공부해 자격증도 따고 실력을 키우면 서너 번은 떨어져도 취업한다. 그것이 99.9% 정상적이고 일반적인 삶이다.

에디슨이 전구를 발명하려고 수천 번의 실패를 거듭했다고 한다. 0.1% 미만의 확률로 성공한 거다. 운이 아무리 안 좋다고 해도 지성이면 감천이라고 지극히 노력하면 그 안 좋다는 운조차 극복할 수 있다. 이것이 세상을 사는 아주 보편적 현상이고 진리이다.

그 예전 실존했던 도인이라는 인물의 주장을 모델로 했던 소설을 보면, 과거의 도인들은 이 나라의 한일합방과 6·25전쟁을 모두 미리 알고 있었다는 것이다.

이때 나는 소설을 읽으면서 '왜 그런 민족의 불상사가 일어남에도 불구하고 그분들은 아무런 조치를 취하지 않았는가' 라는 의문이 들었다. 그 이유는 의외로 단순했다. 어쩔 수 없는 일이기 때문이라는 것이고, 도인들은 도인들만의 세계가 있어 세속의 일에 대해 참견하기가 좀 그렇다는 식이었다. 그럼 도대체 그 따위 미래 예측이 무슨 필요가 있는가? 아무런 조치도 할 수 없고 받아들여야 할 운명을 미리 예측한들 그것이 무슨 의미가 있으며, 예측을 하나, 하지 못하나 아무 차이가 없지 않은가?

자신의 미래가 궁금하다고? 지금 당장 거울을 보라. 그리고 자신의 얼굴을 똑바로 보며 물어보라. 지금 열심히 최선을 다해 살고 있는가? 과연 무엇을 위해 어떻게 살고 있는가? 쉬운 '대박' 의 헛된 망상을 꿈꾸지는 않는가?

앞으로 1년간 노력의 결과가 1년 후 미래다. 3년간 노력의 결과가 3년 후 미래고, 5년 노력의 결과가 5년 후 미래다. 큰 목표일수록 긴 시간을 갖고 노력해야 이루어진다. 이것은 확률 99%로 맞는 가장 보편적 진실이다.

아직도 못 믿는가? 당신의 지난 직장 생활 3년간 무엇이 변했나? 호봉 오른 것 말고 무엇이 있나? 아무 것도 없다면 3년 후도 마찬가지로 똑같은 모습이다. 학생도 마찬가지, 사업가도, 자영업자도 모두 마찬가지다. 정말 지독한 노력과 끈질긴 도전이 없다면 호봉 오르는 것과 나이 더 먹는 것이 미래 모습의 전부다.

그런 변함없는 모습이 두렵다면 사주팔자나 따지지 말고 자신의 일과 열망을 위해 얼마나 어떻게 노력했는지를 따져라. 아무리 사주팔자를 따지고 부적을 지닌다 해도 자신에 대한 노력 없이는 아무런 변화가 없다.

그래서 운명은 받아들이는 것이 아니라 바꿔가는 것이다. 운명은 만들어가는 자의 몫이다. 현대그룹 정주영 회장은 시골 농부의 운명을 벗어나 기업가가 되기 위해 20살 전에 이미 몇 번의 가출을 했었다. 그가 가출을 하지 않았다면 현대그룹 회장 '정주영'은 없다. 농부로 살아가는 운명을 거부하고 그에 맞서 도전하였기에 그는 큰 기업인이 되었다. (물론 농부의 삶도 소중한 의미가 있다. 단지 그것을 거부하려 한다면 도전하라는 것이다.)

꼭 그렇게 대기업 회장을 예로 들며 거창하게 보지 않더라도 현실 속에서 운명을 바꾼 사례는 많다.

"미국의 작고 허름한 여관에서 성실하게 묵묵히 일하던 볼트 씨. 하루는 비가 몹시 쏟아졌고 비에 젖은 노부부가 여관에 들어섰지만 빈방이 없어 돌려보낼 수밖에 없었다. 마음이 불편했던 볼트 씨는 다시 쫓아나가 자신의 방에 공짜로 묵을 수 있도록 권했다. 이 일이 있은 몇 년 후, 볼트 씨는 뉴욕에서 그 노부부가 보내 온 편지를 받게 된다. 호텔을 운영하려는 데 같이 일하자는 내용이었다. 그 노부부는 뉴욕에서 백화점 등을 갖고 있는 큰 부자였다. 사소한 일에서 시작된 인연으로 볼트 씨는 뉴욕 중심가 최고급 호텔 총 지배인이 됐고 노부부의 딸과 결혼했다. 그가 자신의 여관에서 그 노부부를 그냥 돌려보냈다면 그의 인생은 많이 달라졌을지 모른다."

얼마 전 신문에 실린 기사 내용이다.

인류 역사에 불행하게 살다 갔던 사람들은 모두 신을 안 받들어서 그런 걸까? 아니다. 그 당시 사회 상황의 문제다. 태평성대에는 인간들의 보편적 삶이 편하고 시대가 혼란하면 대부분이 힘들고 불행하게 살아간다. 이것으로 가장 쉽게 알아보는 '자기 운명(사주팔자) 자가 진단법'에 대해서는 충분히 말한 것 같다. 알을 깨지 않으면 그곳을 끝내 벗어나지 못하는 것처럼 자신의 운명을 깨지 못하면 더 이상의 또 다른 세계는 없다. 그런 도전 과정에서 결과에 연연할 필요는 없다. 물론 결과까지 최대로 크게 나타나면 좋겠지만 정말 최선을 다했다면 그것만으로 그 선택에 대해 별 아쉬움이나 후회가 없을 것이다.

사주팔자를 두려워하기보다는 운명을 거부하라. 운명에 맞서 그것을 극복해 보라. 최소한 나는 운명에 맞설 것이다. 그런 삶도 괜찮지 않은가?

PART 3

먼저 행복해지는
법을 배워라

만질 수 없는 행복하지만
법을 배워라

'재테크' 보다 먼저 '행복해지는 법'을 배워라

누구나 성공하고 싶다. 그것도 아주 쉽게 성공하고 싶다. 그래서 이런저런 방법들을 찾았고 그 결과 가장 옳다고 생각된 것이 재테크였다. 그런데 현재 그 결과는 어떤가? 폭락만이 남았다. 지난 몇 년간 재테크 열풍을 넘는 광풍에 휩싸여 고작 남은 결과가 이런 폭락이라니 어이없기 그지없다.

우린 그동안 얼마나 많은 것들을 투자하고 희생해 재테크에 매달렸던가! 때론 양심까지 버리고 몰두했는데 결국 결과는 자산 가치 축소뿐이다. 도대체 무엇이 잘못된 것일까? 국제적인 경제위기 때문이라고? 이 시기만 지나면 된다고? 과연 정말 아직도 재테크로 큰 부자가 될 거라고 믿고 있는가? 언젠가 한 번 호되게 당할 거라는 생각은 해보지 않았는가? 그동안 5년 넘게 재테크 광풍이 몰아쳤지만 정작 성공한 사람은 0.1%에 지나지 않는다는 사실을 모르고 있는가?

수많은 사람들이 부자 아빠가 되려 했고 재테크에 미쳤지만 주위 그 누구도 부자가 되지 않았다. 오히려 폭락의 아픔에 피눈물을 삼키며 끙 끙 앓는 사람들만 늘었다. 그래도 아직 쉬운 대박의 미련을 버리지 못한 당신은 어찌 보면 도박 중독자처럼 재테크 중독자로 끝내 허상에서 깨어나지 못하는 사람이다.

이제 그만 포기해라. 이미 많은 양심 있는 재테크 고수들도 재테크는 그렇게 단기간에 익히는 테크닉이 아니고, 기나긴 경험을 바탕으로 하는 인내의 싸움이며, 오히려 마음을 비우는 자가 승리한다고 말했다. 그래도 상관없이 0.1%에 해당되는 재테크 승리자가 될 수 있다고? 과연 당신은 지금까지 살아오면서 어느 조직, 어느 상황에서든 간에 정녕 0.1%에 해당되는 특별한 사람으로 살아왔는가? 만일 그렇다면 세상에서 가장 치열하고 냉정하고 야비한 머니 게임에 뛰어들어라. 그것이 아니라면 그냥 자신의 일에 최선을 다해 그 속에서 성공하라. 그러면 성공 확률은 재테크 성공 확률 0.1%보다는 높다. 최소한 자기 자산이 축소되어 괴로워하지는 않는다.

재테크는 애초에 정답이 아니었다. 처음부터 재테크 성공은 헛된 망상을 찾아 헤맸던 것이다. 결국 정답은 따로 있었다. 자, 처음부터 다시 생각해 보라. 무엇 때문에 재테크를 시작했는가? 부자가 되어 사랑하는 가족들이나 좋은 친구들과 함께 행복하고 멋진 삶을 살기 위해서가 아니었던가? 그런데 지금 행복한가? 행복하지 않다면 왜 행복하지 않고, 불행하다면 도대체 왜 불행한가?

허황된 욕심 때문이라는 생각은 해보지 않았는가? 정말 가슴에 손을 얹고 생각해 보라.

지금 사는 것보다 돈이 더 많아야 행복할까? 지금만큼 살거나 지금보다 조금만 더 잘 살아도 내가 사랑하는 사람들과 즐겁고 보람되게만 살면 행복하지 않을까? 지금만큼, 지금보다 조금만 더 잘 살면 되는데 무리하게 '재테크' 라는 이름에 취해 괜히 욕심을 부린 것은 아닐까?

사람이 행복할 때는 가족을 비롯한 좋아하는 사람들과 사이좋게 살거나 꿈을 이루어 가거나, 세상에 인정받거나, 봉사를 하거나, 건강하게 잘 살 때 행복감을 느낀다고 한다. 물론 재테크로 대박을 내면 주위에 더 인정받고 더 우쭐한 마음으로 살 수도 있다. 하지만 굳이 재테크로 대박을 내지 않아도 적당히 밥 먹고 살면서 정겹게 어울려도 행복한 삶을 살아갈 수 있다. 그런데 우리는 오직 재테크와 부의 축적만으로 행복을 이루려 하지 않았는지, 그것도 '적당히 더 많이' 가 아니라 인생이 한방에 확 뒤집어지는 억지스런 '왕 대박' 을 욕심내지 않았는지 따져 보아야 한다. 과연 당신의 부인은, 남편은, 애인은, 자식들은, 친구들은 당신이 재테크 부자여서 좋아했던가?

물론 더 큰 부자라면 더 기뻐하고 뿌듯해했을 수도 있지만 꼭 그렇지 않아도 당신을 사랑했고 당신과 함께여서 좋아하고 즐거워했다. 오히려 어찌 보면 가난해도 순수하고, 정직하고, 의리 있고, 착하고, 인간적이고, 따뜻하고, 정이 있고, 마음이 통해서 좋아했고 사랑했던 것이다. 그런데도 불구하고 그렇게 재테크에 열광했던 건 혹시 휩쓸리듯 재테크 광풍에 따라갔던 것은 아닌가?

살면서 주위에서 수많은 사람들이 헛된 욕심과 도박으로 삶을 망쳤다는 말을 자주 들어도 끊임없이 불나방처럼 거기에 뛰어들어 피눈물을 흘리는 모습이 반복된다. 그만큼 인간의 탐욕이 지독히 질기기 때문이다. 당신이 5년, 10년 이상 주식이나 부동산에 몰입한 사람이라면 과거 몇몇 대박 신화처럼 큰 수익을 이룰 수도 있었을 것이다. 그 예전 주가도 10배 오르고 땅값도 10배 오른 벼락부자도 있다. 그러나 말 그대로 그런 운이나 기회는 아무에게나 오지 않는다. 최소한 당신은 10년 정도 노력했거나 상위 0.1%의 천재가 아니다. 평범한 당신이 너무 그런 대박에 집착 마라.

재테크의 기본은 높은 자신의 자산 가치를 물가 상승률보다 높게 이루기 위함이라고 한다. 그런데 이미 수많은 재테크의 고수들이 말했듯이 가장 안정적이고 전통적인 방식의 재테크는 자신의 일로 인한 성공이라고 한다. 원래 전통적인 방식이 오래가는 법이다.

정말 부자를 갈망한다면, 자신의 삶과 일에서 1등이 되어라. 그래야 부자가 된다. 고급 인력이 아닌 평범한 직장인이면 회사 업무는 물론이고 능력개발에 운동 삼아 투잡 알바라도 해라. 자영업자면 서비스 향상과 신상품 개발에 노력하고, 홍보 전단지라도 한 장 더 돌려라.

한 가지 일에 몰두해도 좋고, 투잡, 쓰리잡이라도 좋다. 지금 위치가 그 어디든, 무엇이든 간에 최선을 다하다 보면 분명 더 큰 삶의 목적지에 다다른다.

잘 생각해 보라. 경제가 침체된다고 주가지수 환율 변동 쳐다보며 고민하고 있은들 과연 당신 삶에 큰 변화와 이익이 있었는가?

아니다. 오히려 자신의 삶과 일에 더 열심히 몰두했을 때 해답이 보이고 발전 가능성이 보였다. 원래 대부분의 평범한 사람들은 그렇게 평범하게 살다 가게 된다. 그런 삶을 거부하고 싶다면 허황된 대박에 헛물켜지 말고 열심히 능력 향상을 하면 물가 상승률 대비 자산이 늘어난다. 그것이 평범한 사람들의 가장 좋은 재테크 성공법이다. 이런 전통적 재테크가 좋은 것은 돈도 돈이지만 대부분 삶의 보람이란 것이 함께 하게 된다는 것이다.

당신의 초등학교, 중고등학교 동창들은 지금 어찌 살고 있는지 주위를 살펴보아라. 가난했던 동창들은 거의 99% 지금도 변함없이 가난하다. 이미 굳게 만들어진 이 세상의 시스템을 극복하지 못했기 때문이다. 그건 그냥 단지 노력이 부족해서가 아니라 그런 강한 세상의 시스템을 극복할 만큼 지독한 노력을 할 수도 없었고 하지 못해서이다. 비록 억울하겠지만 그런 지독한 세상의 시스템을 넘어서려면 그 이상의 노력이 필요하다. 애초부터 세상은 더 많은 자본을 가진 사람에게 유리하게끔 만들어져 있다. 누구는 기득권이라고 하고, 누구는 규모의 경제라고 하고, 누구는 권위의 법칙이라고도 표현한다. 그것이 세상의 시스템이다.

그래서 헛된 재테크에 힘을 쏟기보다는 그 열정을 자신의 일과 행복에 쏟으라는 것이다. 그것이 오히려 재테크보다 성공 확률이 훨씬 더 높고 손실이나 피해가 적다. 부자가 아니라고 괴로워한들 무엇 하나? 돈 모으는 것이 적성에 맞는 일이 아닌 것을……. 그러니 부자가 아니라도 삶을 즐기거나 행복할 일을 찾아야 한다. 돈 쓰는 재미도 행복하겠지만 가족과 사랑하거나 사회에 봉사하거나 좋은 글, 좋은 음악을 음미하며 자신의 일이나 꿈을 일궈가는 것도 행복이다.

재테크보다 먼저 행복해지는 법을 배우라는 것에 대한 해답은 사실 너무 뻔하다. 그러나 그렇게 뻔하고 당연한 이야기지만 그 속에서 만족을 얻거나 행복을 찾지는 못한다. 허위, 허세, 허욕 때문이다. 이제 대박의 유혹에 속을 만큼 속고, 당할 만큼 당하지 않았나. 그 끝이 뻔한 헛된 욕망을 버리고 진실한 내 삶으로 돌아가라.

사람은 단지 부자가 되기 위해 돈을 버는 것이 아니라 더 보람되고 후회 없는 삶을 살기 위해 돈을 벌어야 한다. 오로지 돈을 모으기 위해 돈을 번 사람은 불행한 삶이다. 죽음 앞에서는 모두 내놓고 가는데 그토록 악착같이 모은 돈을 두고 떠나려면 그 지독한 미련과 억울함을 어쩔 것인가?

먼 훗날, 지독한 구두쇠 부자의 삶보다는 크게 풍요롭지는 않았지만 넉넉한 마음으로 자신의 삶과 일을 위해 열심히 땀 흘려 노력했던 삶이 결국은 옳은 선택이었고, 후회 없이 살았노라고 스스로를 인정하게 될 것이다.

아직 행복은 거기 그대로 남아 있다

"이렇게 힘든 팔자로 태어나게 한 하늘이 원망스럽다."

사람들이 살면서 흔히 하는 말이다. 부잣집에서 태어나면 편하게 살아갈 건데 가난한 집에 태어나 힘들게 산다는 것이다.

그러나 그것이 꼭 맞는 말은 아니다. 반은 맞고 반은 틀리다. 물론 하늘이 모든 사람에게 공평한 부와 권력을 주지 않는 건 사실이다. 그렇지만 바로 거기에 함정이 있고 착각이 있다.

부귀와 권력을 가졌다고 모두 행복하고, 가난하다고 무조건 불행한 것은 아니다. 저마다 타고난 운명에 따라 부자에게만 좋은 환경, 안락한 생활로 모든 행복을 준 것 같지만 사실은 그렇지 않다. 알고 보면 누구에게나 반은 행복을 주고 또 반은 불행을 주었다는 공통점이 있다.

재물이나 권력에 상관없이 끝없는 욕망과 불만족이라는 것을 함께 갖게 되었기 때문에 가진 것에 상관없이 불행하거나 행복해질 수 있다. 신은 모든 인간에게 불만족과 행복이란 것을 동시에 주셨기에 마음이 어느 한쪽으로 치우치는 이상 다른 한쪽은 부족하게 된다. 불만족을 택하면 행복이, 행복을 선택하면 불만족이 시소처럼 오르고 내린다. 아무리 많은 것을 가졌다 해도 결국 그렇게 가짐으로써 얻어지는 행복은 반쪽뿐이다. 나머지 반쪽을 채워야 진정한 행복이 이루어진다.

부잣집에서 태어나면 가난한 사람들보다 훨씬 편하게 살아감에도 불구하고 거기에 만족하지 않고 더 큰 부자이지 못한 불만족으로 괴로워한다. 그래서 부자라는 자기 늪에 빠져 끝내 헤어나지 못하고 허우적거린다.

학창시절 도시 전체에서 가장 부잣집 아들이었던 그는 아이러니하게도 더 큰 대도시의 부잣집 딸에게 가난뱅이라는 이유로 청혼을 거절당했다. 그 충격에 신세를 한탄하다 괴로움 끝에 세상을 떠났다. 그가 차라리 가난한 집안에서 태어나고 자랐다면 그런 시련이 와도 그 현실을 자연스럽게 받아들이고 어렵잖게 극복했을 것이다.

세상은 그렇다. 부와 권력과 행복을 모두 함께 주지도 않듯이, 또 그 반대로 부와 권력과 행복을 모두 안주는 것도 아니다. 신도 어쩔 수 없는 인간 스스로가 결정하는 그 나머지 몫이 있다. 인간은 누구나 스스로 만들어가야 할 그 과반의 행복을 위해 노력하고 고민한다. 바로 그 때문에 행복의 마지막 완성은 자기 스스로의 몫이고 행복의 주체가 자기인 까닭도 거기에 있다. 세상이 공평하다는 것은 어쩌면 바로 이 때문이다. 그 과반의 행복을 잘 이루어가면 행복한 거고 못 이루어가면 괴로운 거다. 그래서 타고난 부와 권력이 있더라도 불행할 수 있고 타고난 부와 권력이 미약해도 행복해질 수 있다.

미국의 사상가이면서 정치가인 벤저민 프랭클린은 말했었다.

"행복하려면 두 가지 방법이 있다. 욕망을 줄이거나, 소유물을 늘리거나 하면 된다."

부자로 태어나도 욕망을 줄이지 못하거나 소유물을 늘린 것만큼 만족감을 키우지 못하면 행복은 멀리 있고, 가난해도 만족감의 크기를 줄이면 얼마든지 행복감을 더 채울 수 있다.

자기가 태어난 가정환경을 벗어나 크게 성공할 확률이 10%도 안 되는 한국 사회에서 더 채우려고만 하기보다는 덜 가진 스스로의 삶을 인정하고, 혼자만 더 갖기 위해 노력하기보다는 더불어 잘살기 위해 노력해 가는 것이 더 효과적인 행복해지는 방법이다.

한 평범한 개인이 아무리 부를 늘리려 해도 지금의 한국 사회 구조로는 어차피 안 된다. 자본주의 사회의 머니 게임은 말 그대로 자본을 많이 가진 자가 무조건 유리하기 때문이다. 그래서 빈익빈 부익부 시스템이 계속 이어지는 것이다. 이러한 사회 구조가 바뀌지 않는 한 평범한 당신이 상위 1%에 속할 확률은 0.1%도 안 된다. 그런 무리한 도전이 오히려 삶을 훨씬 더 피폐하고 불행하게 만들 수 있다.

그러니 많이 가지지 못한 스스로의 현실을 너무 괴로워 마라. 남들과 비교하지 말고, 억지로 더 가지려 매달리지 않으면 삶이 크게 고통스러울 것도 없다. 다소 교과서적이고 지루한 주장이라고만 생각하면 안 된다.

구구단을 모르면 절대로 더 고차원의 수학을 할 수 없다. 마찬가지로 행복의 기본을 모르면 아무리 많이 배워 많이 알고, 많이 가졌어도 행복해지지 않는다. 수많은 성현들은 많이 갖지 못한 곤궁함 속에서도 큰 뜻을 폈고, 당당하고 흔들리지 않는 삶을 살다 갔다. 공자님께서도 '군자는 곤궁해도 흔들리지 않는다' 고 말씀하셨다. 또한 '부자가 잘난 척하지 않는 것도 훌륭하지만 오히려 가난하면서 비뚤어지지 않는 것이 더 훌륭하다' 고 말씀하셨다.

그만큼 어려운 현실 속에서 소신 있는 삶을 지탱해가기 어렵기 때문에 그런 삶을 대단하다고 인정하셨을 것이다. 또한, 그런 어려움 속에서만이 인생을 진지하게 성찰하고 세상의 정말 소중한 것을 깨닫게 되기에 그런 꿋꿋한 삶을 어렵지만 참 괜찮은 삶이라고 생각하셔서 했던 말씀일 것이다. 인생을 살며 성공의 길을 향해 걸으면서도 그렇다. 최선을 다했다면 그 결과를 받아들이고 인정해라. 보람 있고 가치 있는 삶을 산 것으로 만족해라.

꼭 실리적 이익과 성공을 위해서만 무언가를 하지 말고 스스로 옳다고 생각하면 그냥 해라. 그것이 운 좋게 세상의 인심과 맞으면 이익이 될 거고 아니면 그냥 지나갈 것이다. 무언가를 하면서 인기 있고 이익이 생기면 좋겠지만 꼭 그것이 아니라도 괜찮다. 옳다고 생각하는 일을 열심히 한 것만으로도 후회 없는 삶을 산 거다. 그것만으로도 완벽하지는 않지만 참 괜찮은 삶이다.

매일 즐겁기만 하다고 행복한 인생인가?

 사람들은 살면서 늘 즐거운 날들만 계속되기를 바라며 그런 삶이 '행복한 인생'이라 믿는다.

그런데 정말 그럴까? 매일 즐겁기만 하다고 행복한 인생인가? 매일 즐겁기만 하다고 보람되고 멋진 인생인가? 아니다. 매일 즐겁기만 하다고 멋지고 행복한 인생은 아니다. 그건 왜 일까?

우리가 사는 이 땅이 매일 맑은 날만 계속 되면, 결국 너무 건조해지고 급기야 사막이 된다. 그렇다고 너무 흐린 날만 계속되거나 비만 오면 그것도 문제가 된다. 맑은 날도 있지만 때로는 비도 오고 바람도 불고 눈보라도 치는 사계절이 골고루 있는 것이 가장 좋다.

사과나무에 사과가 열리기까지는 햇빛만 필요한 것이 아니다. 혹독한 겨울의 추위를 바짝 마른 몸으로 참고 견뎠기에 봄에 싹을 틔우고 꽃을 피워 열매를 맺을 수 있는 거다. 또, 여름의 강렬한 햇볕 속에 열매를 키우고 장맛비 속에서 목을 축이고 찬 서리 속에서 붉은 빛깔을 머금는다.

그리고 또 아름다운 결실이 있었기에 영광을 뒤로하고 잠시 쉬다가 시련의 겨울이 또다시 오면 묵묵히 온몸으로 눈보라를 견딘다. 햇빛 좋은 여름만이 사과를 맺게 한 것이 아니라 사계절이 골고루 있었기에 알찬 열매가 열린 것이다. 맑은 날만큼이나 흐린 날도 추운 날도 모두 견뎌냈기에 그 결실이 풍성한 거다.

인생도 그렇다. 매일 즐겁기만 하다고 멋지고 행복한 인생은 아니다. 인생도 '삼한사온'이 있고 '사계절'이 고루 있어야 오히려 제대로 된 인생이다. 비바람의 시련이 있어야 그 눈물을 머금고 나무가 자라고 그 과일이 풍성하듯 인생도 그런 시련과 고통 속에 결실을 이루어내야 오히려 진짜 멋진 성공이다. 쉬운 성공을 너무 부러워 마라. 인생의 참 맛도 모르고 빈껍데기 같은 인생을 살다 가는 거다.

한마디로 김빠진 사이다를 마시는 맹맹한 느낌처럼 쾌감이 없다. 마라톤 경주에서 남들은 달려가는데 혼자 차 타고 결승점에 도착한들 힘이야 덜 들겠지만 완주의 보람이 없고 승리의 기쁨이 없는 것과 다를 바 없는 것이다. 그런 김빠진 사이다를 마시는 것처럼, 자기 혼자만의 가짜 달리기를 하는 것처럼 권력자의 집, 부자의 집에서 태어나 부모덕에 쉽고 편하게 산다고 성공한 삶도 행복한 삶도 아니다.

정말 상쾌하고 행복한 인생은 그런 '가짜 인생'이 아니라 시련과 고통 끝에 삶의 결실을 일궈낸 사람들의 '진짜 인생' 속에 있다. 그래서 눈물 흘리는 날들이 있다고 해서 꼭 슬픈 인생이 아니다. 지금의 그 눈물조차도 보람이 되고 기쁨이 되고 아름다운 행복이 될 수도 있다. 지난 추억은 대부분 아름답듯이 열심히 살았다는 것만으로도 돌이켜 보면 지난날 내가 흘렸던 눈물이 오늘의 영광을 만든 소중한 기억이 될 수가 있다.

그러기에 날마다 웃는 날만을 찾으려 마라. 살다 보면 웃다가 우는 날도 있고 울다가 웃는 날도 있다. 그렇게 웃기에 웃는 날이 있고 지금 울기에 우는 날이 있는 것이다. 그 속에서 이뤄가는 것이 인생의 성취다. 오히려 오랜 시련의 시기를 넘기고 나서 오랜만에 웃는 그 웃음이 목마름 속에서 깊은 샘물 한 바가지를 들이키듯 더 큰 시원함으로 느껴지게 된다. 그래서 웃는 날, 우는 날, 슬픈 날, 기쁜 날, 힘든 날 그 어느 날 할 것 없이 살아가는 날들은 모두가 행복하고 소중한 거다.

내가 숨 쉬며 걷고 움직이고 듣고 바라보는 모든 시간은 소중한 것이다. 혼자면 혼자서 좋고, 함께면 함께여서 행복하고 아름다운 거다. 기쁜 일이 있으면 지금 당장 기뻐서 좋고 힘든 일이 있으면 지금의 시련이 지나서 나중에 더 기쁠 수 있기에 좋은 거다. 실제 지나온 인생을 돌이켜 보면 그런 시련의 시기에 끝까지 포기하지 않고 발버둥쳤던 것이 결과적으로 그 다음 인생의 디딤돌이 되었다.

때로는 괴로움에 술 마시고 우는 것조차도 모두 삶의 한 자락이고 각자 자신이 꿈꾸는 희망과 미래를 위한 준비 과정이다. 추위도 오래 견디면 내성이 생기듯 힘겨움도 내성이 생기게 되고 묵묵히 견디는 그 시기가 다음 봄을 준비하는 시간이 된다. 삶이 힘겨워 눈물 흘리며 운다고 저 마음 밑바닥까지는 무너지지 마라. 잠시 주저앉아 울더라도 또 일어서면 된다. 너무 힘들어 어느 곳에 기대더라도, 세상 혼자되어 외롭더라도, 지쳐 쓰러지는 순간에도 끝내 내 자신을 버리지 마라. 힘겨움에 술을 마셔도 좋다. 맘껏 울어도 좋다. 포기하지만 마라. 그냥 이렇게 지독한 외로움에도 혼자 견뎌야 하는 것이 인생이라고 생각하며 받아들이고 버텨라. 그러면 되는 거다.

얼마 전 아주 유명한 격투기 선수가 신인 선수에게 1라운드 1분 20초 만에 실신 KO패 했다. 기대했던 팬들에게는 너무도 큰 실망감을 주는 허망한 패배였다. 그런데 그 선수가 패한 후 밝힌 속마음이 오히려 감동을 준다.

"오늘은 화려하게 졌다. 내일부터 또다시 앞으로 나아갈 것이다. 이런 때도 있기 때문에 인생은 재미있다. 오르고 있는 산의 모습이 간신히 보인다. 산에 오르다 굴러 떨어져도 다시 또 오른다. 그것이 최고의 인생이다."

패배의 아픔에 굴하지 않고 또다시 일어서 도전해가겠다는 굳은 의지가 아름답지 않은가?

바로 이런 것이 삶이다. 비록 먼지처럼 바람처럼 지나가는 삶일지라도 끝까지 포기하지 않고 도전하는 것! 그것이 인간의 숙명이고 인간이 살아가는 의미다. 그냥 사람으로 태어났기에 그렇게 열심히 부딪치며 살아가야 하는 거다.

눈물도 한숨도 소중한 내 삶의 일부분이며, 아픔과 시련조차도 소중한 내 삶이고 행복한 내 삶의 일부분이다. 어쩌면 기쁨과 즐거움과 웃음보다 더 소중한 것이 혼자 흘리는 눈물이다. 그 눈물을 견뎌야 비로소 내 삶의 소중함을 알게 되고 내 삶의 결실을 이루어가게 된다.

'오늘 흘린 눈물이 내일 맛볼 성공의 씨앗'이라는 말이 그 평범함에 유치한듯하기도 하지만 사실은 아주 심오하다는 것은 바로 그런 의미 때문이다.

'인생 여행' 그래도 포기하지 않는 이유

중학교 시절 아주 친했던 친구가 고등학교 1학년 때 가출을 했었다. 이유는 사는 것이 허무하다고 어차피 죽을 것 그냥 막살다 죽겠다며 가출을 했었다. 그는 이왕 죽는 것 이렇게 학교에 매여 공부나 하느니 마음껏 놀다가 스무 살이 되면 깨끗하게 자살하겠다고 했었다. 물론 그때의 나는 그 녀석이 사춘기가 너무 강하게 온 나머지 배부른 투정을 한다고 무시했고, '그럼 당장 죽지 왜 스무 살까지는 살려 하냐'고 그를 무척 혼냈었다.

그런 사춘기의 방황이 이미 아련한 추억이 된 지금의 나이가 되어 문득, 그 친구의 '왜, 사느냐'는 방황에 대해 나 역시 비슷한 고민과 질문을 하게 되었다.

만약, 누군가가 사춘기 그 시절 친구의 방황처럼 똑같은 고민을 한다면 지금의 나는 이런 대답을 할 것이다.

"그냥 무슨 삶의 거창한 의미나 성취를 위해서라기보다는 그 무엇보다 먼저, 사랑하는 사람들 때문에, 그들 때문에, 그들이 슬퍼할 거고, 그들과 헤어진다는 것은 너무 아프기에 죽지 않고 끝까지 살아가야 하는 것이 인간이 살아남아야 하는 첫 번째 이유이다. 실제로 사랑하는 사람과 헤어졌거나 멀리 떠나 보내본 사람은 안다. 두고두고 그 사람이 생각나고 함께 하지 못함이 아쉽다. 단지 살아 있는 것만으로 이 세상 어딘가에 있다는 것만으로도 위로가 되고 흐뭇함이 되는 사람이 있다. 그래서 나를 사랑하는 사람이 한 사람이라도 있다면 끝까지 살아야 한다. 그 사람을 위해서라도, 최소한 그에게 아픔을 주지 않기 위해서라도……."

사랑하는 가족이나 친구를 떠나 내 자신 자체로만 놓고 본다면 이런 이유 때문에 삶은 잘 살아야 하는 것이 아닌가라고 말할 것이다.

"인생은 소풍이라는데, 이왕 다녀오는 소풍이라면 즐겁게 잘 다녀와야지. 단체로 소풍 와서 마음에 안 든다고, 재미없다고, 혹은 친구들과 싸웠다고, 힘들다고 혼자 먼저 돌아가면 너무 아쉽고 서운하지 않을까?"

천상병 시인은 '귀천'이라는 시에서 인생을 '소풍'에 비유했었다. 나는 거기에 더해 조금 더 긴 '수학여행' 정도라고 표현하고 싶다. 수학여행을 하다 보면 즐거운 시간도 많고 또 나름대로 힘든 시간도 많다. 즐겁게 친구들과 노래를 부르기도 하고 설악산을 땀을 흘리며 오르기도 한다. 누구는 인생을 '무거운 짐을 지고 먼 길을 가는 것과 같다'고 비유했지만 그것도 다 '인생 여정'이라는 비슷비슷한 의미로 보고 싶다.

수학여행을 가면서 당연히 즐거운 일, 좋은 일만 있으면 좋겠지만 사람들과 함께 동행하는 현실은 그럴 수가 없다. 단체여행에는 좋은 친구도 있고 나쁜 친구도 있다. 부모님이 준 용돈으로 친구와 맛있는 것을 함께 사먹는 친구도 있고 정반대로 몰래 남의 지갑을 훔쳐가는 사람도 있다. 그래서 때론 도움을 받기도 하고 나쁜 일을 겪기도 한다. 결국 편하고 안전한 여행만 하면 좋겠지만 단체라는 특성상 그러기만은 쉽지 않다. 그래서 편하기만을 바라기보다는 즐거운 여행, 기억에 남는 후회 없는 여행이 되는 것을 바라는 것이 현명할 것이다.

인생도 그러하다. 수월한 삶을 편하게 살아가며 남의 도움을 받을 수도 있고 사기꾼에게 사기를 당할 수도 있다. 학창 시절도 불량 학생들이 돈도 뺏고 괴롭히기도 하듯이 다 똑같은 거다. 그런 일들 때문에 수학여행을 포기하고 중간에 돌아올 수는 없다. 오히려 아픈 일들보다 즐거운 일들이 더 많다.

좀 비약이 심할지도 모르지만 이 지구상에는 존재의 의미를 묻는 것조차 사치인 것처럼 보이는 가혹한 삶을 사는 사람들이 많다. 그들에겐 '인생이란?' 물음표 따위는 배부른 인간들의 말장난일 뿐이다. 원래 세상의 의미 따위는 찾는 사람에게나 필요한 옵션이지 모든 사람들이 필수적으로 갖추어야 할 의무 사항은 아닌 거다.

인생을 '소풍', '여행'이라는 표현 자체를 쓸 수 있는 우리의 삶은 먹고 살만하기에 부리는 호사나 마찬가지이다. 이런 호사 아닌 호사에 당연히 감사히 살아가야 하는 게 우리의 몫이 아닐까? 그러니 많이 편하고 많이 안락한 초호화 크루즈 선박 여행이 아니더라도 뱃고동 정겨운 여객선으로 이런 즐거운 소풍이라도 갈 수 있는 것만으로 만족해야 한다.

'수학여행' 어차피 한 번은 누구나 다녀오는 여행, 학창 시절의 그 기억을 떠올려 보면 '얼마나 편하게 보냈느냐'라는 기억보다는 '얼마나 즐겁고 재미있었느냐'는 기억이 먼저 떠오른다. 그래서 편하지 않다고 불평하기보다는 단조롭고 재미없는 여행이 되는 것을 걱정하는 것이 옳을 것이다.

단 한 번뿐인 수학여행 중에서 이제 하루나 이틀 정도를 그냥 재미없이 보냈다면, 남은 시간은 더 재미있고 흥미로우며 즐겁게 보내야 할 것이다. 나에게 주어진 남은 시간을 최대한 의미 있고 알차게 보내고 오는 거다.

인생은 늘 후회 없이 열심히 살아야 감칠맛이 나는 법이다.

아직 살아남은 평범한 그 삶도 위대하다

 청취율이 매우 높은 유명 라디오 프로그램에서 어느 밴드를 소개하던 중에 DJ가 이런 말을 했다.

"대한민국에 밴드로 25년을 한다는 건 대단히 어려운 일이고, 그래서 충분히 존경 받을만한 일이다."

맞는 말이다. 결국 실력이 있다는 것이다. 한 가지 일을 25년씩 하려면 모진 인내의 세월을 견뎌야 하고 꾸준한 노력도 해야 한다. 그런데 왜 밴드를 25년씩 하는 것에 대해서만 그렇게 대단하다며 칭찬받고 인정받을까? 다른 일을 하는 사람들도 모두 마찬가지 아닐까?

한 직장에서 변함없이 25년 동안 견디기 힘든 것도 마찬가지고, 자영업자 식당도 25년간 견디기는 어렵기 매한가지다. 똑같이 직장 상사, 성질 나쁜 고객의 비유를 최대한 맞추어야 하고, 부글거리며 끓어오르는 부아를 억지로 참는 인내의 세월을 견디며 자기계발하고, 신상품 출시하고, 서비스 등을 개선해야 살아남는다. 그 어떤 직업을 갖고 있건 간에 25년 살아남는 것은 똑같이 힘들다. 록 밴드가 시대 분위기에 맞추어 댄스곡도 하고 트로트도 하고 랩도 하고 싶듯 직장인, 자영업자도 회사를 옮기고 싶고 업종을 바꾸고 싶다. 그 무엇이든 25년을 한결같이 하며 살아남기는 매우 어렵다.

하지만 누구는 대단한 기록으로 대단한 인생으로 칭송받고, 누구는 당연하다는 평가를 받는다. 왜 그들의 일만 위대하고 그들의 일만 존경받으며 그들의 일만 아름답다 생각하는가? 이건 무언가 잘못된 생각이 아닐까? 그럼 한 번 따져보자.

어느 유명한 젊은 음악가는 차이코프스키의 '비창'이라는 곡을 들으면 그 작곡가의 지독한 고통이 느껴진다고 한다. 그런 경지에 도달했기에 젊은 나이에 대단한 음악가로 평가받을 것이다. 그런데 그 젊은 음악가는 작곡가의 마음을 읽을 정도의 경지에 이르렀는지는 몰라도 자기가 아는 분야 이외의 분야에 대해서는 별로 깊이 알지 못할 것이다.

이번에는 음악가가 아닌 다른 사람을 살펴보자. 시골에서 농사를 짓는 사람은 고추 따는 모습을 보면 농부의 지독한 고통이 느껴진다. 8월의 땡볕에서 허리가 끊어질 듯 아프지만 그것을 참고 고추를 따는 그 마음을 너무 잘 알고 있지만 음악이라고는 최신 대중가요조차도 잘 알지 못한다. 그런데 도대체 왜 음악을 이해하는 사람은 대단한 사람이고 노동을 이해하는 사람은 그저 그런 사람인가? 왜 음악인은 위대하고 노동자는 위대하지 않은가? 자기 분야에 대해서는 정말 잘 알지만 자기 일 이외의 분야에 대해서는 서로 별로 아는 것이 없는 것은 마찬가지다.

아무리 자기 일에는 달인일지라도 다른 일에는 맹꽁이 수준밖에 안 되는 것은 서로 똑같은데 왜 누구는 TV에 아주 대단한 사람으로 소개되는 젊은 유명 음악가이고 누구는 시골 농부인가?

단지 유명세의 차이가 있다면 공개된 직업과 공개되지 않는 직업이고 하니 그 차이에 따라 그럴 수 있다고 치자. 하지만 그 두 사람의 차이는 유명세의 차이만이 아니라 인간 그 자체에 대한 평가조차도 유명인은 위대한 사람으로 인식되고 무명인은 별 볼일 없는 사람으로 취급된다.

바로 이런 점이 문제라는 것이다. 그 음악가는 유명인일 수는 있어도 농부보다 더 위대하거나 대단한 사람은 아니다. 음악가건 농부이건 간에 서로가 없으면 세상이 삭막하고 혼란스럽기는 마찬가지고 모두가 필요하기에 존재하는 것은 똑같다. 단지 '유명하다', '유명하지 않다'의 차이고 그 유명이라는 것도 능력의 차이가 아니라 직업(일)의 특성의 차이일 뿐이다.

농부가 음악, 미술, 과학을 잘 모르듯 미술가도, 과학자도, 정치가도, 농부, 어부, 장사꾼의 고통을 모르고 서로의 전문 분야를 모르는 건 모두 마찬가지다. 그런데 왜 정치인은 위대하고 농부는 위대하지 않은가? 왜 미술가와 문학가는 위대하며 공장 노동자와 청소원은 위대하지 않은가? 사람들이 추앙하고 역사에 남고 미래를 만든다고? 역사에 남길 밑바탕이 되고 미래를 열 밑거름이 된 것은 매한가지다. 세상의 수많은 사람들을 단지 인류, 조상으로 통칭하고 몇몇 왕들의 이름으로 세종 몇 년, 정조 몇 년 하듯이 운 좋은 몇 명이 대표로 이름을 남기고 대표로 이름을 넘겨줄 뿐이라는 생각은 안 드는가?

물론 분명 역사에 위대한 업적을 남긴 위인들도 계시다. 하지만 특별한 위대한 업적도 없으면서 이름이 전해지는 사람들도 많다. 바로 그런 사람들이 운 좋은 부류라는 거다. 운 좋게 어느 부잣집에서 태어나 어릴 때부터 그 비싼 악기를 사서 음악을 배우고 미술 개인 교습을 받아, 음악 좀 알고 미술 좀 안다고 무어 그리 대단하고 무어 그리 위대한가?

만약 그 젊은 음악가가 어느 농사꾼에게 태어나 농사를 배웠어도 그렇게 유명한 사람으로 대단한 사람으로 인정받을 수 있을까? 이런데도 불구하고 지금 그 일이 다르다고 인정하지 않고 무시할 수 있을까?

그런데 또 한편으로 웃긴 것은 같은 음악가라도 클래식과 대중가요가 서로를 무시한다. 천박한 대중가요라고 무시하고 인기 없는 클래식이라고 놀린다. 거기에 한술 더 떠 이번에는 그 대중가요끼리도 다시 발라드, 록, 트로트, 댄스로 구분 지어 서로를 인정하지 않으려 한다.

세상이 그렇다. 흑인, 백인으로 나누어 차별하고 무시한다. 그 백인끼리는 키로, 얼굴로, 직업으로, 또 나누어 무시하려 하고 같은 학벌이면 그 안에서 재력과 집안 배경으로 나누어 무시하고 인정하지 않으려 한다. 이것이 사람들이 사람을 나누는 방법이다. 이건 아니다.

어느 유명 연주자는 "나라는 존재를 잊어버려야 좋은 연주를 한다."고 말했다. 무아의 경지에 빠져 연주를 한다는 것이다. 이와 비슷한 이야기로 중국 장자의 '소 잡는 백정'도 무아의 경지에서 소를 잡는다고 했다. 결국 음악가도 소 잡는 백정도 무아의 경지에서 자신의 일을 하기는 마찬가지다.

장자의 '소 잡는 백정' 이야기는 이렇다.

그 백정의 칼을 쓰는 동작은 마치 아름다운 음악을 연주하는 것 같았다. 그래서 왕이 감탄하며 어찌 그런 경지에 이를 수 있냐고 물었다. 그러자 소 잡는 기술자가 말했다.

"제가 좋아하는 것은 도(道)입니다. 기술이 아니지요. 제가 처음 소 잡는 일을 시작했을 때는 보이는 것이 소뿐이었습니다. 그런데 3년이 지나자 소가 한눈에 다 들어오지 않았습니다. 그리고 이제는 마음으로 소와 만날 뿐 눈으로는 보지 않습니다. 감각의 작용은 멈췄고, 마음만이 움직입니다."

이렇듯 경지에 이른다는 것은 몸과 마음이 혼연일체가 되어 온 정성을 다해 그 어떤 일에 완전히 몰입한다는 것이다. 결국 자기 삶에 충실하고 자기 삶에 떳떳하게 살고 있다면 모두가 똑같은 사람이고 모든 삶이 소중한 것이다. 이 모진 세파를 견디고 아직도 꿋꿋이 살아남아 누군가에게 작은 도움이라도 된다면 모두가 존경받을 사람이고 모두가 위대한 삶이라는 것이다.

만약 그 사람이 유명인이라는 이유로 위대하다고 한다면 오히려 평범한 당신 삶이 더 위대하다.

왜? 그 유명인이야 유명세라는 즐거움도 있고 경제적 뒷받침도 있었지만 그런 것조차도 없이 무명의 빈곤한 삶으로 지독한 고통을 참고 견디며 내일의 희망을 일구어 가는 당신이기에 아직 살아남은 평범한 그 삶이 위대한 것이다. 분명 그런 것이다.

십억 부자 되는 가장 좋은 방법

 지금 우리나라에 '십억 부자 열풍'이란다. 부자도 십억 부자, 백억 부자, 천억 부자로 여러 가지겠지만 굳이 '십억 부자 열풍'이 부는 것은 그것이 그나마 실현 가능한 꿈이기 때문이란다.

서점마다 '부자학'을 가르치는 책들이 넘쳐 난다. 전체 인문사회서적 매출의 70%가 '부자학'을 가르치는 책들이고 어느 서점에서는 30대 초반에 십억 대 부자가 된 사람을 초청해 강연회 및 팬 사인회를 열었다. 참석한 사람들의 반응은 여느 연예인을 보는 것처럼 사인 공세와 사진 찍기로 열기가 뜨거웠다.

바야흐로 부자 열풍이다. 이제 돈이 많다는 것이 곧 성공한 것이며, 돈 많은 것만으로도 유명인이 될 수 있는 시대다. 수많은 사람들이 황금 만능주의의 문제를 꼬집었지만 그것은 이미 시대에 뒤떨어지는 낡은 생각일 뿐이며, 이제 돈은 세상의 최고 가치가 되었다. 아직 십억은 고사하고 일억조차 없는 사람들이 부지기수인데 어마어마한 십억이라니 수

많은 서민들의 가슴은 막막해진다.

세상에 소외감이 들고 이 사회에 괴리감이 느껴진다. 그동안 잘못 살아온 것 같고 실패한 인생 같다. 그런데 과연 진짜 그런 걸까? 정말 세상의 패배자일까? 정녕 부자가 되는 방법은 없는 걸까?

찬찬히 한 번 따져 보자. 그럼, 사람들은 왜 이렇게 부자 되기를 열망할까? 부자를 꿈꾸는 사람들의 이유는 여러 가지겠지만 그래도 의외로 이 질문에 대한 대답은 간단하다.

"돈 싫어하는 사람 있어요?"

다소 허망한 대답이다. 어떤 명확한 의미가 있기보다는 당연하다는 태도다. 그럼 30대 초반에 십억 대 부자가 된 사람은 무엇 때문에 큰돈을 벌었던 것일까? 그의 생각은 다른 부자 지망생들 생각보다는 보다 구체적이다.

"부자 되기를 원하는 것은 자유를 얻기 위함입니다. 부자가 되면 하기 싫은 것을 하지 않아도 되고 돈의 구속으로부터 자유로울 수 있죠. 저는 부자는 자유라고 생각합니다."

오! 자유라……. 부자를 열망했던 이유가 이런 낭만적이고 인간적인 이유 때문이었다니…….

부자의 꿈이 자유라는 말을 들으니 어느 평범한 영국 노동자의 말이 생각난다. 당신도 부와 명예를 갖고 있는 왕족이 되고 싶으냐는 질문에 그는 웃으며 명쾌하게 대답했다.

"저는 왕족이 되는 건 싫습니다. 왜냐하면 난 그들보다 소중한 것을 갖고 있습니다. 그것은 바로 자유입니다. 전 키스를 하고 싶으면 아무

곳에서 해도 되고 머리를 빨갛게 염색하고 싶으면 마음대로 하면 됩니다. 왕족들은 부와 명예는 가졌지만 그런 자유를 갖고 있지는 못하죠. 화려할 수는 있지만 예쁜 새장 속에 갇혀 있는 날지 못하는 새죠. 전 제가 갖고 있는 자유가 그들의 부와 명예보다 훨씬 더 소중하다고 생각합니다. 그래서 그들을 바라보며 즐길 뿐 제 자신이 왕족이 되고 싶지는 않습니다."

평범한 영국 노동자가 말한 행복도 자유다. 한국의 부자 열풍에 중심에 서 있는 사람이 말한 것도 자유다. 곧 행복은 자유이며 그 자유를 얻기 위해 많은 노력을 하고 그 자유는 그 무엇과도 바꿀 수 없을 만큼 소중하다는 것이다.

십억을 갖고 있으면 진정 자유로워질 수 있을까? 그 점에 대해서는 내가 아직 십억을 갖지 못했으니 쉽게 말할 수는 없다. 하지만 전 국가대표팀 감독 히딩크는 도저히 믿기 어려운 월드컵 8강 진출을 확정 지은 후 "나는 아직도 배고프다."라고 말했다.

아마 누구나 마찬가지일 것이다. 16강을 이루면 8강에 가고 싶고, 8강에 가면 4강에 들고 싶을 것이다. 우리에게 십억이 주어지면 우린 정말 돈과 인생으로부터 자유로워져 "이제 나는 배부르다."라고 말할 수 있을까?

설령 십억을 모으면 충분히 자유로울 수 있다고 해도 평범한 직장인으로 살며 십억을 모을 수나 있을까? 솔직히 로또 복권에 당첨되거나 투기에 손대지 않는 한 평범한 월급쟁이로 십억 만들기는 불가능한 목표다.

지금 30대에 십억 대를 모았다는 사람의 재산 축적 과정을 가만히 살펴보면 결국엔 부동산 투자(투기)다. 그는 부동산, 증권, 경매, 채권 등에 손을 댔고 그중 가장 고수익을 낸 부분은 부동산이다. 그의 재산 축적의 대부분은 자본의 눈치 빠른 이동만으로 일궈낸 불로소득인 것이다. 물론 그 투자 과정에 그가 아무리 고생을 하고 분석을 했다고 포장을 해도 최소한 그의 돈벌이 방법이 생산적이지 않고 공공의 이익에 부합하지 않은 것은 사실이다. 그가 싼값에 사 둔 부동산을 누군가가 비싸게 샀기에 그는 재산을 모을 수 있었으며, 그에게 아파트를 산 사람은 분명 그 차액만큼의 과다한 비용을 지불했을 것이다. 그렇다면 우린 그냥 돈의 속성이 이렇게 누군가의 기쁨이 누군가의 아픔이 된다는 동전의 양면이라고 생각하며 십억의 꿈을 포기해야만 할까? 그럴 수는 없을 것이다.

그렇게 도저히 불가능한 십억 만들기에 계속 집착해야 할까? 그것 역시도 아닐 것이다. 될 수 있는 한 더 쉽고 좋은 방법을 찾아야 한다. 그 쉽고 좋은 방법은 무엇일까?

어렵더라도 실현 가능한 방법을 찾아야 한다. 그렇다면 우리가 어차피 십억 부자가 되고픈 이유가 자유 때문이라면 십억의 실현 가능한 꿈을 이루기 위해 그 십억이라는 개념을 바꿔 보면 어떨까? 우린 십억만큼의 자유만 있으면 된다고 생각하는 것이다. 그렇게 개념을 바꾸기만 한다면 우린 이미 최소한 오억 정도의 자유는 갖고 있는 작은 부자들은 된 것 같다. 우리가 지금 누리고 있는 이 자유도 최소한 오억의 가치는 있다고 생각한다.

불과 10년, 20년 전만 해도 우리는 지금의 반에 반만큼의 자유도 누리지 못했다. 거리에서도 직장에서도 이 대한민국 어디에 있어도 우리는 통제 당하거나 속박받고 있었다.

통행금지가 있었고 단정한 옷차림과 짧은 머리 모양을 강요받았다. 함부로 하지 못할 말이 있었으며, 사방에는 하지 말아야 할 것들이 널려 있었다.

하지만 지금은 어떤가? 당장 인터넷만 접속해도 알 수 있다. 대단한 위치의 권력자들에 대한 비방과 조롱이 거리낌 없이 넘쳐 난다. 그 표현의 정도만 극히 심하지 않으면 아무런 문제가 없다. 또한 남들 다 쳐다보는 길거리에서 연애를 하건 아니면 떼거리로 엽기적인 짓을 하건 아무런 문제가 없다. 예전 같으면 벌써 삼청교육대로 끌려갔거나 최소한 경찰서 유치장 신세를 져야 할 행동들이 이젠 아무런 제약 없이 이루어진다.

물론 권력과 독재의 통제와 억압이 자본의 통제로 바뀐 건 사실이다. 지배 세력이 대중에 대한 통제 수단을 교묘하게 바꾸었으니 우린 아직도 완전히 자유롭다고 말할 수는 없다. 하지만 아무리 그래도 그 90년대 이전보다는 분명 더 자유롭다. 그때는 돈으로부터도 자유롭지 못했고 권력으로부터도 속박받았다. 최소한 지금은 권력으로부터의 자유만큼은 과거 독재시절보다 좋아졌다. 어찌 보면 경제적인 구속보다는 권력으로부터의 통제가 훨씬 더 무서울 수 있다. 그런 통제로부터 이만큼이라도 자유롭다는 것이 그나마 다행인 거다.

하지만 무엇이든지 그것이 너무 많으면 그 소중함을 모른다고 했던가? 지금 사람들은 우리가 누리고 있는 자유의 가치를 잊고 있다. 우리가 잊고 지내는 이 소중한 자유의 가치를 찾는다면 그것으로 최소한 오억은 될 것이다. 그리고 나머지 오억은 이 기본적 자유 위에 자신이 추가로 오억의 자유를 만들어 내면 되는 것이다.

비교하면 이런 것이다. 모두에게 똑같이 하루의 자유를 주었다. 누구는 잠을 자고 누구는 운동을 한다. 하지만 그 행위에 대한 만족감은 모두 다르다.

별로 한 것도 없이 하루가 허무하다며 후회하는 사람도 있을 테고 하루가 편하고 즐겁다는 사람도 있을 것이다. 결국 자신의 몫이다.

대부분의 사람들에게 돈 많이 벌면 무엇을 하고 싶으냐고 물으면 제일 많이 꼽는 것이 있다. 좋은 집과 좋은 차와 가족들의 행복이다. 누구나 그럴 것이다. 하지만 굳이 억지로 그것을 가지려 무리를 하거나 마음 상할 필요는 없다. 작고 허름한 차라 할지라도 '그래, 괜히 남들 눈 의식하지 말고 그냥 타고 다니는 데 불편함이 없으면 되지 뭐' 라고 생각하면 또 그럭저럭 타고 다니기가 괜찮을 것이다.

작고 낡은 셋집도 마찬가지다. '조금 좁더라도 가족들의 온기가 흐르고 웃음이 있어 편안히 쉴 수 있으니 고맙지' 라며 생각하면 또 그런 대로 편안한 집으로 느껴질 것이다.

그렇다고 억지로 이런 생각을 권유하지는 않는다. 능력이 되고 형편이 되면 더 좋고 커다란 것을 가질 수 있다. 하지만 자신의 경제력이 부족한데 그것 때문에 몸달아 하거나 괴로워한들 현실은 바뀌지 않는다. 더 극단적인 예로 신용불량자나 실업자가 넘쳐나는 시대에 이만큼이라도 살 수 있다는 것이 얼마나 다행한 일인가?

우선 생각을 바꾸어 좋은 차, 좋은 집이 아니라도 이미 십억은 못 되도 오억의 자유는 갖고 있다고 스스로를 위로하며 행복에 대한 생각을 바꾸는 것이 편할 것 같다. 돈을 사랑하는 어느 사람은 이렇게 말한다.

"돈 버는 사람들은 돈에 우선권을 부여한다. 그들이 꿈꾸는 삶은 '자유'다. 그들은 돈에 대해 부정적인 말을 하지 않으며, 돈에 대해 이중적 잣대도 갖고 있지 않다. 돈이 주는 긍정적 측면을 중심으로 세상을 바라본다. 돈의 노예가 되어 부자가 되기만을 꿈꾸는 태도도 바람직하지 못하지만, 돈이 주는 편리함을 무시할 수도 없는 것이 우리의 현실이다."

맞는 말이다. 자본주의 사회에 살면서 돈이 주는 압박감과 힘겨움과 소중함을 모르는 사람은 없다. 돈이 주는 편리함을 위해 나 하나의 자유를 위해 오직 십억씩을 모으기 위해 모든 것을 내팽개치고 투자, 투기, 경매, 눈치 보기에 열광하는 삶은 결코 행복한 삶이 아니다. 그보다는 차라리 십억씩은 필요 없다며 열심히 일하고 적당한 소득에 만족할 수 있는 삶, 그럼에도 불구하고 자유롭고 행복한 삶이 더 옳다.

실제로 십억이 없더라도 자유롭고 행복할 수 있지만 십억을 갖기 위해 온갖 발버둥을 치는 삶이 결코 자유롭거나 행복하지는 않다. 오억짜리 집에 산다고 남들에게 자랑하면서 친구들 만나 밥값 삼만 원에 덜덜 떨며 눈치 보는 그 삶이 과연 행복한 것인가?

이제 십억이 필요하기보다는 십억이 없어도 자유롭고 행복할 수 있는 세상과 삶을 소망해야 한다. 그래서 아쉽더라도 지금 주어진 오억만큼의 자유와 행복을 만들어준 분들에게 감사하고 나머지 절반을 조금씩이라도 땀 흘려 벌어 채워 가는 것이 현실적이다. 그것이 보다 더 편하고 가장 실현 가능성이 높은 십억 부자 되는 법이다.

우리가 잊고 지내는 동안 우리에게 오억만큼의 자유를 준 분들을 생각해 보자. 그 안락함의 유혹 속에서도 힘겨운 길을 선택한 수많은 사람들을…….

그중에는 독재 권력의 총칼 앞에 비겁한 신문 기사를 쓰기 보다는 30년, 40년 후에도 떳떳한 글을 쓰기 위해 스스로 펜을 꺾은 언론인도 있고 어쩔 수 없이 자신의 목숨까지 던지고 항거한 수많은 열사 분들도 계시다. 꼭 그런 대단한 것이 아니라도 우리 도시민들에게 맛있는 조개를 따기 위해 시린 갯벌에서 지친 허리를 펴지 못하는 할머니도 계시고 8월의 땡볕 아래서도 고추 밭을 지키는 할아버지도 계신 거다.

그런 분들이 있기에 그나마 이만큼의 행복이라도 가능하지 않은가! 그들에게 오억만큼의 행복을 나눠 받았으면서도 우린 그런 행복은 잊고 살면서 내 자신의 행복만을 갈망하는 건 아닌가?

누구나 부자가 되고 싶다. 하지만 부자가 되더라도 누군가의 눈물을 대가로 쉽게 이룬 부자가 되어서는 안 된다. 스스로의 소중한 땀방울로 돈을 모은 '진짜 부자', '아름다운 부자'가 되어야 한다.

진정한 십억 부자는 재산을 십억 가져야만 되는 것이 아니고 삶에 감사할 줄 알고 만족할 줄 알아야 십억 부자인 것이다.

이제는 먼저 원망하기보다는 칭찬하며 살고, 미워하기보다는 사랑하며 살아가기.

나쁜 사람을 보기보다는 착한 사람을 먼저 보고,

싫은 사람을 보기보다는 좋은 사람을 먼저 보기.

아무리 미워해도 변치 않는 것이 세상,

아무리 싫어해도 변치 않는 것이 세상.

안타깝게도 선이 있어 악이 있고,

악이 있기에 선이 있으므로

악에 맞서는 것도 좋지만 먼저 선의 편에서 함께 하기.

차별에 맞서는 것도 중요하지만 먼저 차별받는 사람들과 함께 하기.

불의에, 편견에, 위선에, 비겁에, 억압에 맞서는 것도 좋은 일이고

꼭 필요한 일이지만

먼저 그로 인해 고통받고 힘들어 하는 사람들과 함께 하기.

그래서 작은 용기와 위로가 도움이라도 된다면 그것으로 만족하기.

이제는 그 무엇보다 먼저 사랑 편에서 살기,

사랑만하며 살기.

그렇게 사랑하는 것만으로도 부족한 것이 삶이고,

또 그것이 인생이기에 그 무엇보다 먼저 사랑부터 하고 살기.

누군가 세상 속에 사람과 함께 산다는 것의 의미를 묻는다면,

최소한 내게는 누군가에게 맞서기보다 누군가와 함께 하기가 먼저라고 답할 수 있

도록 살아가기.

도대체 왜 그러냐고 묻는다면, 인류 역사 수만 년 동안 늘 인간 본성은 악함이 함께

했기에 그로 인해 고통받는 사람들이 대다수였고, 비록 세상은 계속 진보되어 왔지만

그 속에서도 여전히 소외되고 무시당하는 사람들이 절대 다수였다. 인간의 이기심이

사라지지 않는 한 절대 그런 차별과 악행은 사라지지 않고 그런 차별과 악행에 시달리는 사람들 역시 사라지지 않을 것이다. 그래서 지금껏 그렇듯 저기 버려진 사람들의 눈물은 1만 년 전에도 그랬듯 1만 년 후에도 여전할 것이다. 안타깝게도 인간사는 유쾌하게 웃는 사람들의 즐거운 만찬을 위해 반드시 누군가는 고통의 식탁을 준비할 것이다.

그런 것들이 부당하고, 불평등하다고, 억울하다고 아주 오래 전부터 수많은 사람들이 정의를 세우려 맞섰지만 그들이 정의를 세운 순간에도 여전히 그런 부당함과 차별받아야 하는 자들은 여전히 존재했고 그들의 아픔은 변치 않았다.

그런 세상을 미워하고 원망하고 증오했지만 또 그렇게 굴러가기에 그런 부당함을 인정하는 것이 아니라 차라리 더 급하고 아픈 사람들에게 더 소중한 곳에 먼저 힘을 쏟는 것이 옳은 것이 아닐까?

어차피 인간 마음속에는 악함이 영원하기에, 지금 내 곁에 사랑받지 못하는 누군가가 있다면 그와 먼저 함께 해야 한다. 먼저 그들과 함께 하고 그것들을 우선하며 살아야 한다.

지금 여전히 함께 해주는 것만으로도, 몇 마디의 따뜻한 대화만으로도, 작은 관심만으로도, 약간의 배려만으로도 잠시나마 웃음 지을 수 있는 사람들이 있다.

그래서 삶은 사랑이었고, 그래서 사랑은 아름다웠다. 또, 그래서 지난 모든 사랑하는 삶들이 아름다웠듯이 우리 모든 삶의 사랑 역시도 아름다울 것이다.

이제부터는 맞서기보다는 먼저 함께 하기로 살아야 한다. 역시나 그것만으로도 부족한 삶이기에 이제는 그 무엇보다 먼저 사랑 편에서 살기, 사랑만하며 살기.

그것만으로도 삶의 시간들을 채우기에는 충분하고 벅차다.
그렇게 사랑으로, 사랑이 먼저라며 살아가야 한다.

쉽게 돈 벌고, 쉽게 성공하고 싶은 분들께

누구나 쉽게 돈 벌고 싶고 쉽게 성공하고 싶다. 세상이 각박할수록 더더욱 그렇다. 우리 주변에서 흔히 보는 직장인들의 모습이 이렇다. 아무리 열심히 일을 해도 쉽게 돈이 모이지 않는다. 뻔한 월급으로 생활비 쓰고 나면 모을 수 있는 돈은 고작 몇 십만 원. 조금이라도 더 많이 벌려고 휴일이건 명절이건 모조리 특근을 하고, 매일 시간 외 수당을 벌기 위해 늦은 시간까지 근무를 해도 좀처럼 큰돈이 모이지 않는다. 참으로 답답한 날들이다.

그러던 차에 주위에 주식 열풍이 분다. 실제 재테크에 먼저 뛰어들었던 직장 동료도 오천 원에 산 주식을 불과 얼마 지나지 않아 오만 원에 팔아 열 배의 이익을 남겼다. 이제 회사에서 온통 그 이야기가 큰 화제다. 이제 너도나도 그런 분위기에 휩쓸려 주식에 뛰어 들었다. 그러나 그 결과는 너무도 뻔하다. 그 열 배의 차익을 남긴 단 한 명 이외에 거의 누구도 돈을 벌지 못했고 오히려 수천만 원의 손실만을 입었을 뿐이다.

돈을 털어 넣은 사람들의 안타까운 사연들은 넘쳐 났지만 회사에 돈을 벌었다는 이야기들은 거의 들리지 않는다. 대부분 벌 뻔하다가, 그 주식을 사려했는데 부인이 반대해서 안 샀는데 폭등을 했다, 팔고 나니 폭등을 했다, 처음에 크게 벌었는데 다른 주식으로 망했다 등의 이야기들만이 회자 된다.

　그리고 결국 열 배의 차익을 남긴 그 사람도 나중에 그 이익금으로 다른 주식을 더 샀다가 홀랑 털어 넣고 만다. 수많은 직장인들의 책장에는 주식 관련 서적들이 꽂혀 있다. 나름대로 열심히 한다며 새벽까지 주식 공부하고 미국 시황을 보다 잠들고 아침 출근 전부터 그 날의 중요 종목 분석까지 한다. 하지만 대부분 결과는 남들과 별반 다를 것 없는 무력한 개미 투자자일 뿐이다.

　그리고 얼마 후 이번에는 어느 누가 창업으로 성공했다는 소문이 돌았다. 일순간 부러움의 대상이 되고 너도나도 창업서적을 사고 인터넷 창업 관련 사이트를 찾는다. 그러나 막상 실제로 창업을 하기에는 제약이 너무 많다. 지금부터 해서 투잡으로 창업에 뛰어든다는 것이 막상 쉽지가 않다.

　간혹 젊은 혈기 때문에 무리하게 대출을 추진해 일을 벌이기도 한다. 하지만 큰 기대를 갖고 시작한 것과는 달리 역시나 밖에서 보는 것과 직접 겪는 것은 많이 다르다. 시간이 지날수록 자신의 생각과 경험이 짧았다는 것을 인정하며 슬그머니 폐업을 결정한다. 손실은 있었지만 회사를 그만두지 않은 것이 그나마 불행 중 다행이다. 지켜보던 동료들은 자기가 그런 피해를 입지 않은 것을 힘든 회사 생활에 위안으로 삼는다. 많은 직장인들이 이런 패턴으로 재테크나 성공을 꿈꾸고 포기하기를 반복한다. 이렇듯 쉽게 돈 벌고, 쉽게 성공하기는 너무도 힘들다.

필자는 과거 스스로의 경험과 직업 관계로 전국을 발로 뛰며 수많은 사람들을 만난 덕분에 성공하는 사람들은 왜 성공했고 실패한 사람들은 왜 실패했는지를 비교하며 성공의 이치를 자연스레 깨닫게 되었다. 물론 필자 자신이 크게 돈을 벌거나 성공한 것은 아니지만 세상의 성공 원리와 성공 공식은 알게 된 것이다.

그런 경험을 통해 얻은 결론은 쉽게 돈 벌고, 쉽게 성공하는 법은 없다는 거다.

왜 우리 아버지들이, 또 주변의 동창이나 친구들이 10년 전이나 지금이나 별 차이 없이 살고 있을까? 그만큼 성공이 어렵기 때문이다. 다시한 번 말하지만 필자가 전국의 수많은 사람들을 만났지만 쉬운 성공을한 사람은 단 한 명도 만나지 못했다. 물론 큰 자본력이 있는 사람들은 같은 업종에서 다른 사람들에 비해 상대적으로 수월하게 성공한 것이 맞다. 그러나 수월한 성공을 할 정도의 자본력을 가진 사람은 전체의 5%가 안 된다.

결국 큰 자본 없이 성공한 사람들은 대부분 오랜 세월 노력으로 성공을 이룬 것이다. 그래서 단순히 당장의 돈을 위해 세상에 덤비지 말고 일을 통해 삶의 보람을 얻고 세상에 봉사하는 마음으로 세상을 살아가라는 것이다. 그러다 보면 자연 성공을 이루게 되고 그 성공으로 금전적 보상까지 받게 되는 것이다.

자본력이 부족한 사람이 성공하기 어려운 것은 아무리 제품의 품질이 좋고 실력이 좋아도 그런 제품이 있는지조차도 모르기 때문에 시장의 반응이 늦어 인정받기 어렵기 때문이다. 아무리 좋은 노래라도 홍보를 하지 않으면 노래가 뜨지를 않고 아무리 좋은 신제품의 가전제품을 출시했어도 홍보가 부족하면 그 제품이 세상에 알려지는 시간은 무척 길다.

이것은 유명한 베스트셀러 《설득의 심리학》에 나오는 '권위의 법칙', '사회적 증거의 법칙'의 원리—유명해야, 매스컴에서 알려져야, 큰 회사에서 해야 안심하고, 그 권위에 휩쓸려 구매하는데, 그러지 않으니 품질은 둘째고 일단 인정할 수 없는, 의심하게 되는—와 흡사하다.

그래서 더 독특한 방법으로 또는 더 적극적으로 사업주 스스로 발버둥치듯 최선을 다해 홍보를 해야만 그나마 세상에 알려지고 인정받는 시간이 짧아진다.

많은 사람들이 쉽게 돈 벌고, 쉽게 성공하고 싶어 한다. 그러기에 또 성공에 대해 쉽게 묻고 쉬운 해답을 찾아다닌다. 그러다 보니 대충 찔끔거리다 말고 한 번 찔러보고 만다. 경험 삼아 이곳저곳 기웃거리는 것까지는 좋지만 절대로 성공을 기대하거나 큰돈을 벌겠다는 기대는 버려라. 그런 헛된 욕심을 내는 순간 물질적, 정신적으로 엄청난 손실을 입을 수 있다. 주위에 이런 예는 수없이 많다.

흔한 예로 다단계에 빠져 젊음과 시간과 돈을 허비한 사례도 수없이 많고 도박, 경품, 복권에 미쳤던 사람들도 주위에 많다. 꼭 그런 사행성이 아닌 정상적인 사업이라도 과도한 욕심을 부리다가 무너진 사례들이 흔하다. 왜 배울 만큼 배우고 멀쩡하던 사람이 그 지경이 되었을까? 쉽게 벌려 하고 쉽게 성공하려 했기 때문이다.

과거 IMF를 전후해서 여러 대기업들이 부도가 났었다. 그런데 일부는 재기했고, 일부는 완전히 무너졌다. 도대체 무슨 차이 때문에 그런 걸까? 여러 이유가 있겠지만 필자는 바로 원천 기술력의 차이 때문이라고 본다.

오랜 전통이 있는 곳은 어려운 위기에 원천 기술력을 바탕으로 부활할 수 있었지만 짧은 역사의 기업은 그럴만한 1등 기술이 없었기에 도태되고 만 것이다. 이것이 일시적으로 성공해도 자신의 기본 실력(기술)이 있느냐 없느냐에 따라 연속성을 갖느냐, 못 갖느냐의 차이고 위기가 발생했을 때 나타나는 결과이다. 이래서 기본 실력(기술)이 밑바탕 되지 않는 성공은 결국 언젠가는 무너지게 되어 있다.

아주 큰 재벌가의 아들과 만났던 적이 있었다. 그 분이 사업이 궁지에 몰려 경영권을 내 놓아야 할 처지에 이런 말을 했다.

"어린 나이에 회사 물려받은 내가 뭘 알겠느냐, 이사들이 시키는 대로 했고 이사들이 회사를 망쳐 먹었다."

아무리 수천억 대의 재산을 물려받아도 자신의 실력이나 경험이 없으면 그 재산을 지켜내기 어렵다. 또한 아무리 성공하겠다고 발버둥을 쳐도 때가 되지 않으면 큰 성공을 이루지 못한다. 마치 사과나무를 심고 사과를 따려고 애를 써도 가을이 되지 않으면 사과를 거두지 못하는 것과 같다. 무언가 하겠다는 목표와 목적이 있으면 열심히 준비하고 기다리고 가꿔라. 그러면 꽃이 피고 열매를 맺는 그때가 된다. 열매는 그때 따는 것이다.

인생의 성공도 매한가지다. 노력을 했다면 열매는 반드시 열린다. 거름을 주고 물을 주고 가꾸고 있느냐는 스스로의 몫이다. 아무리 삶이 힘들다고 발버둥치고 괴로워해도 현실은 금방 바뀌지 않는다. 힘들면 그냥 다 그만한 이유가 있겠지, 잘 되겠지 하며 참고 견뎌라. 그럼 결국에는 잘 되게 된다.

진정 성공하고 싶고 오래도록 성공을 유지하고 싶다면 쉬운 성공의 기대를 버려라. 그리고 긴 시간이 걸리더라도 꾸준히 자신의 분야에서 노력하라. 그러다 보면 분명 삶의 꿈을 이룰 수 있을 거다. 그런 성공이 당신의 삶을 더 당당하게 만들고 후회 없는 삶을 살았노라고 자신하게 될 것이다.

세월이 지나 나이가 들수록 후회 없는 삶, 보람 있는 삶에 대한 소중한 가치가 더더욱 커지고 그렇게 살지 못한 지난날들에 대한 아쉬움이 남게 된다. 부디, 멋진 꿈으로 멋진 인생을 이뤄가길 바란다.

PART 4

아직 세상에 남아 있는
행복의 샘을 찾아

아직 저녁이 남아 있었다
행복의 밤을 쓰어

진정 사랑한다면 결혼을 망설이지 마라

많은 연인들이 결혼을 망설인다. 사랑은 하지만 결혼을 하기에는 왠지 확신이 없거나 여러 현실적인 문제로 주저하게 된다는 것이다. 집안의 반대 때문에, 경제적 능력이 부족해서, 상대방에 대한 확신이 없어서, 잘 살아갈 자신이 없다는 등의 이유로 결혼을 미루거나 갈등한다.

하긴 그럴 수도 있다. 인생의 가장 중요한 선택이라는 결혼에 대해 누구도 쉽게 결정을 내리지 못할 것이다. 그런 망설임이 연인에 대한 사랑의 확신이 없어서가 아니라 단지 물질적 조건이나 주변 환경 때문이라면 오히려 그 사랑을 의심하고 싶다. 상대에 대한 확신 부족이나 마음의 갈등을 주위 상황을 핑계로 주저하고 있는 건 아닌가라고 자신의 양심에 물어보라 말하고 싶다. 만약 사랑하지만 주변 환경이나 조건 때문에 결혼을 망설인다면 그것은 진정한 사랑이 아닌 것이다. 말로는 사랑을 말하지만 마음속으로는 꼼꼼하게 앞뒤 계산을 따지는 서로의 필요에 의

한 조건적인 만남일 가능성이 크다.

어느 한 쌍의 연인이 있었다.

학창시절부터 사귀던 두 사람은 남자가 군대를 갈 때까지는 아직 어린 나이 탓에 결혼을 생각해보지는 않았었다. 깊이 사귀는 사이라고만 생각했지 결혼을 생각할 만큼 그들은 성숙하지도 상황이 급하지도 않았었다. 하지만 입대 때문에 멀리 떨어져 있게 되자 서로에 대해 진지하게 생각해 보게 되었다.

상대방은 자기에게 무엇인가와 자신들의 사랑이 어느 정도인지를 자연스레 시험해 보게 되었다. 그리고 함께 있을 때는 몰랐던 사무치는 그리움에 시달리며 자신이 상대방을 간절히 사랑하고 있다는 사실을 깨닫게 되었다. 군대 가기 전 느꼈던 감정과는 분명 또 다른 감정이었다. 그들은 입대하는 이별의 순간에도 기다린다거나 기다려 달라는 아무런 약속도 하지 않았다. 하지만 매일 일기처럼 주고받는 편지를 통해 서로의 소중함을 확인하게 되었고 매달 이어지는 면회로 상대방에 대한 확신을 굳혀 갔다.

결국 입대 후 1년이 되어 첫 휴가를 나갈 즈음에 남자는 여자네 부모님께 정식으로 인사를 갔다. 문제는 여기서부터 시작되었다. 남자 집안의 가난한 형편을 알게 된 여자의 어머니가 둘의 교제를 반대하기 시작했다. 그 반대는 남자가 휴가를 끝내고 부대로 복귀하자 더 심해졌다. 집으로 보내오는 남자의 편지도 전해주지 않았고, 아직 맞선을 볼 나이는 아니었지만 억지로 맞선 자리를 권했다.

여자는 점점 집에 들어가는 일이 괴로워졌다. 그동안 비록 효도는 못했지만 부모님 말씀을 듣지 않은 적은 없었다. 때론 유난스런 부모님의 관심이 부담스럽기도 했지만 늘 고마운 마음으로 은혜에 보답해야 한다고 생각했었다. 하지만 그 남자와 헤어지라는 부모님의 말씀만은 차마 받아들일 수가 없었다. 그녀의 괴로움은 점점 커져만 갔다. 누구도 해결해줄 수 없는 문제였고 사랑하는 그 남자는 곁에 없기에 위로조차 받을 수 없었다.

남자 역시 마찬가지로 그녀의 그런 고민을 알고 있었지만 부대 안에 갇혀 있는 상태에서 그녀를 위해 어떻게 할 수 있는 방법이 없었다. 단지 그녀의 집이 아닌 그녀 친구의 집으로 편지를 보내 그녀에게 전해달라는 것만이 유일하게 할 수 있는 일이었다.

그런 괴로움 탓일까? 너무도 뜻밖으로 그녀는 교통사고를 당하게 되었다. 대단히 큰 교통사고였다. 수술실로 옮겨지던 그녀는 의식이 혼미한 상태에서 남자 친구의 이름을 부르며 완전히 정신을 잃어버렸다. 급히 대수술을 한 후 회복실로 옮겨졌다. 마취에서 깨어난 그녀는 고통의 신음과 함께 다시 남자 친구의 이름을 부르기 시작했다. 옆에서 지켜보는 부모님도 더 이상 어쩔 수가 없었다. 이런 혼미한 상황 속에서도 간절히 그 남자의 이름을 부르는 것을 그냥 모른척할 수만은 없었다.

결국 남자의 부대로 연락을 했다. 남자는 급히 특별 휴가를 신청했고, 마침 다음번 휴가를 미리 당겨 고향으로 갈 수 있게 되었다. 곧바로 병원으로 달려갔다. 병원에 도착했을 때 그녀는 잠들어 있었다. 잠시 그 모습을 물끄러미 내려다보았다. 그런데 또 그 순간 그녀가 그의 이름을 부르며 헛소리를 했다. 그는 그녀의 손을 살며시 잡아주었다. 그 손길을 그녀도 느꼈는지 번쩍 눈을 떴다. 그리고 자신을 내려다보고 있는 그의 얼굴을 보자 곧장 울음을 터트렸다. 아무리 그녀의 손을 꼭 쥐어 주어도 너무 아픈 탓인지 아니면 너무 서러웠던 탓인지 시간이 지나도 쉽게 눈물을 멈추지 않았다.

얼마가 지났을까. 그제야 그녀는 주절주절 자신의 이야기를 꺼내 놓기 시작했다. 너무 보고 싶었다는 말부터 시작해서 사고가 났던 이야기와 많이 아프다는 이야기를 울먹이다, 웃다를 반복하며 들려주었다.

밤이 깊어 가도록 그들은 정말 많은 이야기들을 나누었다. 처음 만났을 때의 묘한 인연부터 사귀는 동안 한 번도 하지 못했던 솔직한 이야기들도 모두 터놓고 이야기하게 되었다. 이야기를 나누는 중에도 그녀는 이유를 알 수 없는 애처로운 눈빛을 지으며 느닷없이 눈물을 흘렸고 그때마다 그는 살며시 눈물을 닦아 주었다.

어느덧 휴가도 다 지나고 마지막 날 밤이 되었다. 지금까지와 마찬가지로 밤 깊은 시간까지 두 손을 꼭 잡고 이야기를 나누다 또다시 그녀가 느닷없는 눈물을 흘렸다. 그가 눈물을 닦아 주려 하자 뜻밖으로 그녀가 그의 손길을 피했다. 다시 손을 내밀어도 마찬가지였다. 그가 물끄러미 그녀를 쳐다보자 그녀는 제 손으로 눈물을 훔쳤다. 그리고 무슨 결심이라도 한 듯 어렵게 말을 꺼냈다.

"이제 다시는 편지 안 할지도 몰라. 미안해."

너무나 뜻밖의 말에 깜짝 놀란 그 말에 남자는 '왜?'라는 말조차 꺼내지 못하고 그녀를 바라만 보았다.

"나 이번 사고로 여자구실도 못하는 하반신 불구가 될 수 있어. 너를 보내고 싶지는 않지만 너를 잡아 둘 수도 없어. 널 위해 내가 잊을 거야."

그녀는 또다시 눈물을 흘렸다.

잠시 말이 없던 그는 천천히 손을 들어 그녀의 눈물을 닦아 준 후 말했다.

"걱정 마. 어떤 순간 어떤 상황이라도 평생 네 곁에 있을 거야. 네가 아무리 아파도, 설령 불구라도 아무 상관없어. 난 단지 너 하나면 돼. 괜한 걱정 마. 날 믿어."

그는 침대에 누워 있는 그녀를 살며시 안아 주었다. 그녀는 여전히 울고 있었고 눈물이 흐르는 그녀의 뺨에 살며시 입맞춤을 했다.

다음날 남자는 부대로 복귀했고 여자는 계속 병원에 입원해 있었다. 비록 몸은 떨어져 있었지만 남자는 매일처럼 편지를 보내 위로했고 시간은 흘러 그녀는 점차 회복이 되었다. 다행히 의사들의 말처럼 하반신 불구가 되지는 않았다. 휠체어를 타거나 목발에 의지에 몸을 움직일 수 있을 정도는 되었지만 몇 번 더 재수술을 받아야 했다. 그녀는 성치 못한 몸이지만 친구들의 도움으로 목발을 짚고 그에게 면회를 갔다. 그들은 그렇게 사람을 움직이는 가장 큰 힘은 사랑이고, 사랑이란 결국 사랑하는 사람을 위한 감동이라는 것을 확인시켜 보였다.

하지만 그 둘이 그럴수록 그녀 부모님의 마음은 더더욱 답답해져 갔다. 몸도 불편한 그녀를 장래도 불투명하고 집안도 별 볼일 없는 남자에게 맡긴다는 것이 영 미덥지 않았던 것이었다. 그가 제대를 얼마 남기지 않았을 즈음에 또다시 헤어지라는 만류가 시작되었다. 그녀와 부모님과의 갈등은 더욱 심해졌고 그 남자가 제대를 할 즈음에는 집에 있는 하루

하루가 고통이었다. 헤어질까 하고도 생각했지만 차마 그럴 자신이 없었다. 그가 제대하고 돌아온 그 날 그녀는 축하한다는 말 대신 눈물만을 쏟아 놓았다. 그녀의 울음을 보며 상황을 충분히 짐작한 그가 차분히 말했다.

"힘들겠지만 올 겨울만 참고 기다려 줘."

그리고 이틀 후 그는 간단히 짐을 꾸리고 고향을 떠났다. 외지로 원정을 가면 더 많은 돈을 준다는 말을 듣고 막노동 패를 따라 외지로 떠난 것이다. 가을에 집을 나선 그는 겨울을 넘기고 봄이 되어서야 돌아왔다. 집으로 돌아오자마자 그녀의 집부터 찾았다. 그녀와 함께 부모님과 마주 앉은 그는 간단한 인사를 마치자 대뜸 품 안에서 두툼한 돈 봉투를 꺼내 보였다.

"많지는 않지만 제가 겨우내 번 돈입니다. 제가 받은 돈에서 단 십 원도 쓰지 않았습니다. 라면 한 봉지 사는 돈이 아까워 냉수로 속을 채우면서도 이 돈을 모았습니다. 지금 비록 가진 것은 없지만 악착 같이 살겠습니다. 절 믿고 이 사람을 맡겨 주십시오. 실망시켜 드리지 않고 행복하게 잘 살겠습니다."

그녀의 부모님들은 갑작스런 상황에 너무 기가 막혀서인지 아무 대답을 하지 않으셨다. 그리고 멀뚱히 그녀의 얼굴을 쳐다볼 뿐이었다. 어쩌면 이런 상황까지 만든 자신의 딸이 더 원망스러울 수도 있었다. 그녀 역시도 미안하고 죄스러워 아무런 말을 못하고 고개만 떨어뜨리고 있을 뿐이었다. 너무 기가 막혀 말을 못하겠다는 표정은 절대 허락할 수 없다는 마음을 대신 표현하고 있었다. 계속 무거운 침묵이 흘렀다.

이런 어색한 상황에서 남자는 이 문제는 자신이 마무리 지어야 한다는 생각을 했다. 어차피 언젠가 한 번은 반드시 겪어야 할 일이었고 겨우내 그녀와의 전화 통화나 편지를 통해서도 이대로 그냥 두면 그녀가 더 곤란해질 것을 뻔히 아는 터였다.

팽팽한 침묵의 시간이 계속되자 그가 그녀에게 짧게 물었다.

"나 믿지?"

느닷없는 질문에 그녀는 대답 대신 조용히 고개를 끄덕였다.

"가방 챙겨. 그리고 아버님, 어머님 죄송합니다. 지금은 이럴 수밖에 없습니다. 반드시 잘 살겠습니다. 조금만 기다려 주시고 용서하십시오."

너무도 어이없는 말이 계속 이어지는 탓인지 부모님들은 멍하니 그들의 얼굴만을 쳐다볼 뿐 그 어떤 말도 하지 않았다.

여자는 무슨 생각에선지 아무런 말없이 주섬주섬 가방을 싸기 시작했다. 대충 옷가지들을 모두 챙겨 넣자, 남자가 먼저 양손에 가방을 들고 일어섰다. 부모님들은 아직 마음이 혼란스러운 듯 둘이 하는 기막힌 행동을 바라만 볼 뿐 아무런 제지도 소리도 치지 않았다.

어쩌면 너무 큰 배신감이 들어, 오기가 생겨 그들이 어찌하는지 보려고 계속 내버려 두고 있었는지도 몰랐다. 가방을 둘러맨 그가 인사를 하고 현관문을 나섰다. 여자 역시 말없이 따라 나왔다. 부모님은 어이가 없는 탓인지 쳐다보지도 않고 안방 문을 닫아 버렸다.

둘은 가방을 둘러매고 복덕방을 찾았다. 마침 허름한 월세 방 한 칸이 나와 있었다. 복덕방 주인과 함께 곧장 그 방을 보러 갔다. 워낙 급한지라 이것저것 따져 보고 고를 수 있는 상황이 아니었다. 방을 확인하자마자 곧장 계약을 하고 주인에게 연락해 열쇠를 넘겨받았다. 방문을 열고 들어서 방 한 구석에 가방을 내려놓았다. 그리고 잠시 여자를 기다리게 한 후 남자가 이불 한 채와 베게 한 쌍을 구해 왔다. 그 방에 놓인 모든 짐들은 고작 가방 두 개, 이불 한 채, 베게 한 쌍이 전부였다. 워낙 짐이 없는 탓인지 그 작은 방조차도 허전하게 느껴졌다.

함께 집을 나선 첫날밤이 되었다. 이불을 깔고 덮자 방 한구석에 가방만 쓸쓸하게 놓여 있었다. 서로 아무 말 하지 않고 누웠다. 잠시 뒤척이던 남자가 여자에게 말했다.

"꼭 행복하게 해 줄 거야. 약속할게. 날 믿어 줄 거지?"

여자는 집에서 가방을 쌌을 때처럼 대답 대신 고개를 끄덕였다. 남자는 그런 여자를 포근히 감싸 안았다.

그렇게 첫날밤이 지나고 어느새 10년이 넘는 세월이 흘렀다.

약속대로 남자는 정말 열심히 살았고, 그녀는 그런 그를 믿고 묵묵히 뒷바라지를 하며 기다려 주었다. 결국 그렇게 흘러간 세월만큼 가방 두 개로 시작한 허전했던 방에는 점점 여러 가지 짐들이 늘어났다. 짐들이 늘어나는 만큼 그녀는 즐거웠고 집안의 행복도 늘어났다. 새로운 살림살이가 생겨 더 이상 빈 공간이 없을 때마다 새롭게 이사를 한 것도 벌써 몇 번이었다.

그때마다 그녀 역시도 여느 다른 여자처럼 더 큰 집이나 새 집으로 이사를 가기 며칠 전부터 밤잠을 설치기도 했고, 지난 시절을 떠올리며 눈물을 흘리기도 했다. 또한 어느새 정말 용서받기 힘들 것 같은 부모님들께도 용서를 받았고, 이제는 칭찬과 사랑을 독차지 하는 부부가 되었다.

게다가 예쁜 아들, 딸 고루 낳았고 별 탈 없이 잘 자란 덕분에 남부럽지 않은 화목한 가정으로 잘 살고 있다.

이제 그들에게 가방 두 개가 전부였던 단칸방과 힘들었던 결혼 이야기는 어려웠지만 순수 했던 젊은 시절의 아름다운 추억으로 떠올려지곤 한다.

가끔은 주위에 결혼을 망설이는 친구나 후배들에게 자신들의 사연을 통해 결혼에 대한 자신감을 심어주며 뿌듯해 하기도 한다. 실제로 결혼을 망설이던 후배에게 어려웠던 결혼 이야기를 들려주면서도 설마 했는데 그 말에 자극받은 그들이 한 달 만에 결혼해 잘 살아가는 모습을 볼 때는 작은 보람을 느끼기도 했다.

이 부부가 여기까지 온 과정들이 비록 힘겨운 시간이었지만 사랑하는 사람이 있었기에 무사히 견뎌낼 수 있었던 것이다. 이제 그들 부부는 지금껏 그랬듯 앞으로도 변함없이 늘 열심히 사랑하며 잘 살아 갈 것이다. 만약 결혼을 망설이는 연인이 있다면, 이 두 부부의 이야기를 잘 되새겨 보라고 권하고 싶다. 비록 처음에 부모님의 마음을 아프게 해 드렸고, 많은 고생을 했지만 결국에 그들의 사랑은 옳았고 스스로의 사랑을 지켜냈다. (물론 젊은 시절 한순간 부모님을 힘들게 해드린 건 사실이다. 더 효과적으로 부모님을 설득할 수 있다면 그것이 더 좋다.)

■■■ 당신은 진정 그를, 그녀를 사랑하는가?

정말 사랑한다고 자신 있게 말할 수 있다면 주저하지 말고 결혼해라. 그리고 행복하기 위해 최선을 다하면 된다. 그러면 반드시 행복해질 것이다. 집안의 반대, 경제적 어려움, 주변 환경의 방해 등의 문제들은 한겨울 음지의 얼음도 봄이 오면 자연스레 녹아 버리듯 당신들의 사랑과 노력에 결국 조용히 사라져 버릴 것이다.

결국 가장 중요한 문제는 당신이 상대방을 진정 사랑하고 있느냐의 문제다. 누구는 '결혼을 이상이 아닌 현실'이라며 신중하게 고르고 골라야 한다고 하는데 그것보다 먼저 알아야 할 것이 있다.

'결혼은 현실이 아닌 사랑이 먼저다' 라는 것이다.

만약 그 사람을 진정 사랑하고 있고, 후회하지 않을 사랑이라고 자신한다면 용기를 내어 결단을 내려라.

사랑하는 그 사람이 당신의 선택을 기다리고 있다. 더불어 행복 역시도 당신의 선택을 기다리고 있다.

나쁜 아들의 어머니, 그래도 웃고 있다

추석을 이틀 앞둔 초저녁, 욱태는 두둑한 돈뭉치를 주머니에 넣고 버스에서 내렸다. 고향에 돌아온 지는 지난 명절 후 근 8개월 만이다.

원래 전국을 떠돌아다니며 막일을 하는 그였지만 이번에는 유난히 고향에서 멀리 떨어진 곳에 있었다. 그래도 이번에 있던 곳은 지금까지 있던 곳보다는 마음에 들었다. 물론 일이 쉬웠던 건 아니지만 함께 일하던 사람들이 다른 곳에서 만난 사람들보다 마음이 더 잘 맞았다.

객지에서 낯선 사람들과 어울려 일하다 보면 으레 술 몇 잔에 감정이 격해져 주먹을 휘두르기 다반사였다. 실제로 지금껏 술 먹고 싸움을 하다가 다른 곳으로 옮겼던 적이 한두 번이 아니었다. 그런데 이곳에서만은 달랐다. 물론 당연히 몇 번 시비가 벌어졌었다. 그런데 그때마다 이번 일터에서 새롭게 만난 후배 녀석이 그를 따로 빼돌리곤 했다.

술만 몇 잔 마셨다 하면 귀찮을 정도로 술자리에서 빼내 숙소로 데리고 갔다. 그런 후배 녀석이 밉지 않았던 것은 녀석은 별 볼일 없는 자기 이야기를 늘 귀 기울여 들어주기 때문이었다.

탄광 막장에도 있었다, 배도 탔었다, 건달 생활도 하고 또 어느 땐 산 속에 약초 캐러 강원도 산골을 혼자 누볐다는 잡초 같은 과거사를 자랑 스레 떠벌리면 녀석은 질문까지 곁들이며 매우 흥미롭게 들어주곤 했 다. 게다가 중학교를 중퇴한 자신을 대학교 휴학 중이라는 후배 녀석이 '형님, 형님' 하며 이것저것 물어보면 괜스레 기분이 우쭐해지곤 했다. 그래서 다른 사람 일은 몰라도 그 후배의 일만은 참으로 많이 도와주었 다. 그럴 때마다 그 녀석은 웃음 띤 얼굴로 욱태를 찾았고, 욱태는 처음 으로 누군가가 자신을 피하지 않고 좋아한다는 것을 느꼈었다.

비록 지금 같이 있는 다른 사람들과도 싸움만 하지 않았을 뿐이지 사 이가 그리 좋은 것은 아니었다. 은근히 사람들은 떠돌이 싸움꾼인 그를 무시하면서도 두려워했다. 아무리 막일 패라 해도 그 나이에 별다른 기 술도 없이 몸뚱이 하나로 힘쓰는 일만 골라서 하는 그가 사람들에겐 한 심해 보일 수밖에 없었다. 그러나 그가 폭력전과 3범이라는 사실을 알고 는 차마 함부로 대하지는 못했다. 게다가 몸으로 해야 하는 힘든 일이 많 은 이곳에서 일할 때만은 가장 열심히 땀을 흘리며 미련스럽게 일을 하 는 그에게 싫은 말을 할 만한 상황도 아니었다.

그래서 이곳의 작업반장도 이번에 명절에 고향으로 향하는 그에게 차 례 지내고 꼭 다시 돌아오라고 신신당부를 했었다. 원래 이런 곳에서는 명절을 지내고 난 후 일꾼들이 돌아오지 않는 경우가 많은 탓도 있지만 그만큼 일을 잘 했기 때문이었다.

고향에 돌아오기 전날 후배 녀석이 물었다.

"형! 이번에 돈 받은 걸로 뭐 할 거야?"

"응. 지난번에 못해준 어머니 '금이빨' 두 개를 이번에 꼭 해드릴 거야."

"형님이? 하하하……."

후배는 갑자기 이유도 없이 크게 웃었다. 하긴 후배 녀석이 웃을 만도 했을 것이다. 다른 일꾼들과는 전혀 다르게 평소에 가족과의 연락이 전혀 없는 그가 뜬금없이 어머니 이야기를 꺼내며 게다가 '금이빨'까지 해준다는 이야기를 했으니 안 믿겨질 만도 했다.

다른 사람이 자신의 말을 듣고 이유 없이 웃어댔다면 벌써 주먹을 날렸겠지만 부끄러운 듯 슬며시 머리만 긁적거렸다. 하지만 그 말은 욱태의 진심이었다.

버스가 정류장에 도착했을 무렵 또다시 주머니 속의 돈뭉치를 만져보았다. 변함없이 두둑한 것이 만져지는 기분이 너무 좋았다. 기분 좋은 맘으로 버스에서 내린 그였지만 잠시 망설여졌다. 아직은 초저녁. 나이를 먹은 후 한 번도 저녁 시간엔 집에 들어가 보지 않았던 터라 이렇게 이른 시간에 집으로 들어가기가 왠지 어색했다. 잠시 주저하다 고향에 올 때마다 가끔씩 들리는 당구장으로 향했다. 오랜만에 들어선 당구장에는 주인과 또 다른 얼치기 친구 한 명을 빼고는 모두 모르는 사람들뿐이었다.

잠시 당구장을 어슬렁거리다가 한쪽에서 포커를 치고 있는 패거리에게로 다가갔다. 잠시 어깨너머로 보는듯하더니 이내 자리를 비집고 들어가 구경꾼 틈에 함께 앉았다. 몇 번 판이 돌아가는 모습을 지켜보는데, 얼마 후 한 사내가 돈을 모두 잃고 자리에서 일어섰다.

"한 명 빠졌는데 들어 오실라우?"

패를 잡고 있는 사내가 욱태에게 느닷없이 물었다.

포커를 좋아는 했지만 바로 대답을 하지 못했다. 지난 구정 때에도 월급 탄 돈 모두를 포커 판에서 날린 후 결국 집에도 들어가지 못하고 여관방에서 명절을 보낸 후 고향을 떴던 기억이 있기 때문이었다.

그때도 어머니 금니를 해주겠다는 마음을 먹고 고향에 돌아왔지만 돈을 모두 잃어버리고 차마 빈손으로 어머니를 찾지 못해 집에 들어가지 않았었다.

"어쩐 일로 네가 빼냐?"

오래 전부터 알고 있는 당구장 주인이 빈정대듯 말했다.

"......"

그러거나 말거나 아무 대답을 하지 않았다.

"명절 전에 그냥 재미있게 놀면서 떡값이나 만들어 봅시다."

또 다른 사내가 말했다.

"내 것도 돌려……."

포커 판에 끼어들며 속으로 결심했다.

'욕심 없이 딱 십만 원으로 아홉 시까지만 놀다 가자.'

그런데 이게 무슨 일인가! 지난 구정 때 잃은 돈이라도 만회하듯 욱태에게 돈들이 쌓이기 시작했다. 이 상태로 계속 가면 어머니 금이빨뿐 아니라 금 목걸이까지 살 수 있을 것 같았다.

어느덧 자꾸만 쌓이는 돈을 보니 욕심 없이 놀다 가겠다는 생각은 어디 가고 지난번 구정 때 못간 대신에 이번에는 금 목걸이까지 해드려야겠다는 욕심이 생겼다. 기분이 좋아지고 자신감이 생기자 점점 긴장이 풀리며 포커 판이 만만해 보이기 시작했다. 시계를 힐끗 본 욱태는 판을 빨리 마무리하겠다는 생각으로 판돈을 올렸다. 거기에 돈을 잃은 사람들의 재촉까지 더해져 판돈은 점점 커져만 갔다.

결국 한 판에 수십만 원이 넘어 갔고 급기야 일백만 원이 넘어 버렸다. 그리고 몇 판이 지났을까. 정말 믿어지지 않게 채 열 판이 안 되어 욱태는 자신이 딴 돈뿐 아니라 주머니 속의 돈뭉치까지도 모두 잃어 버렸다.

몇 판 크게 잃어버린 돈에 대한 미련 때문에 더더욱 무리하게 판돈을 키운 것이 화근이었다. 안타깝게도 그 중요한 판에 상대는 욱태보다 한 끗발 높은 패를 들고 있었다. 모두 너무 아쉬운 패배여서 점점 더 무리하게 판을 키웠는지도 몰랐다.

잠시 정신이 멍해졌다. 아무 생각도 나지 않았다. 누군가 욱태에게 일만 원짜리 지폐 몇 장을 내밀었다.

"오늘 여기서 밤새울 거니까 억울하면 다시 돈 가져와 붙으셔."

일만 원짜리 몇 장을 주머니에 쑤셔 넣고 힘없이 당구장을 나섰다. 하지만 도저히 이대로 집으로 돌아갈 수 없을 것 같았다. 일단 목적지 없이 막연히 걸었다. 그런데 얼마를 걷다 보니 자신도 모르게 발길은 집으로 향하고 있었다. 그래도 집으로 들어가야 한다는 생각은 들지 않았다. 지난 명절 때도 안 들어간 놈이 무슨 낯으로 빈손으로 집에 들어간단 말인가!

담배를 한 대 물었다. 담배 연기를 내뱉다 무심결에 위를 올려다보았다. 도시의 하늘 위에 달이 떠 있었다. 환한 보름달이었다. 문득 산속에서 길을 잃었을 때 보았던 그때의 그 달이 생각났다. 산에 약초를 캐러 다닐 때였다. 그때도 가방에 약초를 담을 자루와 소주 댓 병을 담아 산으로 들어가 약초를 캤었다.

그날따라 눈에 띄는 약초가 많아 자루에 가득 담도록 캐고 보니 이미 날은 어두운 저녁이었다. 급하게 내려오려 해도 약초 자루 때문에 도저히 빨리 내려갈 수가 없었다. 하지만 억지로라도 자루를 끌고 내려오려다 그만 넘어지고 말았다. 발목에 심한 통증이 왔다. 아무래도 발을 삔 것 같았다. 도저히 걸을 수가 없어 나무 밑에 주저앉고 말았다. 가방에서 먹다 남은 소주를 꺼내 들고 자루에 기대어 소주를 마셨다. 안주도 없는 소주를 연거푸 들이키자 왠지 모를 서글픔에 눈물이 날 것 같았다.

문득 올려다본 하늘에는 둥근 보름달이 떠 있었다. 그 달을 보고 있자니 마음이 조금은 편안해졌다. 두려움과 외로움도 가라앉았다. 그날 밤 그는 하염없이 둥근 달을 쳐다보다 잠이 들었다.

오늘 또 이렇게 우연히 둥근 달을 보게 되니 갑자기 집으로 들어가고 싶다는 생각이 떠올랐다. 그러고 보니 어느덧 집에서 그리 멀지 않은 곳까지 와 있었다. 결국 집에 들어와 늦은 저녁을 억지로 먹었지만 또다시 기분이 좋지 않았다. 동생 녀석이 먼저 집에 와 있었다. 동생은 오랜만에 본 형이 별로 반갑지 않은 기색이었다. 오히려 왜 들어왔느냐는 눈치였다. 하긴 그럴 만도 했다. 늘 자신을 대신해 부모님을 보살폈고 집안 문제들을 해결했으니 형이 미울 수도 있었을 것이다.

어릴 적부터 그랬었다. 자신이 부모님 얼굴에 주름살이 되었다면 그나마 동생은 주름진 부모님의 얼굴에 생기 있는 웃음이 되어 주었다. 그런 동생을 원망할 순 없지만 그래도 왠지 서운한 마음은 지울 수가 없었다. 게다가 아들이 왔다고 반갑게 웃는 어머니의 얼굴에서 듬성듬성 빠져있는 이를 보니 아까 포커 판에서 잃어버린 돈뭉치가 생각났다. 사실 어머니의 그 빈 이도 자신 때문이었다. 큰 잘못을 해 매를 맞는 아들을 막으려다 미쳐 아버지의 주먹을 피하지 못해 그렇게 되었던 것이다. 그러다 보니 아까 포커 판에서 잃어버린 돈이 더 아쉽고 분했다.

불끈불끈 올라오는 속상함을 억지로 가라앉히며 대충 손발과 얼굴을 씻었다. 씻고 난 후 수건으로 물기를 닦다 보니 손발톱이 몹시 길어져 있었다.

손톱 깎기를 찾으려고 어머니 서랍을 뒤졌다. 아니, 그런데 이게 웬일인가! 서랍 속에 일만 원짜리 한 뭉치가 있었다.

갑자기 아까 포커 판에서 잃어버린 돈이 생각났다. 그들이 '밤을 새울 테니 돈을 갖고 오라'는 말도 떠올랐다. 한참 돈을 따다가 막판의 실수 때문에 돈을 모두 잃어버린 그 순간도 떠올랐다. 아주 잠깐 망설임도 있었지만 돈을 따던 그 순간을 생각하며 돈뭉치를 집어 들고 당구장으로 향했다.

당구장으로 향하는 길에도 둥근 달은 떠 있었고 조용히 그의 발길을 따르고 있었다. 다시 포커 판에 나타나자 그들은 반가이 맞아 주었다. 새롭게 판에 끼어들며 이번에는 아까와는 방법을 달리하자고 마음먹었다.

'무리만 하지 말고 실수만 하지 않으면 된다. 아까도 한참 많이 땄었

는데 괜히 무리를 해서 실수를 한 거다. 분명 한순간의 실수만 조심하면 된다.'

아까 돈을 잃었을 때와는 분명 다르게 절대 무리하지 않고 조금씩만 돈을 걸고 나갔다. 그런데 이번에는 크게 돈을 잃지는 않는 대신에 좀처럼 돈이 모이지가 않았다. 오히려 가랑비에 옷 젖듯이 돈이 조금씩 줄어들고 있었다. 이상하게도 자신의 패가 괜찮으면 상대가 승부를 포기해 버렸고 자신의 패가 좋지 않으면 상대는 승부를 걸어왔다. 그런 식으로 시간이 계속 흐르자 돈도 제법 많이 줄어들었다.

그런데 어느 순간 자신의 등 뒤에서 왠지 뜨거운 눈길이 느껴졌다. 가만히 보니 그런 눈길이 느껴질 때마다 앞에 앉은 사내가 매번 머리를 긁적이고 있었다는 생각이 들었다. 겉으론 아무 내색도 안 하면서 좀 더 신경을 곤두세우고 주변 사람들의 행동을 지켜보았다.

그때였다. 천으로 덮여진 유리 탁자의 한쪽 귀퉁이가 게임 중에 살짝 벗겨졌고, 등 뒤의 사내가 욱태의 패를 몰래 살펴본 후 코를 만지는 것이 유리판에 순간적으로 비쳐졌다. 판을 구경한다며 둘러싸고 있던 사내 중 하나가 욱태의 패를 상대방에게 몰래 알려 준 것이다.

"야, 니들 지금 다 죽으려고 짜고 치고 있어!"

욱태는 고함과 함께 포커 판을 뒤엎었다. 그리고 앞에 있는 사내들에게 곧바로 매섭게 주먹을 날렸다. 순식간에 몇 명의 사내들이 바닥에 나뒹굴었다. 다른 사람들이 당황하고 정신을 못 차리는 순간 돈뭉치를 챙겨 들고 재빨리 자리를 떴다. 뒤늦게 사내들이 정신을 차리고 뒤를 쫓았다. 자신을 잡으려고 뛰어오는 그들에게 당구공을 마구 집어 던졌다. 누군가 비명 소리와 함께 쓰러지는 것 같았다. 하지만 더 이상 머뭇거림 없이 재빨리 당구장 밖으로 뛰어나갔다.

얼마를 죽기 살기로 뛰었을까. 뒤에 따라오는 사람도 보이지 않았다. 한숨을 돌리고 터덜터덜 걸음을 늦추고 걸었다. 담배를 꺼내 물고 보니 또 어느새 둥근 달만이 조용히 함께 걷고 있었다.

어디로 갈까 망설이다가 우선 어머니께 돈이라도 전해 줘야겠다는 생각이 들어 발길을 집으로 향했다.

집에 거의 다 도착해 골목 하나를 남겨둔 순간 어디선가 두런두런 하는 귀에 익은 목소리가 들렸다. 당구장에서 함께 포커를 치던 그들이었다. 그들이 어느새 집까지 찾아온 것이다. 그들은 집 근처에 차를 대놓고 그 안에 숨어 있기로 한 것 같았다. 골목 어귀에 주차한 차 안에 들어가더니 라이트를 꺼버렸다.

그들을 피해 뒷길로 돌아 집 뒤편으로 온 뒤 담벼락에 기대어 풀썩 주저앉았다. 추석을 앞둔 보름달이 또다시 그를 비추고 있었다. 어린 시절에도 갈 곳 없이 뒷산에 쭈그리고 앉아 있을 때도 그랬었다. 그때는 정월 대보름이었다.

시골에 살던 욱태는 친구들과 쥐불놀이를 하던 그날 이미 초저녁에도 아버지에게 혼이 났었다. 쥐불놀이한다며 나무판자로 된 담벼락을 뜯어내는 철없는 아들에게 화를 냈던 것이다. 그래도 그는 너무도 즐겁게 쥐불놀이를 했다. 시간 가는 줄 모르고 놀다 보니 어느덧 한밤중이 되었다. 언제나 그렇듯 쥐불놀이의 마지막은 불씨가 담긴 깡통을 멋지게 던지는 것으로 마무리되었다.

욱태도 불씨가 담긴 깡통을 있는 힘껏 힘차게 저 멀리 내던졌다. 그런데 너무 힘차게 던진 나머지 그 깡통은 그만 자기네 집 초가지붕 위에 떨어졌다. 어린 그가 어쩔 줄 몰라 하는 사이 바람은 불어왔고 불은 점점 더 번지기 시작했다. 불이 점차 커지면서 한밤중에 난리가 났다. 아버지의 성질을 익히 아는 터라 겁이 나자 그만 뒷산으로 도망을 쳐버리고 말았다. 간신히 불을 끄고 사라져버린 아들을 찾아 어머님이 목이 터져라 소리를 질러 불렀지만 아무런 대답도 들리지 않았다. 두려움에 떨던 그는 따스한 달빛 속에 눈물을 흘리다 그만 잠이 들고 말았던 것이다.

한참이 지나서야 잠에서 깨어났지만 도저히 집에 들어갈 용기가 나지 않았다. 할 수 없이 무작정 산속에 있기로 했다. 시간이 갈수록 너무도 배가 고파왔다. 그런데 어머니는 자식의 모든 것을 알고 계신 것일까? 숨어 있는 곳을 어떻게 알아냈는지 어머니가 찾아왔다. 하지만 아버지가 너무도 무서워 집에 들어가지 않겠다고 고집을 부렸다. 어머니는 더는 채근하지 않고 그냥 산을 내려가더니 밥을 싸 들고 되돌아오셨다.

그렇게 며칠 동안을 어머니는 계속 밥을 해가지고 오셨고 달빛 속에서 욱태를 꼭 안아 주었다. 그때도 보름달이었고 달빛은 따스했다.

잠시 지난 시절에 빠져 있던 그 순간, 뒤 안으로 누군가 다가오는 소리가 들렸다. 부모님이었다. 두 분은 뒤 안 툇마루에 자리를 잡고 앉았다. 아버님은 담배를 피우셨고 어머니가 무슨 말을 하시는 것 같았다. 가만히 귀를 기울여 들어보니 무슨 이야기인지 알아들을 수 있을 정도로 말소리가 들렸다. 이런저런 이야기를 나누던 끝에 어머님이 아버님께 뜬금없이 욱태 이야기를 꺼냈다.

"이번에 욱태에게 돈 좀 해줘야겠어요."

"돈이 어디 있어?"

"이번에 둘째가 금니하라고 준 돈 있잖아요."

"그 돈으로 당신 금니 꼭 해야 된다고 영태가 몇 번이나 말했었잖아."

"나야 다 늙어 무슨 금니가 필요하겠어요."

"아니. 도대체 돈은 왜 못 줘서 난리야?"

"당신은 젊은 애가 이빨도 없이 돌아다니는 것이 좋아요."

"그건 그 놈이 싸움질 하고 돌아다니다 그런 거니까 자기가 알아서 해야지."

"됐어요. 아무튼 그렇게 알아요."

"만날 사고만 치는 놈이 도대체 뭐가 좋다고 못 챙겨줘서 난리야."

"가뜩이나 자주 못 보고 어떻게 지내나 궁금했는데 이렇게 명절이라고 만나게 되니 얼마나 다행이에요. 난 그래도 욱태 얼굴 보면 마음이 편해져요. 오늘도 그 놈 온다고 웃음이 납디다."

살면서 한 번이라도 보름달을 떠올린 사람이라면 10년 전이나 지금이나 보름달은 늘 '따스하다' 라고 생각할 것이다. 지금 욱태의 보름달도 그렇다. 그런데 어머니는 서랍 속의 그 돈이 없어졌다는 것을 알고 계실까? 아니면 모르고 계실까? 아마 알고 계시다면 그 돈은 아들에게 전해주려고 보름달이 숨겨 뒀다고 생각하지 않으실까? 어머니의 그 마음을 보름달만은 알고 있을 것이다.

만약 누군가에게 아직 어머니가 계시다면 그것만으로 열심히 살아야 할 충분한 이유가 된다. 어머니는 늘 자식을 믿고 기다리고 있다. 자식이 어떤 순간, 어떤 위치에 어떤 모습으로 있을지라도 어머니는 가장 착하고 좋은 아들로 믿고 있다. 만약 지금 몇 년째 취업을 못하고 있다고 해도 어머니는 분명 이렇게 생각할 것이다.

'더 크게 성공하기 위해 준비하는 시간이 많이 걸리겠지.'

또 만약 지금 실직 상태라면 더 좋은 직업을 얻기 위해 쉬고 있다고 믿을 것이고, 지금 멋지게 성공하고 있다면 더더욱 크게 성공할 거라 믿을 것이다.

굳이 세상의 성공이 아니라 해도 마찬가지다. 어머니는 분명 '무언가 이유가 있겠지', '그럴 수밖에 없었겠지', '오죽하면 그랬을까' 하며 언제나 자식의 편에 서서 이해하고 믿을 것이다.

아직 어머님이 우리 곁에 있는 한 인생의 승부는 아직 끝나지 않은 것이다. 늘 변함없이 내편에서 나를 믿고 기도하는 사람이 있기에 또다시 세상 속에 힘차게 살아가야 할 이유도 남아 있는 것이다. 지금 이 순간에도 어머니는 당신의 얼굴을 떠올리며 빙그레 웃고 있다. 잘 할 거라고, 잘 할 수 있을 거라고, 잘 해나가고 있다고! 지금이 아니더라도 언젠가는 반드시!

당신이 부끄러워한 당신의 '가난한' 아버지가 떳떳한 이유

학창시절 그는 야간자습을 하느라 학교에서 저녁을 먹었었다. 다른 친구들은 도시락을 두 개씩 싸가지고 다니거나 학교 식당에서 저녁을 먹었지만 그는 몹시 드물게도 아버지가 갖다 주는 김이 모락모락 나는 도시락을 먹었었다. 하지만 그는 낡은 짐받이 자전거에 도시락을 싣고 찾아오는 아버지를 부끄러워했었다.

친구들 아버지에 비해 더 늙은 아버지가 부끄러웠고, 허연 머리에 초라한 행색으로 찾아와 친구들 앞에 말없이 도시락만을 놓고 가는 모습이 부끄러웠고, 막노동을 하는 아버지의 직업이 부끄러웠다.

어느 날인가는 친구네 집을 가던 길에 무심코 공사장에서 등짐을 지고 있는 아버지를 보았을 때 왠지 부끄러운 마음에 못 본 척 고개를 돌렸었다. 아버지가 선생님인 친구, 아버지가 공무원인 친구가 부러웠고 옷가게를 하는 친구 아버지가 부러웠었다. 아니 그 정도는 바라지도 않으니 초라한 날품팔이 막노동만 하지 않는 아버지라면 그 어느 직업이라도 좋다고 생각했었다. 친구들 아버지에 비해 초라하고 가난한 자신의 무능한 아버지를 원망하고 한탄했다.

세월은 흘러 이제 사회생활의 첫 발을 내딛고 얼마의 시간이 지났다.

그의 직업은 아버지의 직업처럼 부끄럽지도 않고 힘든 일도 아니었다. 사람들이 인정하는 안정된 직장에서 능력을 발휘하며 서서히 자신의 자리를 굳혀가고 있었다. 세상을 조금은 알 것 같았고 삶이 결코 쉽지 않다는 것도 알게 되었지만, 또 나름대로 자신감도 조금씩 생겼다. 하지만 그에게 아버지란 존재는 여전히 무능하고 원망스러운 사람이었다.

같이 입사한 동료들은 좋은 집과 좋은 차를 몰았지만 그에게 아직 그건 욕심이었다. 아무리 동료들보다 열심히 일하고 알뜰하게 돈을 모아도 동료들이 갖고 있는 것을 가질 수는 없었다. 물려받은 것이 없었기 때문이었다. 이제는 그런 고민들이 그를 힘들게 하고 안타깝고 억울하게 만들었다. 앞으로도 이런 차이는 좁혀지지 않을 것만 같았고 평생을 가난한 집에서 태어난 것을 억울해 해야 할 것 같았다. 세월이 더 흘러도 영영 아버지를 부끄러워하고 원망할 것 같았다. 그의 아버지는 끝끝내 존경받는 것은 둘째치고 원망이라도 안 받으면 다행이었다.

그러나 대학까지 나온 그는 초등학교도 졸업하지 못한 자신의 아버지를 아직도 모르고 있다. 평생의 노동으로 열 손가락 모든 곳이 갈라 터지다 못해 검은 금이 빼곡하게 그어져 더 이상 터질 틈조차 없다는 사실을…… 그 손바닥의 검은 금이 고통을 참으며 자식들을 키워 낸 아버지만의 자랑스러운 훈장이란 사실을 모르고 있는 것이다.

지금도 아버지는 노동을 하고 있다. 나이를 먹었다는 이유로 이제 그 막노동 자리도 흔하지 않아 시골 여기저기 일손 없는 곳을 찾아다니며 막일을 한다. 얼굴에 주름살은 자꾸만 늘어 더더욱 초라해 보이는 아버지. 항상 구부정한 허리지만 또 오늘도 새벽일을 나선다.

자, 이제는 당신도 알아야 한다.

당신의 아버지가 왜 부끄럽지 않고 떳떳한 사람인지를 제대로 알아야 한다. 당신이 그토록 부끄러워한 당신 아버지의 막노동은 정말로 깨끗했다. 아버지의 노동은 누구에게 거짓말을 하거나 누군가를 힘들게 하지 않았다. 오직 혼자 힘겨움과 아픔을 감내했을 뿐 그 누구에게도 고통을 주지 않았다. 살아오면서 당신이 부러워했던 주위를 돌아보라. 많이 배우고 좋은 자리, 높은 자리 있는 사람 중에 다른 사람들을 힘들지 않게 한 사람은 몹시 드물다. 권력 있는 권력자는 권력으로 사람들을 괴롭혔고, 돈 많은 사람들은 돈으로 사람들을 괴롭혔다.

그 정도까지는 안 되는 사람들이라 할지라도 작은 힘이라도 어느 정도의 능력만이라도 있는 사람들은 그 얼마 되지도 않는 자신이 가진 능력만큼 또 누군가를 힘들게 했다. 아니, 그렇게 누군가를 직접 괴롭히지는 않았을지라도 당신이 부러워하고 열광했던 의사, 판검사, 목사를 생각해 보라. 고통 받는 환자가 없이 어찌 훌륭한 의사가 있겠는가? 전 재산을 털어 먹는 환자가 없이 어찌 그 멋진 병원 건물이 있겠는가? 판검사, 목사도 마찬가지다. 누군가의 아픔과 눈물과 피해가 있기에 그들이 존재할 수 있다. 물론 가족을 지키고 양육하기 위해 무언가 자기 일을 열심히 한다는 것은 참으로 신성한 것이다.

하지만 오직 자신의 가족만이 잘 먹고 잘 살려고 다른 이들의 고통을 대가로 하거나 그 고통에 눈감는다면 오히려 그것은 부끄러운 일이다. 아무리 좋은 직업이라도 마찬가지다. 더 단순하게 생각해보자.

당신의 아버지가 그렇게 막노동을 하지 않았다면 도대체 이 나라의 수많은 빌딩과 집들은 누가 지었을 건가? 누군가는 해야 했기에 당신의 아버지가 한 것이다. 그 고통스런 노동 덕분에 당신의 가족들은 먹고 살 수 있었던 것이다. 그런 노동의 과정에 과연 어떤 사람에게 피해를 주고 어떤 사람을 힘들게 했을 건가? 그런 잘못은 결코 없다.

그래서 당신의 아버지는 당신과 세상에 떳떳할 수 있다. 물론, 이 사회와 역사를 위해 별로 대단한 일을 한 것은 아니지만 그래도 당신에게는 최선을 다했고 이 세상에 꼭 필요한 사람이 된 것은 사실이다.

못 배웠다고, 험한 노동으로 초라하게 늙었다고 네 아버지를 부끄러워하지 마라.

세상에 상처주지 않고 세상 속에 묵묵히 제자리를 견뎠다는 것만으로도 아버지는 분명 떳떳하다.

███ 아버지라는 이름. 마음은 예전 그대로이지만 이미 몸은 지칠 만큼 지쳐버린 늙은 아버지. 지금껏 가족을 지켜냈지만 이제 그는 세상에서 가장 고독한 존재이다.

세상에 대단하다고 인정받는 사람들은 인생의 이유에 대해 여러 가지 고상한 이야기들을 한다. 무언가 업적을 남기고 이름을 남기고 싶어 한다. 그런데 그것은 좋은 집안에서 태어나 먹고 살 만한 사람들이나 하는 고차원적 삶의 의미지 단순히 먹고 살기도 버거운 사람들은 그냥 열심히 사는 것, 지금 살아남아 있는 것만으로도 숭고하다.

거기에 더해 자신의 가족까지 지켜내고 있지 않은가?

펭귄이 알을 부화시키기 위해 2개월을 영하 79도에서 먹지도 않고 추위와 배고픔에 견뎌야 할 때는 뭐 어떤 위대한 삶의 이유나 깊은 의미 때문이 아니다. 그냥 자기 몫을 다해 살아남고 거기에 더해 새 생명을 탄생시키고 지켜내면 그것으로 된 거다.

그래서 가족을 지켜낸 세상의 아버지들은 모두 위대한 것이다.

단지 그것만으로도 충분히 위대한 것이다. 거기에 더해 사회적으로 비겁하지 않고, 악한 짓 하지 않고, 불의에 맞서 정의의 편에 선 아버지라면 그들은 모두 위대하다.

이제는 그런 아버지를 이해해주고 공손히 술잔을 올려라. 그런 고독한 삶을 견딘 아버지에게 따뜻한 감사의 진심을 전해라. 언젠가는 그 아버지가 그립게 될 것이다. 아버지를 꼭 안아주지 못한 것을 후회하게 될 것이다. 꼭 그것이 아니라도 지독하게 힘겨운 삶을 잘 버티는 한 인간에 대한 예의와 존중의 마음으로 아버지의 손을 잡아 드려라.

늘 아버지의 이름으로 남자의 이름으로 참아야 했고, 이해해야 했고, 견뎌야 했고, 양보했던 사람, 아무리 외롭고 힘들어도 차마 그 누구에게도 약한 모습 보일 수 없어 속 울음만을 삼켜야 했던 사람.

속이 타 들어 가는 답답함을 쓴 소주로 달래지만 그래도 풀리지 않는 발걸음으로 쓸쓸히 돌아와야 하는 사람, 그저 술이나 퍼 마시는 속없는 사람으로 불리는 사람, 그러나 끝내 그 자리를 묵묵히 견디는 그 이름,

아버지. '어머니'라는 이름만큼 '아버지'라는 이름도 아름답고 위대하다. 그런 평범하지만 위대한 아버지가 바로 당신의 아버지다.

로또 복권에 당첨된 그날 밤에 생긴 일

도무지 믿어지지가 않았다. 설마 이런 일이 자신에게도 생길 줄은 몰랐다. 오랜 친구인 기태가 당첨금 수십억 원의 로또 복권에 당첨되었다는 것이 마치 거짓말인 것만 같았다. 하지만 그는 복권에 당첨되었다. 그리고 그는 당첨금 중에 십억 원을 민영에게 나누어 준다는 것이었다. 그동안의 고마움에 대한 보답치고는 너무도 큰 금액이었다. 돌아보면 그렇게 잘 해준 것도 아닌데 어쨌건 오랜 세월 참고 견딘 보람이 있었다.

사실 늦은 밤 기태에게서 전화가 왔을 때는 짜증부터 났다. 전화기 너머로 들리는 기태의 중학생 아들 목소리를 들으며 이번엔 또 무슨 일일까 하는 걱정이 먼저 들었었다. 벌써 이런 일이 몇 번째인지 이제 셀 수도 없었다. 항상 느닷없이 연락을 해 민영을 곤혹스럽게 만들곤 했었다.

갑작스런 연락의 대부분은 돈을 빌려 달라는 부탁이었다. 물론 한 번도 되돌려준 적은 없었다. 하긴 되돌려줄 능력이 있으면 민영에게 더 이상 빌려 달라는 말도 하지 않았을 것이다. 또 어떤 때는 그의 아들의 전화를 받고 가보면 알코올 중독이 심해져 정신을 잃고 헛소리를 하고 있었다. 긴급하게 병원으로 옮겨 입원을 시켜 놓으면 병원비는 고스란히 민영의 몫이었다.

그런 친구를 원망도 많이 했었다. 똑바로 살라고 몇 번을 타일렀지만 그럴 때마다 되돌아온 것은 기태의 짜증뿐이었다. 그럴 때마다 이젠 두 번 다시 만나지 않겠다고 생각했지만 아쉬울 때면 연락해서 애걸하는 친구를 차마 모른 척 할 수는 없었다.

얼마 전에도 병원에 입원시켜 놓았더니 아무런 연락도 없이 퇴원을 했다. 병원 원무과에서 보호자가 병원비를 계산해야 한다며 민영에게 연락을 했을 때 병원비를 지불하면서 '이것이 마지막이다' 라는 결심을 했었다.

병원비가 아깝기보다는 걱정된 마음에 입원을 시켜 놓으니 답답하다고 무단 퇴원을 한 것이 야속했었던 것이다. 그러나 어릴 때부터 같은 동네에서 자라 오랜 세월을 함께 보낸 친구의 어려운 처지를 나 몰라라 할 만큼 모질지가 못했다. 어쩌면 그렇게 마음이 약하다는 것을 알기에 기태가 지금껏 매달렸을 것이다. 10년이 넘도록 줄곧 민영에게 도움을 원하고 있었다. 그동안의 그런 사연이 있었기에 기태도 복권 당첨금을 나눠주겠다는 것이었다. 어찌 보면 결국 하늘이 민영에게 복을 준 건지도 모른다.

차를 타고 기태에게 달려가면서도 마음을 가라앉히려고 몇 번이나 심호흡을 크게 했다. 그러나 좀처럼 마음이 진정 되질 않았다. 하긴 십억이면 결코 만져 볼 수 있는 돈이 아니었다. 도무지 그 돈을 갖고 무엇을 할지 선뜻 생각이 정리되질 않았다. 우선 내 집 마련을 한 다음에 그 다음은 어찌하는 것이 좋을 지는 쉽게 판단이 서질 않았다. 그냥 계속 가슴만 두근거릴 뿐이었다.

마침 차가 신호등에 걸렸다. 또다시 담배를 빼물었다. 좀처럼 차 안에서 담배를 피우지 않지만 차마 마음이 가라앉지 않아 할 수 없이 창문을 열고 담배를 빼 문 것이다. 함께 차에 태운 아들이 그런 아빠가 이상하다는 듯이 물었다.

"아빠, 왜 차 안에서 담배를 피워요?"

"너무 기뻐서."

"뭐가 기쁜데요?"

"로또 복권에 1등으로 당첨되어 그거 받으러 가는 중이거든."

"로또 복권이 뭔데요?"

"응, 하늘이 복을 내려 주는 거야."

"하늘이 어떻게 복을 내려 줘요?"

"……"

아이는 계속 질문에 질문을 이었지만 푸른 신호등이 켜지자 황급히 차를 몰며 대답을 얼버무렸다. 지금 상황에서 그런 설명을 해줄 수 있는 마음의 여유는 없었다. 기태네 집 대문을 열고 들어서며 다시 한 번 마음을 가다듬었다. 흥분하지 말자. 차분하게 현실을 받아들이자. 괜히 이 상황에 흥분했다가는 모든 것이 수포로 돌아갈지도 모른다. 낡을 만큼 낡아 이젠 대문이라고 하기도 허술한 문짝을 닫으며 자신을 최대한 진정시켰다.

　문 여는 소리에 기태의 중학생 아들이 방문을 열고 나와 민영을 맞았다. 방 안에 기태가 비스듬하게 벽에 기대 누워 있는 것이 보였다. 잠시 호흡을 고른 후 방으로 들어섰다. 자리에서 일어나 민영과 마주 앉은 기태는 잠시 말이 없었다. 말을 꺼낸다는 것이 쉽지는 않을 것이다. 그동안의 일을 생각하면 그럴 수밖에 없었다.

　기태가 재떨이에서 담배꽁초 하나를 골라 입에 물었다. 그리고 곧바로 크게 연기를 내뿜었다. 이미 마음의 준비는 하고 있었고 스스로를 진정시킬 만큼 진정시킨 민영이기에 빨리 친구가 무슨 말을 꺼내 주길 바랐다.

　시간은 벌써 밤 12시가 다 되었고 내일을 생각하면 많이 늦은 시간이었다. 최대한 빨리 집으로 돌아가 잠자리에 들어야만 내일 출근이 덜 부담스러울 수밖에 없었다. 담배를 비벼 끈 기태가 아무 말 없이 서랍을 열었다. 그리고 작은 봉투 하나를 민영에게 내밀었다. 아무 말 없이 봉투를 받아 들었다. 대충 무엇인지 알 것만 같았다.

　"내가 지금 사정이 안 되니 너에게 부탁한다. 네가 잘 좀 처리해 줘. 지금 이 상황에 믿을 수 있는 건 너밖에 없다."

　민영은 대답 대신 길게 호흡을 한 번 내쉬었다. 오는 차 안에서도 대문을 열고 들어오는 순간에도 몇 번 결심했듯이 진정해야 했다. 그래, 이것도 하늘의 복이다. 목구멍에서 몇 번이나 무슨 말이 튀어나오려 했지만 억지로 눌러 참았다. 민영이 아무 말이 없는 탓인지 기태 역시도 아무런 말이 없었다. 잠시 방 안에 어색한 분위기가 감돌았다. 이 상황에서 무슨 말을 하기도 어려웠다. 무슨 말인가를 하려다 민영은 조용히 일어서 방문을 열고 나섰다.

기태의 아들만이 따라나섰고 기태는 묵묵히 앉아 누렇게 얼룩진 천장을 올려만 보고 있었다. 대문을 열고 나서다 결국 친구 아들에게 지갑에서 지폐 몇 장을 꺼내 주며 한마디를 건넸다.

"아저씨와의 약속 잊지 않았지. 아저씨는 믿어. 네가 꼭 이런 어려운 생활 속에서도 잘 헤쳐갈 수 있을 거라고. 어렵더라도 힘내."

기태의 아들은 대답 대신 고개를 끄덕였다.

차에 올라 타 출발하고 얼마쯤 달렸을까, 뒷자리에서 자고 있는 줄 알았던 아이가 어느새 깨었는지 느닷없이 물었다.

"로또 복권 받았어요?"

"어."

"그런데 왜 별로 기뻐하지 않아. 아까는 너무 기쁘다고 했잖아."

"음. 원래 기쁜 일도 그 순간이 지나면 별거 아니야. 이제 벌써 그 기쁜 순간이 지났어."

"나는 기쁜 일이 있으면 하룻밤은 더 지나던데."

"그래도 그런 건 빨리 잊고 다음의 기쁜 일을 준비하는 것이 옳은 거야. 그래야 항상 기쁠 수 있지."

다음날 민영은 잠시 시간을 내 은행을 다녀왔다. 하지만 아무 일 없다는 듯 퇴근을 했다. 정말 아무 일 없다는 듯 그렇게 행동할 수 있는 자신이 신기했다. 물론 여전히 마음이 진정 되지는 않았지만 어쩔 수 없는 일이었다. 퇴근 후 저녁을 먹는데 아내가 물었다.

"참, 아침에 물어본다는 것이 깜빡 했는데 어제 기태 씨는 왜 또 밤늦은 시간에 사람을 불렀대?"

"으응. 별 일 아니야."

"무슨 일인데 그래? 또 돈 빌려 달라고 했지? 이제 당신도 정신 좀 차려."

"그런 거 아니라니까."

"아니긴 뭐가 아니야. 그 늦은 시간에 당신 부를 일이 그거 밖에 더 있어. 뻔하지. 이제 더 이상은 안 돼."

"……"

"왜 대답이 없어요. 혹시 자기 나 몰래 또?"

"그냥 별일 아니라니까. 이제 그만해. 밥 먹는 중이잖아."

아들 녀석이 끼어 든 것은 바로 그 순간이었다.

"엄마, 아빠 어젯밤에 로또 복권 받으러 갔다 왔어."

"로또 복권?"

"어. 어제 아빠가 그랬어. 로또 복권 받으러 간다고."

"여보. 이게 무슨 말이야? 로또 복권 받으러 갔다 왔다니?"

민영의 표정이 곤혹스러워졌다.

"아이참, 별일 아니라니까 그러시네. 정 궁금하면 밥 먹고 얘기해 줄게."

밥상을 치우자마자 아내는 남편을 불러 도대체 로또 복권 이야기가 무슨 말이냐며 다그쳤다.

"밤중에 어디 가냐고 자꾸 물어보니까 마땅히 대답 할 말도 없고 해서 그냥 장난으로 한 말이야."

"아이에게 장난할 것이 없어서 그런 말로 장난을 해요?"

혹시나 하는 기대를 했는지 아내는 평소보다 훨씬 큰소리로 민영을 나무랐다. 그리고 갑자기 그동안 묻어 두었던 이런저런 서운했던 일들이 터져 나오기 시작했다. 기대가 크면 실망도 큰 법. 로또 복권의 꿈이 깨진 탓인지 잔소리는 계속해서 이어졌다. 민영은 은근슬쩍 그 자리를 피해 텔레비전에 눈을 고정했다. 하지만 그녀는 못다 한 잔소리를 이어 나갔다.

늘 똑같은 레퍼토리로 무능한 남편에 대한 타박이었다. 몇 달 동안 쌓아 두었던 불만을 오늘 이 참에 한꺼번에 터트려 버리려는 것 같았다.

"날마다 그렇게 실속 없이 살다가 도대체 언제 성공하려고 그래. 남부럽지 않게 잘 살게 해준다며? 나는 그렇다 치고 아이에게 부끄럽지도 않아? 날마다 자랑스러운 아빠 된다며? 제발 정신 좀 차려!"

이럴 땐 아무 말 없이 조용히 듣고만 있는 것이 상책이지만 이대로 있다가는 도무지 언제 잔소리가 끝날지 모를 일이었다. 무언가 변명을 하든지 그럴듯한 대답을 해야 하든지 하는데 마땅히 할 말이 없었다.

'자랑스러운 아빠'라는 말 때문이었을까? 이번에 옆에서 듣고 있던 어린 아들이 불쑥 엄마의 말을 이어받았다.

"엄마. 아빠는 성공했어요. 오늘 학교에서 선생님께서 그러셨어요. 내가 깜빡 졸고 있으니까 왜 조냐고 물어 보시기에 어젯밤에 아빠 친구가 로또 복권이 당첨됐는데 그거 준다고 해서 받으러 갔다 오느라고 늦게 자서 그렇다고 했거든. 그랬더니 깜짝 놀라시더니 아빠와 친구가 모두 대단하다고 하셨어요. 그렇게 중요한 것을 맡길 수 있는 친구가 있다는 것만으로도 성공한 거고 대단한 사람이라고 그러셨어요. 오늘 그것 때문에 아빠가 얼마나 자랑스러웠는지 몰라요."

동그랗게 눈을 뜨고 또박또박 학교에서 있었던 일을 말하는 아들의 이야기를 듣고는 아내도 그만 한풀 꺾여 버리는 것 같았다.

"당신은 좋겠구려. 아들에게 성공한 사람이란 말도 듣고, 자랑스럽다는 말도 들었으니."

말을 마친 아내는 엷은 웃음을 내비쳤다.

그 날 낮에 왜 은행에 다녀왔는지를 아는 사람은 민영 자신 외에는 아무도 없다. 그것이 로또 복권 당첨금 때문인지, 아니면 누군가에게 송금을 하기 위해서였는지는 끝내 아무에게도 말하지 않을 것이다. 하지만 분명한 사실 두 가지가 있다.

그 첫 번째는 어젯밤 그는 분명 로또 복권에 당첨되었다는 기쁨을 누렸다는 것이다. 그것이 자기 스스로 그런 위안을 삼는 것인지 아니면 실제 복권 당첨금을 나눠 받게 된 기쁨인지 역시도 마찬가지로 밝히지 않을 것이다. 그리고 두 번째는 자기 아들의 입에서 성공한 아빠, 자랑스러운 아빠라는 말을 들었다는 것이다.

그렇다면 어젯밤 그 로또 복권의 진실은 무엇일까? 과연 그는 복권 당첨금을 받은 것일까? 아니면 받지 않은 것일까? 혹시, 당첨금을 숨겨두고 나중에 찾으려는 것은 아닐까? 도대체 복권에 숨겨진 비밀은 무엇일까?

모든 진실을 밝혀줄 수는 없다. 다만 민영이 당첨금을 숨겨둔 것은 아니지만 로또 복권 같은 행운과 행복이 세상 그 어딘가에 민영을 위해 여전히 숨겨져 있고 그 모습을 드러낼 날을 기다리고 있는 것은 분명한 사실이다.

왜냐고? '착한 사람에게는 하늘이 언젠가는 반드시 복을 내린다' 라는 거짓말 같은 진실로 그 대답을 대신 한다.

■■■ 세상에는 신이 있다. 종교의 신만이 있는 것이 아니다. 정의의 신도 있고 구원의 신도 있고 조상 신도 있다. 그 신들은 단지 자주 나타나지 않을 뿐이지 항상 우리 곁에 있다.

그럼 그 신들은 언제 모습을 드러낼까?

신들의 특징은 그 어떤 일에 대해 바로 나타나는 것이 아니라 시간이 좀 더 지나서 전혀 예기치 않는 모습으로 나타난다.

예를 들면, 착한 일을 많이 한 사람에게 행운의 신은 착한 일을 하는 그 순간에 바로 나타나 복을 주는 것이 아니라 당신이 위기에 처했을 때 당신을 전혀 예상치 못했던 사람을 통해 당신을 구해 준다. 혼자 한적한 산에 등산을 가다 급체로 쓰러질 때 마침 지나가는 약초 캐는 노인으로 나타나 침을 놔주고 구급약을 먹여 구해주거나, 실직이 되어 낙담하고 있을 때 취미 동호회에 지나가는 인연으로 만난 사람이 자기 선배의 회사에 소개를 해서 취직을 시키는 모습으로 나타난다.

결국 당신이 A에게 베푼 그 공덕은 A에게서 되돌아오는 것이 아니라, B나 C를 통해 되돌아온다. 설마 되돌아올까 의심하지 마라. 반드시 되돌아온다. 이것은 세상의 진리다.

복권에 당첨된 사람들이 조상 꿈을 가장 많이 꾼 이유도 그런 거다. 평소 부모님에 대한 공경이 아주 오랜 시간이 지나서 꿈속에 나타나 계시를 주는 것이다. 허무맹랑한 이야기가 아니라 이 온 우주가 기로 덮여 있는 세계고 그것을 설명 못하고 인간이 어디서 와서 어디로 가는지는 증명 못하는 것이 세상이다. 더 쉽게는 어떤 일이 꿈에 미리 나타나는 예지몽을 어떻게 설명할 것인가?

물론 신이 있다, 없다가 중요한 것이 아니라 그렇게 세상과 함께 나누고 베푼 것은 반드시 당신에게 되돌아온다는 것이다. 당신이 재벌 집안에 태어났으면 혼자서 잘 먹고 잘 살면 그만이라지만 그것이 아니니까 더더욱 덕을 쌓고 베풀며 살아야 한다.

지금 비록 현실이 힘들고 어려워도 조금만 양보하고 조금만 더 나누고 조금만 베풀어 보자. 그럼 반드시 그 어떤 형태로든 행복으로 돌아온다.

가족이 늘 짐이 되었던 그가 끝까지 가족과 함께한 이유

대부분의 사람들에게는 가족은 가장 소중한 존재겠지만 그에게는 너무 힘겨운 짐이었다. 학창시절 신학기가 되면 가장 싫었던 것이 '가정환경조사서'를 적는 일이었다. 불우한 가족 사항을 적는다고 아무런 도움도 주지 않으면서 학교에서는 늘 상세한 가족사항 적기를 시켰다. 오히려 그런 가정형편 조사는 불우한 학생을 도와주기보다는 잘 사는 학생을 파악해 특별 관리하기 위한 것이 아닐까 싶었다.

차라리 태어날 때부터 혼자였다면 이렇게까지 괴롭지는 않을 것 같았다. 형제, 자매를 적는 난에 성씨가 세 가지가 되는 이름들을 적어야 하고, 선생님의 기분 나쁜 질문을 받는 일은 정말로 괴로웠다.

세 가지 성씨 중에 제일 마지막 성씨가 그였고, 그나마 다행인 것은 그의 아버지 성씨가 그의 성씨와 같다는 것이었다. 서로 성이 달라도 그의 형제, 자매들은 한집에 살았다. 형이나 누나들은 막내 동생인 그에게 별말이 없었다. 성씨가 다르기 때문인지 무언가 서먹하고 거리감 있게 대했다. 그리고 중학교 때, 그의 아버지가 돌아가셨다. 일평생을 남의 집 머슴살이를 하며 모은 돈으로 세 가지 성을 가진 자식들을 말없이 거둔 그 분이 한 많은 인생을 마감한 것이다.

평소 별로 눈물이 없는 모진 성격이었지만 엄청나게 눈물이 났다. 엎친 데 덮친 격으로 한 달이 지난 후. 믿어지지 않게도 그의 어머니까지 또 갑자기 세상을 떠났다. 망연자실했다. 아무리 슬피 울어도 돌이킬 수 없는 일이었다. 부모님과의 이별은 가족이란 것을 지긋지긋하게 싫어했던 그에게 가족이란 것의 의미를 새롭게 다가서게 해주었다.

이제는 어쨌건 부모님 없이 성이 다른 형제들끼리만 살아야 했다. 아버지가 손발이 다 닳도록 머슴살이해서 장만한 유일한 재산인 집 한 채는 그가 아직 학생인 터라 성이 다른 큰형에게로 넘겨졌다. 대신 그 친구를 보살펴 준다고 했다.

그리고 2년이 지났다. 그 2년 동안 그 친구는 대부분 시퍼렇게 멍든 얼굴로 학교를 왔고, 한 번도 도시락을 싸오지 않았다. 게다가 등록금을 못 내어 교무실로 불려가는 일이 잦았다. 아버지가 남겨 놓은 재산을 형이 그 사이 모두 탕진해버린 것이다. 결국 등록금을 내지 못하고 시달리던 그는 더는 참지 못하고 학교를 자퇴했다.

그 친구는 살아야겠다는 생각으로 전국을 떠돌며 일을 하기 시작했다. 고등학교도 졸업하지 못한 학력으로 그가 할 수 있는 일은 뻔했다.

학창시절 늘 우등생이었지만 그는 이제는 학생이 아닌 생활인일 뿐이었기에 과거의 성적 따위는 별로 중요치 않았다. 성냥팔이 소녀가 눈이 오는 겨울날 시린 손을 불어대며 애처롭게 성냥을 팔았듯 그 역시 아는 이 하나 없는 낯선 도시에서 비가 오는 저녁 우산도 없이 낡은 신발을 끌고 신문을 팔았다. 거센 빗줄기에 일찍 들어도 가고 싶었지만 신문을 모두 팔아야, 우산을 모두 팔아야 했었다. 정해진 할당량을 모두 채워야 돌아갈 수 있었기에 추운 밤거리를 밤늦도록 헤매고 다녔다. 그리고 더이상 지나가는 사람조차도 없는 한밤중이 되어서야 한 평짜리 빈방으로 쓸쓸하게 돌아왔다.

너무도 지겨운 라면을 또 어쩔 수 없이 끓여 먹는 밤. 홀로 누워 바라본 쥐똥으로 얼룩진 천장은 그에게 세상의 슬픔을 더더욱 진하게 가르쳐 주었다. 그렇게 외로운 밤에는 고향의 친구에게 편지를 썼다.

'나는 잘 하고 있다고……, 잘 할 거라고……, 언젠가 꼭 성공할 거라고……, 내가 성공하면 정말 착하고 예쁜 아내를 만나 잘 살 거라고……. 이미 마음속으로 정해둔 이상형이 있다고……. 멋진 2층 집에 살고 있는 대학생이 밤이면 피아노를 치는데 자신도 그런 여자를 만나 폼 나게 살 거라고…….'

남들은 그런 희망을 철없다 할지 모르지만 그런 희망조차 없으면 지독하게 차가운 현실을 도저히 견딜 수가 없었다. 그에게 2층 집 그녀는 힘든 현실을 잊게 해주는 진통제나 오아시스 같은 그런 희망이었다. 하지만 아픔과 힘겨움은 이제 시작일 뿐이었다.

그 친구가 그렇게 힘겹게 모은 한 푼, 두 푼의 돈들은 그에게 쓰이지 않았다. 늘 그 친구의 가족이라는 사람들에게 쓰였다.

물론 그는 그때마다 말했다.

"형이 사업이 잘되면 그때 나 공부하도록 뒷바라지 해준다고 했어."

그가 버는 돈은 대부분 그렇게 기약 없는 약속을 위해 쓰였다. 이곳저곳 떠돌며 막일로 돈을 벌 때건 철공소에서 쇳가루에 시달리며 돈을 벌 때건 그때마다 그는 고스란히 그 형제들에게 가져다주었다. 그 친구의 생각은 늘 그랬다. '그래도 가족인데', '세상에 가족이라고는 그들뿐인데'

그런 그 친구를 주변 사람들은 늘 말렸다.

냉정해야 한다. 누구도 의지하지 마라. 네 인생은 네가 살아야 한다. 더 이상 형제를 믿지 마라. 넌 지금 바보짓을 하고 있다. 너 자신을 위해 저금하고 너 자신을 위해 살아라. 그럴 때마다 그 친구는 대답을 얼버무렸다.

"그래도 어떻게 모른 척해. 우린 가족인데."

도대체 그 친구에게 가족이란 것이 왜 그렇게 소중한 건지는 모르겠지만 그는 유독 가족이라는 것에 집착했다. 그렇게 십 년이 흘렀다.

그 친구는 여전히 자신의 벌이를 오랜 짐이 되어 온 가족들에게 써버린 빈 주머니였고, 미래를 두려워할 나이가 되었다. 이미 몸은 한참 젊은 시절의 건강함을 유지하는 때를 지났다. 무엇이든 할 수 있다는 자신감이 넘쳐 나던 과거와 달리 차츰 두려움이 생겨났다.

그때서야 그는 자신의 친구에게 말했다.

"나도 이제 냉정하게 살아야 할 것 같아."

"그래, 늦었지만 이제라도 마음 모질게 먹고 너 자신을 위해 살아."

그런 대화를 나누고 얼마 후, 그 친구는 고층 아파트 공사 현장에서 막노동을 하다가 추락 사고를 당했다. 사고 소식을 듣고 달려간 병원에 그는 힘없이 누워 있었다. 다행히 생명에는 큰 지장이 없었다. 하지만 후유증과 장애는 분명히 남는 사고였다. 퇴원할 즈음이 되자 그의 친구가 물었다.

"퇴원하면 어떻게 할 거야?"

"글쎄 마음도 그렇고 당분간 가족들과 함께 있어야겠지."

"이제 더 이상 그건 안 돼. 산재 보상금 나오면 그걸 퇴직금으로 생각하고 네 미래를 준비해. 앞으로 살아갈 기반을 만들어야 해. 이젠 장애까지 있잖아. 절대로 가족들과 함께 살겠다는 생각은 하지 마. 그것 때문에 지금껏 빈손이잖아."

"알았어."

얼마 후 그는 퇴원을 했다. 그리고 친구의 충고는 또 금방 잊어버리고 누나네 집에서 함께 살았다.

비록 충고한 것처럼 혼자 사는 것은 아니지만 그래도 누나와 동업으로 장사를 하기로 했다니 그나마 다행이었다. 예전에는 그런 것도 없이 그가 준 돈을 단지 승용차 구입하고 가구 사는 데 썼을 뿐이었다.

어느덧 장사를 한다고 한지 1년이 넘었다. 이제는 정말 잘 살아가는 것 같았다. 그러나 그것은 착각이었다. 2년이 다 되어갈 무렵 그는 불쑥 친구를 찾아갔다. 식당에 마주 앉아 말없이 연거푸 몇 잔의 술을 들이키다가 결국 참지 못하고 친구에게 그동안 있었던 일을 모두 털어 놓았다. 2년 동안의 장사 상태와 누나의 과소비, 무성의한 장사 태도를 하소연하듯 말했다. 그나마 2년 동안이라도 버틴 것이 신기할 정도였다.

이야기를 모두 들은 친구는 그를 나무라거나 탓하지 않았다. 이미 너무 멀리 왔고, 너무 늦어버렸기 때문이었다. 산재 보상금은 유일한 재산이었고 또 쉽게 만져 보기 힘든 목돈이었건만 그 돈을 결국 다 날려 버리고 이렇게 초라하게 하소연하는 그에게 무슨 말을 하기가 어려웠다. 그렇게 손해를 입고 또 입으면서도 끝내 가족들을 떠나지 못하는 그를 보면 정말 더 이상 어쩔 수 없는 사람인 것 같았다.

지금도 여전히 그는 자신에게 늘 짐만 된 그의 가족과 함께 살고 있다. 친구의 거듭된 충고에도 불구하고 가족이라는 인연을 도저히 끊을 수 없었던 것이다. 친구도 이젠 그에 대해 아무 말 하지 않지만 아직도 그 가족에게서 벗어나지 못하는 것을 보며 안타까워하는 마음은 똑같다. 비록 '넌 할 만큼 했잖아', '충분히 네 역할을 다 했어', '이젠 너를 위해 살아'라는 말을 해주고는 싶지만 아무리 그래 봐야 형과 누나들을 떠나지 못할 것이란 것을 알기에 그냥 참는다. 그리고 그런 예상은 정확했다. 아주 오랜만에 만난 그에게서 그 사이 벌어진 일들을 듣게 되었다.

"가족들과 함께 택배 회사를 차렸어. 나와 형이 배달을 하고 누나가 사무실에서 주문을 받아. 투자비도 적게 들었는데 장사는 그런대로 괜찮아. 자본금이야 뭐, 내가 그동안 오토바이 배달로 모은 돈 조금하고 누나가 조금 대고 그렇게 했지 뭐."

"정말 잘됐다. 이제 진짜로 잘 해봐."

"그래, 우리 형도 확실히 마음잡았어. 또, 누나가 얼마나 열심히 하는데. 모두들 예전과는 딴판이야."

"당연히 그래야지. 그동안 얼마나 고생했는데."

"이제 정말 희망이 보여. 앞으로는 정말 잘 될 거야. 기다려 봐."

"그래. 이번에는 진짜 잘 될 것 같다. 잘 해봐."

그리고 그들은 손을 꼭 잡았다. 마주 잡은 손을 힘껏 움켜쥐었다. 그렇게 꼭 쥔 두 손만큼 이제는 모두 정말 잘 될 것이다.

■■■ 사람들은 자신이 겪은 일을 가장 힘들다고 믿는다. 그러나 알고 보면 더 힘든 일이 있고 또 알고 보면 더더욱 힘든 일이 있다. 1,000m 높이의 산이 있는 곳에 사는 사람은 그 산에 오르는 것이 가장 힘든 경험이고 세상 누구를 만나도 자랑스럽게 가장 높은 곳에 올랐다고 말한다. 하지만 2,000m 높이의 산이 있는 곳에 사는 사람은 1,000m 높이의 산을 올랐다는 사람이 그리 힘겨운 경험을 한다고 생각지는 않는다. 그리고 2,000m 등반이야말로 세상의 가장 큰 힘겨움이라 믿는다. 그 위에 또 3,000m 높이의 산이 있고 그곳에 사는 사람 역시 그런 생각은 마찬가지다.

한 사람이 있다. 그는 줄기차게 산을 오르기만 했을 뿐 편안한 내리막길로 들어서지는 못했다. 오르고 또 올라도 끝없는 오르막만 있는 것 같은 오랜 산행 끝에 이제 그는 내리막으로 들어선 것 같다고 한다. 희망이 보인다고 말하고, 앞으로는 덜 힘들 거라 말한다.

그렇다. 그가 스스로 그렇게 믿는 한 그는 내리막길로 접어든 것이다. 이제는 정말 큰 산을 넘었고 내려가는 일만 남았다. 오랜 세월 힘들기만 했기에 이제 내일은 희망이다. 분명 희망을 향해 내달리고 있다.

어느 바보 아내, 바보 엄마 이야기

시내에서 30분이나 떨어진 시골로 쓰러져 가는듯한 빈집을 얻어 이사를 하게 된 것은 이번에도 역시 남편 때문이었다. 벌써 이런 식으로의 이사가 두 번째였다. 그들이 결혼 후 처음으로 이사를 했을 때도 아내는 아직 남편의 고집을 제대로 몰랐었다.

신혼 초, 그들은 그 누구보다 사이좋은 부부였다. 매일 아침 남편이 출근할 때마다 피로회복제를 챙겨주며 문 밖까지 배웅했고, 퇴근하고 들어오면 꼬박꼬박 영양제를 챙겨주었다. 그렇게 정성을 다하는 아내 덕분인지 남편은 열심히 일했고 돈도 제법 모았다. 아내는 자신이 알뜰히 모은 통장을 볼 때마다 마음이 뿌듯해졌다. 하지만 그것이 문제였다. 어느 정도 돈이 모이자 남편은 다니던 직장을 그만 두고 건설 자재상을 차렸다. 더 크게 성공해서 멋지게 살자는 말과 함께 어느 날 갑자기 일을 벌인 것이다.

남편은 결혼 전에도 이미 몇 번이나 가게를 냈다가 맥없이 문 닫았던 적이 있었다. 비록 작은 가게였지만 호프집도 했었고 영업 사무실도 냈었다. 그때마다 돈 많이 벌어 멋지게 살겠다는 자신과의 약속은 지켜지지 않았다. 이번에도 마찬가지였다.

어느 날 밤, 남편은 힘없는 발걸음으로 집으로 돌아왔다. 돈 많이 벌어주겠다는 약속은 둘째 치고 아내 몰래 빚까지 얻어 쓴 뒤였다. 꽤나 많은 빚이었다. 결국 아내는 빚을 갚기 위해 살던 집을 팔고 이사를 했다. 그렇게 남편 때문에 이사를 했지만 아내는 남편을 미워하지 않았다. 모두 다 가족을 위해 잘 해보려고 하다가 실패한 것이라 생각했다. 그들은 아직 젊었고 변함없이 사랑하고 있었다. 그렇게 첫 번째 이사를 했다.

그 사이 아이는 태어났고 건강하게 자랐다. 아이는 남편을 닮아 재주가 많았다. 어느 날은 아이가 큰 대회에서 학교 대표로 상을 받았다. 아내는 너무 놀랐다. 사실 그녀는 학교 다닐 때 공부를 잘 하지도 못했고, 그렇다고 무슨 다른 특별한 재주가 있는 것도 아니었다. 그랬기에 공부나 각종 예체능을 잘해 상을 받는 친구들을 부러워했다. 남들 앞에 나서지 않고 늘 조용히 학교와 집을 오가던 그녀에게 상을 받는 것은 동경의 대상이었다. 그런데 그의 아이가 그렇게 된 것이었다. 그런 아이를 보며 자신이 갖지 못한 재능이 남편에게는 있기에 이런 상도 받을 수 있었을 거라 생각했다.

그런 기쁨들 속에 그녀는 남편의 사업실패를 잊어 갔다. 이사에 아픈 기억을 뒤로 하고 또다시 알뜰하고 억척스럽게 살았다. 하늘은 정말 스스로 돕는 자를 돕는지 운도 따라 주었다.

어느덧 아이들은 자라고 생활도 차츰 나아져 약간의 돈도 모였다. 하지만 역시 남편은 또다시 남 밑에서 하던 일을 그만두고 독립을 하겠다고 했다. 함께 일하던 사람이 물량을 독점으로 공급해줄 테니 대형 화물차를 사서 유통을 맡아 달라는 것이었다.

왠지 불안한 생각에 지금으로도 괜찮다며 남편을 말렸다. 그러나 남편은 고집을 꺾지 않았다. 자신이 무언가를 결심하면 무슨 일이 있건 간에 그 일을 하고야 마는 성미였다. 아내는 또다시 설득당하고 말았다. 그렇지만 이번에는 무언가 되는 듯했다. 수입도 확실히 늘었고 하는 일도 안정적이었다. 그러나 그 기간은 그리 오래가지 않았다.

물량을 독점으로 공급해주던 사장이 급히 자금을 회전시켜 달라고 부탁을 했고 남편은 차마 거절하지 못했다. 그런데 이건 또 무슨 가혹한 시련인가! 그로부터 얼마 후 회사는 부도가 났다. 그 부부는 빈털터리가 되었다. 결국 또다시 이사를 했다. 도저히 갈 곳이 없어 할 수 없이 시골의 빈집을 얻었다.

이사를 한 후 남편은 아내에게 아무 말도 하지 않았다. 그 전에는 아내의 잔소리에 싫은 내색이라도 했지만 이제는 아무런 변명도 하지 않았다. 사업 실패도 그렇지만 일자리도 구하지 못하고 빈둥대는 것이 너무도 미안했기 때문이었다. 남편은 새로운 일자리를 구하려고 발버둥을 쳤다. 하지만 예전과 다르게 그는 이미 나이를 먹었고, 전에 함께 일하거나 알던 사람들도 더 이상 그를 받아 주지 않았다. 매일 일자리를 구하려고 돌아다니다 허탕을 치고 풀 죽어 돌아오는 남편은 그 괴로움 때문인지 밤이면 홀로 앉아 술을 마셨다.

술 마시는 남편 모습을 보기는 싫었지만 그것을 크게 탓하지는 않았다. 단지 그녀도 함께 초조해졌다. 겨울은 오고 있었고 겨울이 되면 일자리 구하기가 더 힘들 거란 생각이 들었다. 게다가 겨울이면 난방비까지 더 들어간다는 사실이 그녀를 걱정스럽게 했고, 지금 자기가 임시로 나가는 일자리도 겨울로 들어서면 끝날 거라는 불안감에 초조함은 커져만 갔다. 그 초조감은 서서히 현실로 다가왔다.

이사하고 남은 몇 푼의 돈도, 양식도 거의 모두 떨어져 버렸다. 늘 나쁜 일은 함께 온다던가. 그나마 임시로 나가던 곳에서도 아직 월급을 받지 못했다. 자금 사정 때문에 얼마 후에나 돈을 준다며 미루고 있는 상황이었다. 아내는 일자리를 찾아나서는 남편에게 이런 어려움에 대해 아무런 말도 하지 않았다. 혹시라도 기분을 상하게 해서 일자리 구하는데 잘못된 일이 생길까 봐 걱정이 되어서였다. 제발 남편이 일자리를 빨리 구하길 간절히 바랄 뿐이었다.

집밖을 나서는 남편에게 그녀는 속으로 말했다.

'이젠 돈도, 쌀도 다 떨어졌는데……'

간절한 마음에도 불구하고 남편은 심각한 얼굴로 저녁이 다 되어 돌아왔다. 오늘도 마찬가지로 일자리를 구하지 못한 것이다. 아내는 아무것도 묻지 않고 저녁 준비를 했다. 칼국수를 끓이려고 밀가루 반죽을 했다. 그녀가 밀가루 반죽을 하자 작은애가 물었다.

"엄마! 또 칼국수 만들어? 난 정말 칼국수 싫은데. 그냥 라면 삶아줘."

"안 돼. 그냥 칼국수 먹어."

"진짜 칼국수 먹기 싫단 말이야! 지난번에도 난 안 먹었잖아."

"그래도 먹어야 해."

"그럼, 칼국수에다 라면 섞어줘. 그래야 먹을 거야."

"……"

그녀는 더 이상 아무런 대꾸를 하지 않았다.

"엄마, 라면 살 돈 없어서 그래?"

옆에서 가만히 듣고만 있던 큰애가 대화에 끼어들며 난감한 질문을 했다.

"……"

그녀는 이번에도 아무런 대답 없이 밀가루 반죽을 밀었다.

"엄마가 돈이 없어서 그냥 칼국수 먹으라고 하나 봐."

큰애가 동생에게 가르치듯 말했다. 그 말을 들은 작은애는 더는 아무 말을 하지 않았다. 칼국수로 밥상을 차려냈지만 식구 누구도 맛있게 먹는 사람이 없었다. 남편은 계속 시무룩해 있었고, 아이들은 아이들대로 맛이 없다고 먹는 것이 시원치 않았다.

밥상을 치운 후 설거지를 끝내고 방 안으로 돌아왔지만 방 안의 분위기는 여전히 좋지 않았다. 남편은 여전히 말이 없었고 아이들도 시원치 않은 저녁을 먹어서인지 평소처럼 떠들어대지 않았다. 서로 아무런 말 없이 방 안에 앉아 있는데 문득 남편의 긴 한숨 소리가 아내에게 들렸다. 그 한숨 소리는 한 번으로 그치지 않고 몇 번이고 방 안의 침묵을 가르며 이어지고 있었다. 가만히 앉아 있던 아내가 조용히 일어서더니 큰애를 불렀다.

"옷 입고 나와."

"왜?"

하지만 아내는 큰애의 질문에 대답이 없었다.

밖으로 나갔던 아내는 잠시 후 소주 한 병과 담배 한 갑을 사가지고 들어왔다. 남편이 술을 마시지 않은 것도 며칠이 지났다. 신혼 초부터 매일 집을 나설 때면 남편의 주머니에 넣어주던 담배를 거른 것도 며칠이 넘었다. 그런데 갑자기 소주와 담배를 사가지고 오자 남편은 멍하니 그녀를 쳐다보았다. 아내는 말없이 작은 상 위에 놓인 소주병을 따 술잔에 부어 남편 앞에 내려놓았다.

남편은 자신의 앞에 놓인 소주를 들이켰다. 아내는 고개를 돌려 TV만 멍하니 보고 있었다. 이번엔 남편 스스로가 술잔을 채웠다. 상 위에 놓인 술병을 보던 작은애가 느닷없이 큰애에게 살짝 물었다.

"돈이 없어서 라면도 못산다더니?"

잠시 작은애를 보던 큰애가 은밀히 답했다.

"조금 전에 집에 있던 폐품 모아 가지고 가게 가서 술이랑 담배하고 바꿔 온 거야."

옆에서 말없이 술잔을 들이키던 남편의 눈에 스르르 눈물이 흘렀다.

그리고 몇 년이 흘렀다. 사람들은 그들 부부가 어떻게 사는지 궁금해할 것이다. 그때의 어려운 위기를 넘기고 지금은 잘 살고 있는지 아니면 여전히 못사는지가 가장 궁금할 것이다. 하지만 그들이 어찌되었는지가 핵심은 아니다. 정말 중요한 것은 그 아내의 착한 마음이고 순수한 사랑이다. 물론 지금은 아내의 착한 마음 덕분인지 그때보다 훨씬 더 잘산다. 열심히 사는 그녀의 모습에 감동해 믿기지 않을 정도로 순수하게 그녀를 도와주는 사람들을 여럿 만나게 되었다.

똑같이 일을 해도 그녀를 우선으로 배려했고, 그녀에게 더 많은 기회를 주었다. 덕분에 가정 형편도 많이 좋아졌다. 남편도 예전처럼 막무가내로 일을 벌이지 않고 변함없이 한 직장을 잘 다니고 있다. 하지만 이런 변화들 속에서도 전혀 변하지 않은 한 가지가 있다. 바로 그녀였다.

사람에게 감동을 줄 수 있고 받을 수 있는 건 그렇게 쉽지만은 않은 일이지만 그녀를 보고 있으면 삶도 감동이 될 수 있다는 생각이 든다. 만약 그들이 다시 일어설 수밖에 없는 이유가 있었다면 삶 자체가 감동으로 보일 수 있는 그녀의 착하고 성실한 모습이다.

누군가 나에게 세상에서 아름답다고 생각하는 것들을 말해 보라 한다면 다른 아름다운 것들과 함께 그녀의 삶을 꼽을 것이다.

그녀가 보여준 아름다운 삶의 자세도 결코 그 어떤 예술 작품보다 뒤지지 않는다고 본다. 예술이 아름다움이고, 아름다움이 감동이라면 그녀는 단지 손이나 머리가 아닌 온몸으로 작품을 만들어 냈을 뿐이다. 그녀가 온몸으로 살아온 진솔한 삶은 세상 많은 사람들이 느끼고 싶어 하는 순수한 아름다움이 될 수 있지 않을까?

그러나 그녀는 자신의 삶이 결코 흔하지 않은 아름다움이란 것을 절대 알지 못한다. 그래서 그녀는 더더욱 아름답다.

가난한 현실이 억울한 당신에게

주변에서 이런 경우를 흔히 보게 된다. 10년 넘게 사회 생활해서 중형차를 뽑았더니 몇 년째 놀면서 직업이라고는 한 번도 가진 적 없는 동창이 아버지로부터 대형차를 받았다며 자랑을 할 때 느껴지는 씁쓸함. 비슷한 예로 악착같이 아르바이트를 하는 대학생이 아르바이트 따위는 필요 없는 친구를 볼 때 느끼는 허탈감. 그리고 왜 나는 이렇게 가난한 집에서 태어났는가에 대한 억울함.

이런 억울한 마음은 젊을수록 강하고 현실이 고단할수록 더 간절하다. 하지만 그런 답답함을 뒤로 하고 또 냉혹한 세상과 맞서야 하는 것이 피할 수 없는 현실이다.

현실은 만만하지가 않다. 그래서 억울하고 힘들어도 슬픔조차 느낄 여유 없이 살아가야 하는 것이 바로 가난한 당신들의 절박한 삶이다. 그러나 분명한 것은 어느 CF 문구에서 '저는 제가 더 자랑스럽습니다' 라고 말한 것처럼 사실은 당신이 더 당당한 거다.

열심히 아르바이트를 하는 당신이 아르바이트 따위는 필요 없는 친구보다 더 당당한 거고, 자기가 번 돈으로 '중형차' 타는 당신이 부모님께 '대형차'를 얻어 타는 그보다 더 당당한 거다. 물론 편하게 사는 그들은 자신들이 더 자랑스럽고 더 행복하다고 착각할 수 있지만 사회적 평가에서는 열심히 사는 당신들이 분명 더 당당하고 행복한 거다.

그건 아니라고? 무조건 편한 것이 좋다고? 아무리 그래도 억울하다고?

여기 내가 알고 있는 어느 세 사람의 이야기를 적는다.

지독하게 외로운 한 소년이 있었다.

11살이라는 나이는 아직 혼자 살기에는 너무 어렸고 라디오도 TV도 그 아무것도 없었다. 혼자 보내는 밤이 너무 외로워 하굣길이면 같은 반 친구네 집에서 책을 잔뜩 빌려 밤새워 읽었던 소년. 남의 집 부엌을 몰래 뒤져 누룽지를 훔치고 장독대의 김치를 훔쳤던 소년. 배고픔 때문에 빵을 훔친 죄로 19년 감옥살이를 했던 '장발장'이 너무 억울하다고 생각했던 소년. 그래서 신은 오로지 부자의 편이고 강자의 편이라고 생각했던 소년.

그러던 어느 날엔가 더 이상은 다 해어진 신발조차도 없어 학교 가기를 망설이다가 그래도 학교를 갔다. 하지만 점점 학교가 가까워져 친구들을 만나게 되면서 부끄러움도 커지고 학교 정문을 얼마 앞두고 너무 많은 아이들 때문에 어찌해야 할지 모르는 그 순간, 갑자기 소나기가 쏟아져 '신발이 없어서 맨발이 아니라, 운동화가 비에 젖을까 봐 맨발'이라고 변명할 수 있게 된 소년. 결국 체육과목이 있기 바로 전날, 하늘의 도움으로 개울가에 버려진 운동화를 운 좋게 주워 신었던 소년.

그렇게 믿을 수 없는 작은 기적이 일어나 소년은 위기의 순간을 벗어날 수 있었다. 더 이상 버틸 수 없는 상황이 되자 신은 결국 그를 버리지 않고 구원의 동아줄을 내려 준 것이다.

이제 어느새 중고생이 된 그는 한 친구의 자취방에서 한 달, 또 다음 친구의 자취방에서 또 한 달, 다음다음 친구 하숙집에서 한 달, 그렇게 떠돌며 버티고 버텼다. 그리고 학교를 다니면서 레스토랑, 술집, 당구장에서 일을 하며 삶의 힘겨움과 눈물겨움을 온몸으로 배웠다.

그런 시간들 속에 자연스레 '지치고 상처받은 영혼을 달래주는 사람'이 되고 싶다는 꿈을 갖게 된 그였다. 어느덧 군 생활을 마치고 제대 3일 후부터 막노동의 막장이라는 목도질을 했다. 53kg의 몸무게로 충격 하중 100kg의 전봇대를 어깨에 메는 일은 너무도 힘겨워 한 발짝, 한 발짝 뗄 때마다 가슴이 턱턱 막혔지만 차마 내려놓을 수는 없었다.

목도질이 끝난 겨울 밤, 9시만 되면 벌써 너무 배가 고팠지만 이백 원짜리 라면 한 봉지를 사기가 아까워 긴긴 시간 주린 배를 물로 채우다 잠이 들었다. 자재 창고 한쪽에 자다 보면 벌레가 얼굴에 기어다니는 통에 자주 새벽잠을 깨기도 했지만 그래도 그 덕분에 나머지 학교를 다닐 수 있었다.

이제 그도 취직을 해 직장 생활을 했고, 몇 년 후 회사에서 아주 중요한 직책을 맡았다. 그런 직책 덕분에 큰 혜택을 주겠다는 은근한 유혹을 받게 된다. 어쩌면 그의 인생에 가장 큰 기회가 왔던 것이다. 그러나 그는 그런 제의를 받아들일 만큼 모질지 못했다. 주위 사람들이 많은 충고를 했다.

"네가 정직하다고 누가 알아줄 것 같아?", "원래 세상 다 그런 거야. 적당히 타협하고 살아.", "남들도 다 자기 실속만 챙기는데 너도 네 실속 챙겨, 왜 너만 희생해?"

하지만 그는 끝내 그런 유혹을 거부했다. 양심이 너무 깨끗해서도 아니고 겁이 나서도 아니었다. 아무리 법적으로 문제가 없다고 해도 자신도 그렇게 배고프고 아파봤기에 최소한 그런 아픔을 모른척할 수 없어서, 누군가의 피눈물로 나만 편하면 안 될 것 같아서 힘든 삶을 감수하며 자신이 옳다고 믿는 길을 선택했다.

그가 걱정하고 마음 아파한 것만큼 사람들은 그렇게 눈물 흘리지 않았다. 오히려 그의 눈물을 이용해 자기 실속을 차리는 사람들까지도 있었다. 하지만 당연히 감내해야 할 자신의 몫이라며 어려움을 감수하고 쉬운 성공의 기회를 져버렸다. 그리고 결국에는 그 제안을 거절한 대가로 지독히 외롭고 힘든 날들을 보냈다.

이제 또 많은 시간이 지나고 그는 자신에게 묻는다. 만약, 그때 그 유혹을 받아들였다면 과연 성공했을까? 과연 행복했을까? 그 해답은 분명 'No'이다. 일시적으로 성공을 했을 수는 있지만, 그 성공을 지킬 만한 연륜이 없었기에 결국 다시 제자리로 돌아갔든지, 아니면 떳떳하지 못한 성공에 대한 괴로움에 자기 자신의 정체성을 잃어버렸을 것이다.

어쨌건 편하고 쉬운 삶의 유혹을 거부했지만 그래도 나름대로 열심히 살다 보니 월세 단칸방에서 시작했던 사회생활은 결국 30평대의 아파트로 변했다. 비록 남들이 휴대폰을 사면서 버린 삐삐를 얻어 처음으로 삐

삐를 개통했던 그가, 남들이 자동차를 살 때 겨우 오토바이를 샀던 그가, 남들이 새 아파트에서 신혼살림을 차렸을 때 쥐똥으로 얼룩진 단칸방에서 시작했던 그가 이제는 친구들과 비슷하게 살고 있다.

두 번째의 그는 참 낙천적으로 즐겁게 산다.

일주일에 5일 정도는 술을 마신다. 2~3일씩 거푸 마시다 도저히 몸이 안 되면 하루를 거른다. 잘 생긴 외모에 좋은 차, 부모님이 부자라는 사실 때문에 주위에 술친구나 여자들도 적지 않다. 해외 유학도 여러 번 다녀왔다. 그러나 그는 오랫동안 백수다. 비록 아주 잠시 직장에 다녔지만 부모님 소개로 입사한 회사인지라 출퇴근은 거의 자유에 가깝다. 결근, 지각, 조퇴, 외출이 반복되지만 회사에서는 모른 척했다. 그의 부모님 지분 때문이다.

그와 함께 술자리에 마주하는 많은 사람들은 어서 빨리 재산을 물려받아야 된다며 자기 일처럼 충고한다. 도대체 왜 그럴까? 왜 그의 주변 사람들은 그가 빨리 재산을 물려받기를 기다리고 있을까?

세 번째 그도 열심히 살았다.

돈을 모으기 위해 열심히 살다 보니 친구들보다 2~3배 정도 더 많은 돈을 모았다. 그런데 정말 이상하게도 그는 늘 가난하다. 다른 친구들보다 훨씬 재산도 많고 버는 돈도 많지만 그는 늘 춥고 배고프다. 물론 친구들 만날 때마다 재산 많다는 자랑을 한다. 하지만 땅과 아파트에 묻혀 있고, 새로 건물 사느라 묶어두고, 아들 유학을 위해 아끼느라, 친구에게 일만 원 하는 호프 한 잔 제대로 못 사는 가난뱅이 신세다.

이번에 상가 건물만 사면 임대 주고 편히 살 거라고 말하지만 그 예전에도 아파트 평수만 더 늘리면 큰 욕심 안 내고 즐겁게 살 거라 했었기에 별로 믿어지지 않는다. 이제 부동산 가격 하락으로 떨어진 그것을 상쇄하기 위해 그는 더 허리띠를 졸라 매었다. 그래서 그는 친구들 중에 가장 부자이면서도 가장 가난뱅이다. 그래도 그는 말한다. 나중에 나이 먹으면 내가 가장 잘 살 거라고, 가장 성공할 거라고……. 하지만 주위에서 그를 보는 친구들 마음은 부럽기보다는 안타깝고 측은하다.

이제 당신에게 묻는다.

첫 번째의 그가 과연 부끄러운가? 두 번째나, 세 번째의 그들보다 오히려 당당하지 않은가? 위의 세 가지 삶의 유형들 중에 가장 떳떳한 삶이 아닌가?

그렇게 비굴하게까지 아끼고 눈치 보며 살아야 하는 것이 부자의 길이라면 별로 부럽지 않다. 그가 억지로 아끼고 눈치 봐서 일백만 원 더 모으면 정말 일백만 원만큼 더 행복할까? 또한 앞에서는 웃으며 뒤에서는 욕하는 사람들에 둘러싸여 이 밤도 유흥을 즐기는 부모가 부자인 그도 별로 행복해 보이지 않는 것은 마찬가지다.

물론 편하게 살고 싶고 남들보다 멋지고 화려하게도 살고 싶은 마음은 누구나 있다. 돈도 흥청망청 써보고 남들에게 과시도 하면서 내 맘대로 살고도 싶어 하는 것이 사람의 본능이다. 그런데 과연 그렇게만 살면 후회도 없고 미련도 없을까?

노인 분들께 지나온 삶을 되돌아 볼 때 가장 후회되는 것들을 여쭤보았다고 한다. 그랬더니 첫째, 세상을 위해 해 놓은 일이 아무것도 없다. 둘째, 모험을 해보지 않았다. 셋째, 세상에 이름을 남겨 놓지 못했다는 것들을 꼽았다.

이처럼 돈 못지않게 삶에 의미나 보람도 중요하다는 것이다. 인간의 마음은 간사한 구석이 있다. 차 없이 다닐 때는 모델이나 크기에 관계없이 제발 차만 있었으면 한다. 그래서 차 한 대를 가지면 삶이 훨씬 행복해질 것 같지만 막상 차가 생겨도 행복감은 완전해지지 않는다. 더 큰 차, 더 새 차를 찾게 된다. 결국 재산 이외의 다른 무언가를 찾아 재산도 채우며 삶의 보람과 가치도 함께 채워야 삶이 행복해진다. 그래서 삶의 가치는 꼭 모은 재산으로 결정되는 것이 아니라 그 과정으로 평가받는 경우도 많다.

이제 가난한 당신도 돈이 적다고 너무 우울해하거나 기죽을 필요는 없다. 부자 부모님 만나 돈 많다고 잘난 척하는 그 친구보다, 오직 돈밖에 몰라 돈 독이 올라 있는 그 친구보다 힘들지만 주위 사람들에게 따뜻한 밥이라도 사면서 배려하고 위로해주며 열심히 살고 있는 당신이 더 행복한 것이다.

큰돈은 없지만 그래도 열심히 사랑하고 삶의 소중한 가치를 지키며 당당히 살아가고 있는 당신이 더 아름답다. 지금 당장 배고프고 힘겨운 당신의 답답한 마음과 조급한 마음은 충분히 알고 있다. 하지만 대기만성이라고 했다. 큰 그릇은 늦게 이루어진다. 대부분의 연예인들도 무명의 설움이 있기에 스타가 되었고, 대박집 사장님도 종업원 한 명 없이 시작해 온몸으로 뛰어 지금의 성공을 이룬 것이다. 노무현 대통령도 국회의원과 시장 선거에 떨어졌기에 결국에는 대통령이 되었다.

이렇듯 시련과 실패가 있었기에 더 큰 성공이 이루어진다. 너무 흔한 이야기지만 반대로 그만큼 확실한 세상의 진리이기 때문에 그렇게 흔하게 말하는 것이다.

'사람은 무엇을 위해 돈을 벌고 성공을 하려 하느냐'가 아니라 단지 '원하는 것이 오직 돈, 돈을 위한 성공, 성공을 위한 돈'이라면 이런 논리가 틀릴 수도 있다. 그러나 지금 당신의 삶의 목표가 '가치 있는 인생'과 '적당한 돈'이라면 이 논리가 분명 더 현명하고 정확하다.

워낙 화려한 성공담과 쉽고 편한 대박에 열광하는 시대이고 그런 유혹이 넘쳐나는 세태이지만, 이런 고리타분한 논리가 진부하다고 외면해서는 안 된다. 원래 삶의 성공이란 것 자체가 그렇게 지루하고 어려운 것이기에 더더욱 그렇다.

PART 5

행복은 사랑만큼 크고,
성공은 희망만큼 자란다

행복은 자명함도 드로 .
상당운 한명명 사기자 드로 ,

그래도 지금은 참 다행이다. - 엉뚱하게 오는 행복

한 달에 일천만 원을 받는 사장인 그는 늘 사는 것이 불만인 사람이다. 그래서 월급 일백만 원을 받는 자신의 직원에게 항상 신세 한탄을 한다.

불만의 이유는 이렇다. 저축 수백만 원에 연금 보험을 일백만 원 넣고, 아이들 과외비로 이백만 원을 쓰고, 개인 용돈으로 일백만 원, 취미 활동에 일백만 원, 생활비로 또 얼마를 쓰면 늘 돈이 모자란다고 아우성이다.

자신의 수십억 부동산 재산에도 불구하고 먹고 살기 힘들어 죽겠다고 말하며 항상 인상을 쓰며 산다. 쌓아둔 수십억의 재산은 지금 당장을 위한 것이 아니라 미래를 위한 준비이기에 지금 그에게는 아무 의미가 없단다. 전 재산이 전세방 한 칸인 일백만 원 월급의 직원에게 그래도 당신은 나보다 쪼들리지 않고 여유 있는 사람이라며, 당신의 삶은 참 다행이라고 말한다.

그는 오늘도 변함없이 지독히 쪼들리고 힘겨운 수십억 재산뿐이 안되는 자신의 삶을 원망하고 불평한다. 이제 그 직원은 헷갈린다. 자신이 진짜 수십억 재산의 그 사장보다 더 여유로운 삶을 살고 있지 않을까 생각하게 된다. 수십억 재산에 수백, 수천만 원을 벌어도 항상 그렇게 쪼들리고 어렵다고 삶에 불평불만이면 과연 그런 삶은 행복한 삶일까? 그에게 수십억 재산은 아무런 행복감이 되지 못하고 오히려 힘겨움만을 가중시키고 있는 것이다. 그렇게 자신을 힘들게 하고 더 옥죄일 재산이라면 차라리 없는 것이 낫다.

무늬만 부자들이 있다. 뭐에 묶이고 뭐 때문에 쓸 수 없는 돈만 잔뜩 가진, 실제로는 가난뱅이보다 못한 자기 혼자만 부자는 아무 소용이 없다. 자기는 잘 산다고 자랑하는데 그렇게 사는 것이 진정 잘 사는 건가? 수십억 재산의 그가 자신의 백분의 일도 안 되는 재산을 가진 자신의 직원에게 늘 신세 한탄을 한다는 것을 보면 세상은 참 재미있고 웃기다. 겨울철 난방비를 아끼려 불도 안 넣는 그 가난한 직원이 숨이 막히도록 난방을 하고 사는 그 사장을 항상 위로하고 세상에 대해 충고를 한다는 사실이 웃기고도 슬프다.

옷 한 벌 사 입는 것이 아까워 벌벌 떨어야 하는 그 직원이 자신의 월급에 맞먹는 옷을 사 입고와 자랑을 늘어놓는 그 사장을 위로한다.

그러면 사장은 말한다.

"당신도 옷 한 벌 사 입어, 이까짓 것 몇 푼 한다고 그래? 이거 아껴서 돈 모으는 거 아냐? 너무 사는 것이 짜증나서 기분 전환하려고 한 벌 사 입었어."

지금 그 말이 약을 올리는 건지 진심인지 직원은 어이가 없다. 기분 전환하려 월급을 털어 넣어 그 옷을 사 입으면 도대체 생활은 무엇으로 하란 말인가? 정말 아무리 세상 물정을 모르고 남의 어려움을 모른다고 해도 이건 해도 해도 너무 한다. 하지만 그래도 늘 불평불만인 사장의 삶이 측은한 것은 어쩔 수 없다.

그 가난뱅이 부자가 그렇게 자기 혼자 이불 속에서는 돈 많다고 행복할 수도 있겠지만 늘 돈 걱정을 하는 그가 그리 행복해 보이지는 않는다. 오늘도 가난한 그 직원은 부자지만 지독히 가난한 그 불쌍한 사장에게 힘내라고 위로를 해줄 수밖에 없다. 그런 위로를 하면서 그 가난한 직원은 어느새 가난한 부자가 되는 느낌이다. 행복을 알아가는 느낌이다.

그렇다. 부자여서 행복한 것이 아니라 행복해서 행복한 것이다. 진짜 그나마 이만큼이라도 행복하니 내 삶은 '다행이다' 라는 생각이 든다.

우리가 행복할 수밖에 없는 이유

단지 지금 혼자 밥 먹지 않고 누군가와 함께 밥 먹을 수 있다면 혼자보다는 더 많이 행복한 거고, 혼자 밥 먹더라도 맛을 느낄 수 있고 배부르게 먹을 수 있다면 그것으로도 삶은 행복한 거다. 많이 가졌기에 행복한 것이 아니라 단지 살아 있기에 사랑하는 가족과 친구, 연인 또는 그 누군가와 함께 할 수 있어 열심히 일하고 있으므로 그나마 비겁하지 않고, 선(善)의 편에 서서 살고 있다면 그것은 분명 행복한 것이다.

병마와 싸우는 그보다 건강히 살아 있다는 것만으로 행복한 거고, 사랑하는 사람과 헤어져 혼자가 된 사람보다 아직 함께이기에 분명 행복한 거다. 가족도 없이 혼자 외로워하는 그보다 함께 TV보며 웃고 떠들 수 있기에 행복한 거고, 또 일자리가 없어 갈 곳 없는 그보다 열심히 일할 곳이 있다면 행복한 거다.

양심 지키고 살기 어려운 세상 약자 편에 서고 정의의 편에 선다면 그것으로도 행복한 거다. 하나를 가지면 또 하나를 갖고 싶고, 또 하나를 더 가지면 또 다른 하나를 갖고 싶다. 그래서 반대로 하나를 잃으면 그나마 잃기 전이 좋았고 거기서 하나를 더 잃어버리면 역시 또 그나마 하나만 잃어버렸을 때가 좋았던 거고 고마운 거다.

그러니 아쉬움이 있고 미련이 있고 욕심이 있더라도 그나마 지금 이만큼이라도 살아 있는 것, 살아가는 것, 그것으로 그나마 다행이라고 생각하고 삶을 감사히 행복하게 잘 살아야 한다. 누구나 한순간의 삶이 주어지고 그 삶만큼만 살아간다. 그렇게 자기에게 주어진 그 삶을 사랑하고 행복하게 살아야 한다. 사랑만으로도 아까운 것이 삶이기에 간절히 살아야 하고 간절히 행복해야 하고 간절히 사랑해야 한다.

더더군다나 지나가는 세월을 생각해보라. 10년 전을 떠올려보고 20년 전을 생각해보라. 지나가면 너무도 빠른 것이 세월이다. 우리 삶도 그렇게 빨리 지나친다. 그러기에 더더욱 사랑하고 행복해야 한다. 세상 그모든 것이 결국 자기 자신이 존재하기에 함께 존재하듯 세상 그 무엇도 결국 자기 자신보다 소중할 수는 없다. 결국 세상에서 자기 삶이 가장 소중한 것이고 세상의 중심은 자기 자신이다. 그만큼 우리 삶은 소중하고 아름다운 것이다. 그런 삶이기에 우리는 더더욱 행복해야 한다.

성공도 실패도 돈도 명예도 부귀도 영화도 모두 삶의 일부분이고 부속물일 뿐 그 전부가 되지는 못하고 그 목적이 될 수는 없다. 누군가에게 너무 많은 사랑을 받아도, 너무 많이 편하게 살거나 너무 과도하게 많이 가졌어도, 그 소중함을 모르고 사랑받고 있음을 모르기에 행복함을 모른다. 그래서 오히려 평범한 지금 이대로가 더 행복할 수 있다.

8월의 메마른 황톳길을 오래도록 걸으면 물 한 모금의 소중함을 알게 되듯 우리 삶의 소중함도 그러하다. 이렇게 일할 수 있기에 살아 있음에 행복한 거다. 그래서 살아 있는 이 순간이 행복하지 못할 이유가 없다. 비록 삶이 고행이고 고통이라지만 더 큰 고통과 싸우는 사람도 많이 있기에 그나마 이것으로 행복한 거다.

그리고 지금껏 세상을 살다간 수많은 인류의 스승들이 이런 삶의 소중함을 가르쳐주려 했듯 우리 역시 그러하면 된다. 저 푸른 대지를 찬란히 비추는 햇빛만으로도 이 세상이 너무도 아름답고 눈부시듯 우리 삶도 그렇게 아름답고 소중한 것이다.

이렇게 우리는 이런저런 수없이 많은 이유로 행복한 것이다. 우리는 행복할 수밖에 없는 것이다.

평범한 그 삶도 아름답다

나이를 먹는다는 것은 자신의 삶을 있는 그대로 인정한다는 것이다. 이제 부귀하지 않아도 자기 삶이 부끄럽지 않고, 부귀하지 않기에 생기는 어려움이 있어도 그것을 불행으로만 생각지 않는다. 오히려 이만큼이라도 세상의 본질을 알고 사회 현상의 진실과 거짓을 구분할 줄 알게 된 것도 삶의 힘겨움 때문이라고 믿는다.

그래서 삶의 깊이나 성찰이란 것이 그냥 생겨나는 것이 아니라 삶의 고통으로 이루어진 연륜의 결과물이기에 어려움을 어려움으로만 생각지는 않는 것이다. 사실 누구나 젊은 시절에는 멋지고 화려하게 살길 원한다. 하지만 그런 시기가 지나고 나면 작은 아쉬움은 있을지라도 큰 미련은 없다. 이제 그런 화려함보다는 무엇을 남기고 무엇을 위해 사느냐, 후회 없이 살았느냐를 묻는 때가 되었다.

매일 주지육림의 즐거움과 집값 상승과 주식 대박만을 꿈꾸며 살 수는 없다. 거기에만 만족하며 살기에는 무언가 마음이 허전하다. 내 이름과 내 삶의 의미도 생각해야 한다. 그래서 부귀하지 않다고 괴로워하지 않으며, 가난하다고 외롭거나 두렵지 않아야 한다. 단지, 이대로 먼지처럼 지나친 삶을 살았다는 것을 두려워해야 한다. 아무리 먼지처럼 지나는 것이 인생이고 한여름 밤의 꿈에 불과한 것이 인생이라지만 그냥 아무런 의미 없이 사라지기만 하기에는 너무도 안타깝다. 이런 것조차 인간이 인간을 대단하게 생각하는 오만이고 착각일지라도 그래도 먼 후일 내 스스로는 인정할 수 있는 '내가 살았어야 할 이유' 가 있어야 한다.

내 삶이 나 이외의 또 다른 누군가에게 도움이나 위로가 되거나, 좋은 기억으로 남을 수 있는 삶이어야 내가 살아온 날이 후회되지 않을 것이다. 그래서 싸구려 욕심이나 싸구려 재미만 찾지 말고, 때로는 무겁고 힘들더라도 깊이가 있고 의미가 있는 삶을 살아야 한다. 인간은 누구나 본능적으로 부와 권력을 쥐고 싶어 한다. 그러나 그것도 결국엔 삶의 일부분일 뿐 목표가 되지는 못한다.

왜? 돈 있고 권력 있다고 그 삶을 후회하지 않는 것은 아니다. 죽음 앞에 초연할 수 있는 것도 아니고 자신의 삶이 자랑스럽고 당당한 것만은 아니다. 또 다른 무언가가 있는 것이다. 사람 마음속에는 누구나 선악이 존재한다. 그런데 사실 성공한다는 것은 대부분 그 악을 적극적으로 합리화하고 옹호하고 지지하여 그 자리에 있는 거다. 그 방법이 불법이라고 할 수 없어도 분명 인간의 양심을 기준으로, 도의적으로, 정의의 기준으로, 선악의 기준으로는 부정한 것이 사실이다.

그래서 그런 욕구를 부끄러워하고 참고 자제하고 무명으로 사는 사람이 훨씬 더 대단한 거다. 그런데도 우리는 그것을 쉽게 인정하지 않는다. 평범한 사람들의 소중함을 인정하지 않고 유명인이나 성공한 사람, 돈과 권세를 가진 사람만을 너무도 심하게 맹종한다.

실제로 잘나고 똑똑해 순전히 능력으로 그 자리에 올랐다고 치자. 잘났으면 얼마나 잘났고 못났으면 얼마나 못났겠는가?

어쩌다 운 좋게 수억 마리 정자 중에 머리 좋은 놈이 걸리고 운동 잘하는 놈이 걸리고 노래 잘하는 놈, 춤 잘 추고 그림 잘 그리는 놈으로 태어나 세상에 조금 더 돋보이는 것일 뿐 그렇게 보면 그리 대단한 것도 아니다. 누구는 운 좋아 부잣집에 태어나 자기 능력 이상으로 호가 호식하는 것이고, 누구는 운 나쁘게 가난한 집에 태어난 것일 뿐 그 차이를 갖고 어찌 사람을 차별하고 어찌 그리 오만해 하는가? 그래서 부귀와 유명세가 부러울 수도 있지만 또 무시하면 그만이고 그렇지 못하다고 너무 심하게 괴로워할 필요도 없다.

어차피 그런 것들은 어린 시절 소풍에서의 뽑기 놀이 같은 것이다. 단지 운이 좋아 뽑기에 당첨되고 운이 나빠 떨어진 차이뿐인 것을 너무 안타까워해서는 안 된다. 좋은 것을 못 뽑았으면 그것을 인정하고 외로움도 힘겨움도 모두 내 소중한 인생의 일부분이라고 믿고 살아가야 한다.

10평 방에서 자나 100평 방에서 자나 나 한 사람 누운 자리는 1평도 안 된다. 좋은 옷 안 입고 큰 집에서 안 살면 되는 거다. 살다 보면 혼자 눈물 흘리는 시간이 있을 수 있고, 그 시간이 서럽고 힘들어도 각자 자신의 몫이다. 그렇게 고민하고 기뻐하고 슬퍼하고 또 먹고 살려고 발버둥치는 것이 인생이다. 더 이상 울면 안 된다 하면서도 또다시 눈물 흘리게 되는 것이 인생이다. 하지만 그래도 그 속에서 꿈, 희망, 사람, 정의 등을 끝까지 믿으며 또 누군가에게 희망과 위로가 되어줄 수 있다면 그것도 의미 있는 삶이고 멋진 인생이다. 이것이야말로 외롭고 힘들어 본 평범한 사람들만이 할 수 있는 몫이다.

에디슨이 전구를 발명하지 않아도 인류는 충분히 행복하게 살 수 있었다. 다소 불편할지라도. 우리에게 그의 전구보다 누군가의 밤을 밝게 해주려는 그 마음이 더 중요한 거다. 우리 삶도 그러하다. 비록 대단한 무언가를 남기지 않더라도 그래도 누군가를 위해 무언가를 남겨주려는 그 마음이 더 아름다운 거다.

그렇기에 오늘도 그냥 자기 길을 가는 평범한 그 삶도 아름답다. 남에게 피해주지 않고 사는 평범한 그 삶이 더 소중하다. 최소한 겉으로는 지도층이며 유명인인 척하며 온갖 반칙과 편법으로 자기 잇속만 챙기는 그들보다는 훨씬 더 당당하다. 비록 평범하지만 위대한 당신들의 그 삶이, 이 힘든 세상에도 죄짓지 않고 살고 있는 당신들의 평범한 그 삶이, 그 누구의 삶 못지않게 아름다운 것이다.

그냥 자기 길을 간다는 것의 의미

 20년 전에 '말'이라는 잡지에서 읽었던 인터뷰 중에 지금껏 기억이 남는 것이 있다.

"무슨 일을 하려면 철저히 무심하게 이타적으로 해야만 지치지 않고 계속 그 일을 해나갈 수 있다."

내용은 오래도록 가슴에 남아 어떤 삶의 선택이나 의문이 들 때마다 큰 지침이 되어 주었다. 부모가 자식을 사랑하는 데 무슨 조건이 있고 무슨 이유가 있고 무슨 결과를 꼭 바라는 것은 아니다. 단지 자기 자식이니 무조건적으로 그냥 사랑하는 것이다. 그 어떤 일을 해도 그렇다. 세상이 자기를 알아주고 세상에 인정받고 크게 성공하고 돈도 많이 벌면 좋겠지만 꼭 그렇지만은 아닌 것이 세상살이다.

그런데 거기에 미련을 갖고 연연하다가는 자기가 가고자 하는 길을 못 가게 된다. 힘들고 지쳐서 포기하거나 마음을 바꾸어 다른 길을 찾게 된다. 물론 가장으로서의 의무를 가진 사람들은 삶을 살며 경제적인 문제나 욕심 때문에 고민도 하고 미련도 갖게 된다. 하지만 정당한 대가만을 취하고 무리한 욕심이나 억지 미련은 부리지 말아야 한다. 세상 속의 성공이란 건 그런 것이다.

세상의 수레바퀴가 그리로 흘렀고 행운이건 불행이건 원했건 원하지 않았건 간에, 의도했건 아니건 간에 마침 그 자리에 열심히 노력하고 있어서 그리 된 것일 뿐이다. 운 좋게 맞으면 좀 더 편하고 유명한 사람으로 사는 거고 그것이 아니면 시대와 맞지 않았지만 그래도 나름 열심히 살아간 사람으로 사는 거다. 이런 원리는 정치인도, 연예인도, 사업가도, 직장인도, 창업자도 모두 마찬가지다.

늘 꾸준히 청국장을 만들었는데 마침 세상에 참살이(웰빙) 바람이 불어 그 도시에서 가장 유명한 맛 집으로 장사가 크게 성공할 수도 있고, 끝내 크게 인정 못 받고 그냥 아는 사람들만 아는 숨겨진 전통 맛 집으로만 남을 수도 있다.

비슷한 원리로 소신과 양심을 지키며 미래를 제시한 중앙 정치인으로 인정받을 수도 그냥 지조와 정의를 지킨 지방 정치인으로 끝날 수도 있다. 창의적이고 성실한 직업으로 있다가 세계경제 변화에 따라 그 사업부에 몸담은 직장인은 크게 빛을 볼 수도 있고, 반대로 능력은 있었지만 사양길에 접어든 사업부에 몸담고 있던 직장인은 제대로의 역량을 발휘 못하고 사라질 수 도 있다. 물론 그런 불운이나 핸디캡조차도 뛰어 넘어 보다 더 확실하게 성공에 근접하거나 더 빠르고 더 높은 확률로 성공하는 방법이나 노력 등에 대해서는 또 다른 방법이 있다. (이 방법에 대한 설명이 이 글의 핵심은 아니므로 논외로 한다.)

나이가 먹어 간다는 것은 버리는 것을 알아가는 것이고 미련을 버릴 줄 아는 것이다. 그래서 이미 2500년 전에 석가모니나 노자나 장자는 자꾸 비우라고 가르쳤었다. 그 분들의 가르침처럼 '크다' 라는 것도 다른 것과 비교하니 큰 것이지 다른 것과 비교하지 않으면 크다는 것은 있을 수 없다. 버스가 큰 것은 자가용이 있기에 큰 거다. 만약 자가용 혼자 있으면 크다, 작다가 없다. 그래서 굳이 다른 것과 비교하지 않으면 더 큰 것에 집착할 필요도 없다. 그런데 인간은 늘 비교하고 상대적으로 더 큰 것에 집착한다.

물론 더 큰 차를 타고 싶고 더 큰 집을 짓고 싶은 건 안다. 그러나 그것이 물이 흐르듯 자연스럽게 하면 되는 거고 아니면 마는 거지 그렇게 안달하고 매달릴 것들이 아니다. 억지로 가지려고 매달리다가 결국은 거기에 빠져 헤어나지 못하고 자기 자신조차도 잃어버리는 상황이 된다.

언젠가는 모든 것을 내려놓고 떠나는 것이 세상의 순리이며 인간의 운명인데 왜 그리 미련을 갖고 억지를 쓰며 매달리는가? 그런 미련 때문에 매달리다가 사람은 추해진다. 돈에 추해지고 권력에 추해지고 욕심에 추해지는 사람들, 지금 주변에서 욕먹는 분들이 바로 이런 경우들이다. 그래서 미리 비워가고 미련을 놓아버리는 연습을 해야 한다. 더 나이가 들었을 때는 완전히 자유로워질 수 있는 사람이 되어야 삶의 마지막이 두렵지 않다.

이제 결과도 중요하지만 과정에 더 큰 의미를 두고, 신이 자신에게 단지 작은 포만감만을 주며 그보다 더 큰 시련을 주는 것은 이 시련을 통해 누군가에게 앞서간 자로서의 지혜를 주고, 더불어 용기와 위로를 전해

.

주라는 의미로 받아들이고 묵묵히 이 길을 가야 한다.

연예인은 음악과 춤과 연기로 즐거움과 기쁨을 주지만 당신은 당신 스스로의 방식으로 감동과 위로를 주면 된다. 그 형식이 중요한 것이 아니라 그 본질이 무엇이냐가 중요한 것이다. 그래서 삶의 고통을 알고 고통 속에 깨달음을 얻고 단지 그 깨달음을 나누어 주는 역할을 했다면 그것으로 만족해야 한다. 신이 그런 역할만을 맡겼다면 그것을 인정해야 할 것이다.

대보름 밤, 아무리 구름이 끼어도 보름달빛 때문에 세상이 환하다. 이처럼 아무리 구름이 끼어도 결국 세상을 밝게 비춰 줄 수 있는 것, 사람들 마음속까지도 은은히 비춰주는 것, 그래서 결국 되돌아보게 만드는 것, 이렇게 남들이 알아주지 않아도, 유독 빛나게 돋보이지 않아도 스스로가 인정하면 된 거고 바로 그것이 무명인으로 살아가는 자부심이다.

이 세상이 알아주지 않아도 거기까지 만이 자신의 몫이라면 그냥 그 길을 가야 한다. 단지 자신이 믿는 가치, 옳다고 생각하는 가치, 해야 할 본질을 위해서만 살아가면 된다. 그런 마음으로 자신이 알고 있는 그대로를 아직 나보다는 모르는 그 누군가에게 솔직하게 알려주면 된다.

그것이 바로 그냥 자기 길을 간다는 것의 의미이다.

소심한 그 사람의 행복 만들기

그의 친구나 직장 동료들은 가끔 그와 저녁 약속이라도 할라 치면 곤혹스런 상황을 겪게 된다. 맛있다고 소문난 사람 많은 집보다는 한적한 사람 없는 집으로 약속 장소를 잡기 때문이다.

길거리를 가다가 어묵 몇 개를 사먹어도 사람이 많은 곳보다는 한적한 곳을 찾기는 마찬가지고 담배 한 갑, 과자 한 봉지를 사도 큰 슈퍼마켓보다는 작은 구멍가게를 찾는다.

그런데 그뿐이 아니다.

택시를 타면 먼저 웃는 얼굴로 택시 운전사에게 "안녕하세요? 어느 지역까지 부탁합니다."라고 밝게 말한다. 식당에서 밥을 먹을 때도 일하는 아주머니에게 "물 좀 주시면 고맙겠습니다."라고 겸손하게 말하고 회사의 청소하는 아주머니에게 수고하셨다며 음료수 하나를 살짝 내민다. 또 함께 일하는 후배에게 "내 생각은 이런데 너는 어떻게 생각하니?"라며 부드럽게 물어 볼 줄 알고, 우연히 마주한 연세든 임시직 아저

씨에게 "많이 힘드시죠?"라며 담배 한 개비를 내밀며 불을 붙여 드린다. 이왕이면 상대보다 먼저, 웃으면서, 더 친절하게, 더 따뜻하게, 더 재미있게 생활하는 것이다.

다른 사람들은 간혹 그를 오해하기도 한다. 유난을 떤다 말하기도 하고 답답한 사람으로 보기도 한다. 하지만 여전히 그 특이한 행동을 바꾸지는 않는다. 자신의 작은 친절이 비록 그를 더 높은 직책이나 위치에 올려놓지는 않겠지만 자신 스스로는 만족시킬 수 있다는 믿음 때문이다. 그렇게 늘 상대방을 존중하고 따뜻한 말 한마디와 밝은 미소를 짓는 사람은 자신도 모르는 사이에 행복함을 느끼게 된다. 만나는 모든 사람들에게 나눠주었던 그 친절한 웃음들은 그를 더 특별하고 더 따뜻한 사람으로 만들어주고 그런 것들이 쌓이고 쌓여 어느덧 하나의 결실을 맺기 때문이다.

실제로 그렇게 주변 모든 사람들에게 친절하고 따뜻한 사람은 분명 다른 사람들에게 자신이 나눠준 것만큼의 웃음을 받으며 산다. 순수한 그 사람에 대한 평가는 대부분 좋으며 처음 그를 소개받은 사람이라도 그에 대해 미리 '참 좋은 사람' 이라는 이야기를 이미 들었던 터라 쉽게 호의를 베풀게 된다. 굳이 그런 대가를 바라는 건 아니지만 상대방을 그렇게 존중하면서 자신 스스로를 더더욱 존중하게 되고 스스로를 존중하게 된다는 것 자체로도 세상을 살아가는 큰 힘이 되고 행복이 된다.

결과적으로 작은 일에도 친절하고 따뜻한 사람은 보다 쉽게 행복해질 수 있다. 그래서 행복해지고 싶다면 작은 것에도 따뜻하고 친절하면 된다. 흔한 말처럼 행복은 세상 어디에나 숨어 있다고 말하는 것이고 바로 지금의 당신 안에도 틀림없이 행복은 머물러 있다. 단지, 그 행복을 언제 어떻게 밖으로 꺼내는 것인가 하는 문제이다.

'부자' 이기보다는 '행복'을 꿈꿔라

지구에 인류가 존재하기 시작한 이후 수백억 명의 인류가 자신에게 물었었다. 수만 년 인류 역사에 100년도 안 되는 찰나의 한 순간을 살아가면서 '도대체 왜 살고, 무엇을 위해 살고, 무엇 때문에 사는 거냐고……' 그리고 그 질문에 대해 제각각의 답을 찾거나 끝내 그 해답을 찾지 못하고 우주의 한 티끌로 사라져 갔다.

그때 얻은 해답 중에 누구는 돈 때문에 살고, 누구는 명예 때문에, 또 누구는 권력, 신, 사랑, 정의, 국가, 예술, 쾌락, 진리 등을 위해 살고 그것도 아니면 존재 그 자체 때문에 그냥 맹목적으로 살다 한 생을 살다 떠났다.

이런 물음은 누구나 했고 그 결론에 따라 삶의 자세와 방향이 다르다. 돈을 위해 산다고 믿는 사람은 부자가 되기 위해 몸부림치고 권력을 위해 사는 사람은 세력자가 되기 위해 치열한 다툼을 벌인다.

신을 위해 사는 사람은 종교에 순종하고 예술을 위해 사는 사람은 작품에 혼을 바친다. 비록 그 목적을 이루든 못 이루든 선택은 각자의 몫이고 누구나 자신이 선택한 길을 간다. 단지 그 길을 가면서 사회적 가치와 어긋나거나 남에게 피해를 줄 때 욕을 먹거나 제재를 받고 다른 사람들에게 이익이 되고 기쁨이 되면 칭찬을 받고 존경을 받게 된다. 그런 각자의 선택에 있어 동전의 양면처럼 어느 쪽이 옳다고 쉽게 정의하기 어려운 것들이 있다.

예를 들면, '가난하더라도 자유로운 문화인의 삶이 좋다'라는 것과 '자유가 부족하고 현실에만 매몰되어 살더라도 가난하지는 않은 것이 오히려 더 좋다'라든지 하는 것은 분명 찬반이 엇갈리고 사람에 따라 생각이 달라진다.

문제는 바로 여기서 발생된다. 사람에 따라 그 가치가 다르고 이익 관계가 다르기에 똑같은 길을 가더라도 누구는 칭찬을 하고 또 다른 누구는 비난을 한다. 이때 사람들은 칭찬은 귀담아 듣고 비난은 외면하려 한다. 그래서 어느 한쪽의 칭찬을 근거로 자신의 행위를 정당화하거나 자신만이 옳다고 생각한다. 그런데 바로 이런 원리를 이용해 일부 사람들은 선악이 분명해 결코 양면성을 갖기 어려운 사안까지 마치 어느 한쪽을 위해서는 정당하고 꼭 필요한 것처럼 그럴듯하게 포장해 자신의 이익을 위해 이용한다.

쉬운 예를 들면, '1%의 소수 이익집단의 행복을 위해 99%의 대중의 희생은 당연하다'는 분명한 이기적 악행을 '모두 함께 적절히 행복하기 위해서는 서로의 격차를 줄여야 한다'는 상식적 생각과 대비되는 양면성으로 주장하며 자신들의 악행을 정당화하는 식이다.

세상을 살면서 자신의 목적과 목표를 위해 반드시 정의로운 선행을 할 필요는 없다. 그러나 악행을 해서는 안 된다. 그것은 그 무슨 도덕이나 인간성 회복 등의 심오하고 거창한 문제 때문이 아니라 사회구성원 개개인들과 더 나아가 모든 인류의 생존을 위해 반드시 지켜야 할 질서이기 때문이다. 최소한의 순리와 질서가 유지되지 않으면 모두가 피해자가 되기 때문이다.

지금의 현실은 모두가 부와 권력에 열광해 아귀다툼을 벌이는 상황이다. 숱한 편법과 반칙과 특혜로 자기들만이 부를 독점하면서도 자신들은 정당하다고 우기는 권력자들과 지배층의 모습이 흔하다. 자신들이 정의이며 구원이고 자기 때문에 모두가 부자가 될 거라는 근거 없이 남발되는 공허한 말장난들이 넘쳐 나는 시대다.

이런 거짓도 세상 사람들이 우매함에 빠져 있거나 욕심이 눈을 가리면 능력으로 미화되거나 그 악행이 숨겨질 수도 있다. 그러나 아무리 해를 달이라 해도 해는 해고, 달은 달이며, 해가 달이 되고, 달이 해가 될 수는 없다. 아주 어리석거나 눈이 안 보이는 사람은 일시적으로 해를 달이라 해도 그 말을 믿을 수는 있다. 그러나 해를 달이라고 기록하고 달을 해라고 후세에 전해도 해를 본 것은 해를 본거고, 달을 본 것은 달을 본거다. 그 사실만은 변할 수 없다.

사회정의와 선악도 그러하다. 악을 행하고도 정의에 편에 섰다고 뻔뻔스럽게 말하며 자신의 욕심과 이익을 채울 수는 있다. 그래서 잘 먹고 잘살 수도 있다. 그렇게 해서라도 잘사는 삶을 바란다면 결단코 당신 인생이 진정 행복해지지는 않을 것이다.

아직 쉬운 부자에 미련이 남아 애처롭게 매달리는 분들께 묻고 싶다.

'아직도 부자의 꿈은 유효하다', '단지 운이 나빴을 뿐이다', '다음에 조금만 더 앞줄에 서고 반칙 좀 하면 틀림없이 부자가 될 거다'라고 믿고 있는가?

그러나 과연 다음 기회에는 정말 부자가 될까?

아마 당신이 이미 부자가 아니라면 그런 기회는 거의 오지 않을 것이며 온다고 해도 복권에 당첨된 확률과 별반 다르지 않을 것이다. 그것보다는 행복이나 보람을 찾는 것이 당신에게는 훨씬 가능성 높은 일이고 현명한 선택일 것이다. 왜? 원래 '부'는 상대적인 것으로 '많이 있어서' 부자가 아니라 '남보다 많기에' 부자인 것이다. 얼마 이상을 가져서가 아니라 상위 1%가 되었기에 부자라고 믿는 거다. 그래서 세상에 아무리 재물이 많아져도 부자의 '상대적 개념'을 '절대적 개념'으로 바꾸고 그 나눔의 비율을 적절히 조정하지 않는 한 절대로 모두가 부자가 되지는 않는다.

그것을 모르고 부자의 꿈만을 맹종하면 '빈자'는 항상 '빈자'이고 '부자'는 지속적으로 '부자'인 공식은 절대 바뀌지 않기 때문이다.

자본의 속성이 원래 자본이 더 많은 사람이 유리한 게임이기 때문에 결국 모든 것을 잃고 마는 '카지노 게임'처럼 '빈자'는 '대박'의 헛된 꿈을 꾸다가 모든 것을 잃고 쓸쓸히 포기할 수밖에 없는 거다.

주위를 둘러보라. '빈자' 출신으로 '부자'가 된 사람이 과연 몇 명, 몇 %인지? 그들이 노력을 안 하고 능력이 부족해 아직도 그렇게 살고 있는가? 아니다. 단지 자본의 룰이 그럴 뿐이다. 아직도 그것을 인정 못하겠나? 지금의 경제 상황을 보고도 모르는가?

그런 자본의 룰을 아직도 깨닫지 못하는 사람들이 있기에 '부자' 와 '권력' 은 자신들의 재산과 힘을 과시하고 그에 열광하는 사람들을 끌어 모으고 또 그것을 이용해 부와 권세를 여전히 누리고 지킬 수 있는 것이다. 그래서 당신이 부와 권력에 열광하는 한 당신은 늘 그들의 미끼일 뿐이고 아주 편안한 쌈짓돈일 뿐이다.

이제 당신들은 부자를 꿈꾸기보다 행복을 꿈꿔야 한다. 그것이 더 실현 가능한 꿈이다.

부자는 반드시 더 가져야 하지만 행복은 굳이 반드시 더 갖지 않아도 이루어지기 때문이다. 원래 행복이란 그렇게 오히려 비우고 버리면 더 쉽게 만들어지는 것이기에 더더욱 그렇다.

가슴 속에 아직도 남아 있는 인생의 별

저 하늘에 수많은 별이 있고 그 별들에게는 저마다의 간절한 사연이 있다.

#별 사연 1

평생을 가난과 무명의 고통을 견디며 살던 오십 대 중반의 무명 작가 세르반테스.

그에게는 '이룰 수 없는 꿈을 꾸고 이룰 수 없는 사랑을 하고 견딜 수 없는 고통을 견디며 닿을 수 없는 저 하늘의 별을 따자'는 간절한 인생의 소망이 있었다.

결국 그의 나이 58세가 되어서야 《돈키호테》라는 명저로 별이 되었다. 이제 그와 '돈키호테'는 결코 포기할 수 없는 정의와 도전을 상징하는 별이 되어 세상의 어둠에 맞서고 있다.

#별 사연 2

동생에게 빌린 돈을 갚지 못하면 자신의 영혼이라도 주겠다는 37세의 지독하게 가난했던 무명 화가 빈센트 반 고흐.

그래서 자신을 늘 '물질적인 어려움에 대한 생각'에 빠져 있어야 할 만큼 처절하리만치 고독하고 외로웠던 사람이었다. 그래도 '색에 대한 탐구'로 '색채를 통해서 무언가 보여줄 수 있기를 바라는' 간절한 소망을 가진 사람이었다.

그런 삶이 너무 힘겨워 '차가운 냉담만을 던져준 세상과의 연결 고리가 끊어져서'야 비로소 "고통만이 가득 찬 내 영혼이 자유로워지는 것 같아."라던 그런 눈물겨운 삶을 살던 화가는 별이 되고 싶었다.

그리고 "난 하늘의 별이 되고 싶어. 나처럼 외로운 영혼에 한줄기 희망의 빛을 던져 주고 싶다."라는 소망처럼 결국 그는 순수한 예술의 열정과 영혼의 자유를 상징하는 가장 위대한 화가이자 세상에서 가장 맑은 별이 되었다.

이제 그의 노란 별은 영원히 우리의 가슴속에 순수한 희망으로 빛나고 있다.

#별 사연 3

한 국가의 권력을 장악하는 혁명을 성공하고도 또 다른 혁명을 위해 미련 없이 그곳을 떠나 전혀 낯선 나라의 밀림 속에서 새로운 혁명을 꿈꾸던 사람.

하지만 마지막 남은 16명의 대원들과 함께 정부군에 의해 포위되고 자신과 함께 마지막으로 남은 혁명 동지들을 포위망을 뚫고 탈출케 하고 스스로는 결국 총탄에 맞아 체포된 사람.

그 다음날 그는 39세의 나이에 총살되고 그 자유에 대한 열정적인 생을 마감하고 이제 30년이 더 지난 지금 체 게바라로 불리기보다는 단지 '체'로 불리는 사람.

밀림의 게릴라 혁명가이기보다는 시인이었고 늘 소년적 순수함을 갖은 사람. 미완의 혁명가로 늘 현재진행형의 삶을 살았던 감성주의자. 그래서 비록 총을 들었음에도 너무도 부드러운 미소로 기억되는 사람.

혁명에 성공했기 때문이 아니라 성공한 혁명을 뒤로 하고 또 다른 혁명을 위해 꿋꿋이 떠났기에 더더욱 존경받는 사람.

그 사람의 상징이 되어버린 베레모와 별 마크.

이제 그 베레모는 자유의 상징이고 그의 이마에 새겨진 별 마크는 희망의 상징이 되었다.

이렇게 그 역시도 대중들의 가슴 속에 포기할 수 없는 목표가 되었고, 영원히 지지 않는 순수한 열정의 별이 되었다.

이제 사람들은 자신에게 묻는다.

과연 무엇을 위해 사는가? 무엇을 위해 살아 왔는가?

그렇다. 나와 당신, 우리 역시도 각자 가슴속의 별을 보고 살아왔다.

세르반테스가, 고흐가, 체 게바라가 별이 되고 싶었고, 결국 아름다운 별이 되었듯이 우리 역시 각자 자신만이 꿈꿨던 별이 있었고, 그 별을 보고 그곳으로 가려고 지금껏 살아왔다.

비록 그 별은 지금 너무 멀리 있고 아득히 먼 곳에 있지만 언젠가 반드시 그곳에 도착할 수 있을 거라 믿기에 결코 포기하지는 않는다.

세상의 별빛들이 그렇게 수십 광년을 달려 지구에 도착했듯이 우리 역시 온 인생을 달려 그리로 갈 것이다. 그런 평생을 바친 간절한 소망과 열정이라면 결국 그곳에 도착할 것이다.

이미 오래 전에 별이 된 그들도 고통과 외로움에 시달렸고 고독과 쓸쓸함에 눈물 삼켰듯이 우리 역시 그런 긴 시간을 견뎌야 할 것이다. 그러나 별빛이 어둠 속에 더 빛나듯이 그들 역시도 그런 아픔이 있었기에 더 맑고 밝은 별이 되었다. 그렇기에 각자 자신이 감내해야 할 어둠의 시간들도 기꺼이 견뎌낼 것이고 결코 희망을 포기하지 않을 것이다.

칠흑처럼 어두운 밤, 저 하늘의 별을 보고 갈 길의 방향을 잡아 그리로 가듯 우리의 가슴속에, 각자 자신의 인생을 지켜주는 별을 보고 그리로 간다.

그래서 별을 꿈꾸고 별을 동경한 그들이 결국에는 또 누군가에게 별이 되었듯이 언젠가 누군가에게 그런 작은 위로와 용기와 희망의 작은 별이라도 될 거다.

그 별이 크건 작건 그것으로 만족할거고 그것으로 된 거다. 시련과 고통의 시간을 견디고 달래며 그 고통이 다른 누군가 몇몇 사람에게만이라도 위로와 희망이 될 수 있기에 참고 견뎌 갈 거다.

누군가는 천재로 태어나 십 대, 이십 대에 대중들의 열광을 받는 별이 되기도 하지만 모두가 그렇게 빠르고 쉽게 별이 될 수는 없다. 그런 빠른 별은 이미 어른이 되었지만 아직도 꿈을 포기 못하는 평범한 사람들에게 용기가 되지는 못할 것이다.

그래서 비록 수십 년이 걸리더라도 절대 포기하지 않고 도전하여 끝내 별이 된 사람.

그런 평범한 별로 아직 성공하지 못한 그런 평범한 사람들에게 희망이 될 수 있다면 그런 별도 소중하다.

나보다도 더 힘들었고 나보다도 더 평범했고 나보다도 더 오랜 시간이 걸려 별에게로 간 사람.

그런 사람이 있다면 그 사람은 분명 재능이 부족한 누군가에게 이미 나이가 많이 든 누군가에게 오래도록 성공하지 못하고 방황하는 누군가에게 분명 따뜻한 용기와 위로가 될 것이다.

초저녁부터 밝게 빛나는 별, 아주 위대한 별, 커다란 별, 가장 밝은 별이 되지 않아도 그렇게 천천히 뜨는 별, 그래서 가장 마지막까지 사람들과 함께하는 별이 된다면 그 별은 비록 늦게 빛나기 시작하지만 그것만으로도 충분히 사람들에게 소중한 빛이 된다.

또한 별은 단지 존재하는 것만으로도 아름답기에 꼭 그 별을 따지 않아도 좋다.

그런 별을 꿈꿨고 그런 희망을 보았다는 것만으로도 별은 아름다운거다. 그래서 그곳으로 가는 거다. 별이 그곳에 빛나고 있기에 그곳으로가는 거다. 이미 그것만으로도 별이 된 거다. 오래도록 밝게 빛나지 않는 별도 있다. 바로 그런 것이 작은 별이고 우리가 소원을 비는 별똥별이다. 결국 작은 별이지만 또 누군가는 소원을 빌지 않는가?
그것만으로도 위로와 용기와 희망이 될 수 있는 거고 그것조차도 소중함이 될 수 있는 거다.

학창시절, 그 별을 보고 지금껏 그곳을 향해 참고 견딘 시간이 이미많이 지났다. 조금만 더 가면 된다. 긴 행군을 하듯 시작은 이쯤이지만가고, 또 가면 어느덧 절반을 돌 거고, 그 절반을 돌면 지금껏 온 것만큼만 되돌아가면 목적지에 도착하는 거다.

비록 한 발짝, 한 발짝 숨이 턱턱 마르는 견딜 수 없는 시간이고, 타는목마름으로 흐르는 눈물조차 삼켜버리는 고통의 시간들이지만 그렇게 조금만 더, 조금만 더 그리로 가면 결국 그곳에 도착하게 된다.

오늘도 여전히 별은 빛난다.

그리고 이리로 오라고 말한다. 끝까지 그곳에 기다리고 있다고 말하고 있다. 지금껏 그랬듯이 이를 악물고 조금만 더 참고 또 그렇게 간다. 더 험난하고 어려운 순간들도 무사히 잘 견뎠고 조금 더 참으면 되는데 무엇이 그리 힘겨운가? 고통조차도 삼켜버리는 마음으로 또 그렇게 가면 되는 거다.

모진 시련의 시간 속에서도 결국에는 앞으로, 앞으로 저기 저 희망의 별을 향해 걸어왔고 헤쳐 왔다.

인생의 별은 늘 그렇게 기다리고 있다.

그래서 우리는 그리로 간다. 또 그래서 우리 역시 결국은 별이 될 거다.

희망의 별이 될 거다.

지금까지의 내 삶은 늘 벼랑 끝에 내몰려 외줄타기를 하는 듯한 고난과 위기의 연속이었다. 주위 친구들이 자신의 삶은 큰 어려움 없이 순탄했다는 말을 할 때면 잠시 부럽다는 생각도 들었다. 하지만 그래도 갖은 역경을 헤쳐 온 내 삶이 평범하고 편하기만 한 삶들보다는 오히려 더 후회도 미련도 없는 삶이라고 자부한다.

11살부터 혼자 살면서 차라리 법적으로 완벽한 '고아' 이기를 바랐던 소년이 무사히 학교를 졸업하고 결혼해 이제 중고생을 둔 아버지가 되기까지의 삶은 오랜 고행의 세월이었다.

남들에게는 학교를 다니고 직장을 얻고 결혼을 하고 부모가 되는 것이 지극히 당연하고 평범한 과정이지만 그 소년에게는 매서운 눈보라가 몰아치는 벼랑 끝에 혼자 길을 찾아야 하는 막막한 순간의 연속이었고 시련과 고통의 세월이었다.

하지만 단지 그런 시간들을 견뎠다고 그 삶을 당당하게 자부하는 것이 아니다.

사람들은 자기 삶의 보람과 가치에 대해 이런 질문을 한다.

너는 세상을 위해 무엇을 했느냐? 너는 세상에 무엇을 남겼느냐? 이에 대해 명쾌한 답을 할 수 있다면 그나마 보람된 삶이고 그런 대답을 쉽게 할 수 없다면 그냥 바람처럼 스쳐 지나는 삶일 것이다.

늘 벼랑 끝에 섰던 그 사람은 이에 대해

'너는 세상을 위해 무엇을 했느냐'에 대해서는 비록 어려운 삶 속에서도 백사십억 원의 금전적 기쁨을 함께 일했던 동료들에게 나누어 주었다고 답할 것이다.

그리고 '너는 세상에 무엇을 남겼느냐?'는 물음에는 25년간 스스로 간직한 약속을 지켰고 그것을 책으로 남겼다고 말할 것이다.

단지 지금껏 살아남아 아버지가 되었다는 것이 떳떳한 것이 아니라 내가 이 세상에 살아야 할 이유에 답할 수 있기에 당당한 것이다. 그래서 그동안의 삶에 큰 후회도 미련도 없다고 말할 것이다.

물론 필자 역시 그동안 살면서 여러 가지 잘못과 부끄러운 실수가 많았지만 몇몇 개인에게 아픔을 주는 정도이지 다수의 사람들에게 아픔을 주는 잘못은 하지 않았다. 그래도 아픔을 준 사람보다 기쁨을 준 사람이 더 많기에 그것으로 지난 삶이 그래도 가치 있고 보람된다라고 말할 수 있다. 이 자리를 빌려 필자가 아픔을 준 개개인에게 용서를 빈다. 부디 필자의 잘못을 너그럽게 용서하시길 부탁드리고 싶다.

어느 책의 한 구절처럼 강을 건널 때 무거운 돌을 짊어져야 물살에 휩쓸리지 않는다고 한다. 그동안 내가 짊어진 무거운 삶의 무게는 또 한편으로는 세상에 휩쓸리지 않게 나를 지켜준 무겁지만 고마운 돌일 것이다.

최소한 내 스스로는 지금까지의 내 삶이 대견스럽고 별 후회 없는 것은 지독히 어려운 상황에서 그래도 이만큼 삶을 깨닫고 세상을 바로 보는 따뜻한 눈을 갖게 되고 정의와 약자의 편에 섰다는 것이다. 그 밑바탕에는 늘 벼랑 끝에 섰던 혹독한 경험들이 있었다.

아래의 '베드로시안'의 글처럼 내 인생의 벼랑 끝 경험들이 누군가에게 작은 희망과 용기와 위로가 되기를 기원하며 긴 글을 마친다.

"그런 길은 없다. 아무리 어둔 길이라도 나 이전에 누군가는 이 길을 지나갔을 것이고, 아무리 가파른 길이라도 나 이전에 누군가는 이 길을 통과했을 것이다. 아무도 걸어가 본 적이 없는 그런 길은 없다. 나의 어두운 시기가 비슷한 여행을 하는 모든 사랑하는 사람들에게 도움을 줄 수 있기를……."

긴 글 끝까지 읽어주신 모든 독자에게 진심으로 감사를 전하며, 항상 행복과 행운이 함께 하시길 빈다.

"지금껏 나를 믿고 함께해준 내 소중한 가족, 인생의 스승님, 선후배, 친구들 모두에게 진심으로 감사의 인사를 드린다. 비록 일일이 모두의 이름을 적지는 않았지만 늘 내 가슴속에 가장 소중한 이름으로 깊이 새겨져 있는 사람들이라고만 밝히며, 그 모든 분들에도 행복과 행운을 기원한다. 또한 흔쾌히 이 원고를 선택해주시고 좋은 책으로 꾸며주신 '스타파이브' 출판사 가족 분들에게도 감사의 마음을 전한다. 모두 고맙습니다. 그리고 사랑합니다."

**불안의 시대,
그래도 비장의 무기는 희망이다**

초판 인쇄 2023년 9월 21일
초판 발행 2023년 9월 25일

지은이 강목어
펴낸이 김태헌
펴낸곳 스타파이브

주소 경기도 고양시 일산서구 대산로 53
출판등록 2021년 3월 11일 제2021-000062호
전화 031-911-3416
팩스 031-911-3417
전자우편 starfive7@nate.com